播音主持学术前沿

主持艺术风格形态

陈墨 著

中国传媒大学出版社

·北京·

序

按理，我对电视主持艺术风格研究从未涉猎过，哪敢为这本专著写序？不过，作为该书著者陈墨的硕士论文指导教师，我对她的要求只能义不容辞地勉力支持，原因很简单：恰恰是我提议她写成此书的，她能不立马反过来找我吗！我意识到，这不仅是我的一次学术缘分，更是我对这位年轻学人未来发展的一次不便推卸的助推义务。想到这里，写序的资格问题也就索性斗胆忽略一回，让位于一个“义”字了！

陈墨是在2015年春季进入我所服务的北京大学艺术学院攻读艺术硕士专业学位的。连我也没想到，这位来到我的“艺术学专题”课堂的央视美女主持，接连给了我几次意外。

头一次意外，是当我布置大家阅读我主编的《大学美学》读本后，她选择了“审美体验”章节，下苦功阅读了一系列有关“体验”“审美体验”“体验美学”的论著，并做了一次准备充分的精彩的课堂研究报告。本来艺术硕士也即通常所说的MFA研究生，在毕业时主要以艺术创作为主，只是兼做一点学术研究，其艺术创作作品与学术论文两者之比重，一般大约为6:4或7:3，但陈墨所表现出的阅读与研究兴趣及探究冲动是如此浓烈，绝不亚于我教过的那些优秀的学术型硕士生。

再一次意外，是在商量确定将电视节目主持人的艺术风格与人生体验之关系作为毕业论文选题后。她认真阅读、研究该领域相关书籍，并且在我所指导的该届几位学生中头一个写完初稿，其速度和质量都令我意外，直感叹其潜力巨大，在心里说确实可以好好培养。

第三次意外，是在初稿完成后半年时间里，她居然迟迟没有交来我一直期待的修改稿，直到我在校园里偶然碰见她，才得知她不愿过早写完论文毕业离校，而是想在校园里再多读点书、多听点课，于是干脆辞去央视主持人职位，到校园里潜心学习和思考。在现在这个急功近利的年代，还有多少人敢像她这样做？直到今天，我眼前还不时地浮现出一幕场景：她掏出北大学生一卡通证件，对我说，王老师，我才不想过早交回这张卡呢，我还想多在北大校园里待着！对此种无功利的学术精神，我除了肃然起敬还能做什么？

第四次意外，是在毕业论文写完、答辩完成、顺利获得学位以及她的毕业创作作品《嫁衣》也受到有关评委老师的好评后。我故意仿佛不经意地说，你可以再努把力，把这篇高质量的硕士论文扩展成一部有关电视节目主持人艺术风格的专著出版。并且补充说，不仅相信她有潜力做这件事，而且还相信有众多节目主持专业学子正期待读到这部前所未有的突破性新著呢。她不仅欣然应承下来，而且全力以赴地又花费几个月时间写出近15万字的书稿！其研究视野从学位论文中的崔永元、白岩松、柴静、孟非、金星，拓展到汪涵、何炅、谢娜、董卿等更宽阔的主持风格领域，并且挖掘到更深的人生体验深度。我在赞叹她学术潜力巨大的同时，不禁又向她提出更高的修改建议：按照刘勰《文心雕龙》和陈望道《修辞学发凡》等中国古今修辞学传统，重新考虑主持艺术风格的分类依据，直到建立一种更具学理逻辑和学术说服力的主持艺术风格形态模型。陈墨二话没说就又投入新的学习和研究中，其执行力令人赞叹。一个月后，新修改稿出来了，大体符合她目前经努力后能达到的学术高度。我对此感到欣慰。

这些接二连三的意外惊喜，联合编织起一个共同的整体印象：陈墨真是一位可造之才，特别是在主持艺术风格形态研究领域！

陈墨的这部书，体现了几个突出的特色。其首要的一点在于，从人生体验视角考察电视节目主持人的艺术风格形态，见出主持艺术风格与人生体验和理性反思两者之间存在内在的紧密联系。这等于挖掘出主持艺术风格背后的两大深层奥秘,对主持艺术提出更高要求:真正成功的主持不是单靠口才、口技或随机应变之才,而是根本上倚靠主持人的人生体验根基与理性分析素养这两条。由此看,这部书在主持艺术风格的研究视角上应当既具有一种难能可贵的突破性意义,跨越有关主持艺术风格的奥秘主要在语言上的成见,把国内有关主持艺术风格的研究引向主持人对人生意义及人生境界的自觉体验和冷峻反思上;同时又具有一种现实启迪价值,可以激励主持人和主持专业学子在人生体验和理性思考相互交融的道路上,深入钻研和不断涵养自己的主持艺术风格。因为,人生体验与理性反思,应当都是主持人乃至我们任何普通人需终生养成的素养或品格。

同时,更难能可贵的是,这部书把主持艺术风格置于中国古今修辞学传统链条中,提出了新的风格分类法,在中国主持艺术研究领域首次建立起依托我国修辞学传统并体现学术逻辑的主持艺术风格形态分析构架,为把握主持艺术风格形态提供了一种富于创新活力的理论模型。假如我的阅读记忆没错的话(恕我可能观察有误),这无疑可以归入主持艺术风格分类研究上的大胆创新和开拓行列之中。正像她在书里所做的那样,将刘勰《文心雕龙》中的风格修辞理论"八体说"同陈望道《修辞学发凡》中对风格的四组划分结合起来,形成新的主持艺术风格分析框架,再将拟分析的主持人主持艺术风格特点进行归类,并逐一揭示其基本的主持风格特征。于是,我们可以依次读到如下几种主持艺术风格形态:壮丽(白岩松)、典雅(董卿)、精约(崔永元)、果敢(金星)、远奥(孟非)、新奇(谢娜)、显附(何炅)和繁缛(汪涵)。对主持艺术风格形态当然还可以有其他分类法,特别是她所做的这些主持艺术风格形态分类和具体阐释,还可以更加老练和成熟,也即更富有学术深度,但这种大胆的理论尝试本身就是值得鼓励的。

还有一点需要肯定的是,她在分析这八种主持艺术风格形态时,并没有脱离主持人的主持艺术实践,而是处处不忘返回到他们的主持现场,从那些生动感人的主持艺术话语中寻找自己的理论分析对象并从中提取材料及依据。这样做的原因在于，陈墨自己并非始终置身事外地冷观主持艺术风格，而是时常注意调动她本人多年的主持艺术实践及体验，去设身处地地发现并激活所要研究的对象的深层内涵。这些可以从她仿佛信守拈来的一则则主持艺术案例中获得详尽的体会。既能置身于电视节目主持艺术中，又能跳出它之外而理性地旁观它，这两方面的交融帮助她完成了这项主持艺术风格分类工作。

正因如此，该书得以成为我国电视主持艺术风格类型研究领域的一部具有开拓性意义的著作，有利于人们窥见“金话筒”的深层奥秘。当然，对该书的真正严格的检验、衡量或褒贬，应当不是来自我，而是来自主持艺术领域的资深专家及年轻才俊们，以及其他有兴趣的读者，相信这些会对陈墨继续提高自己大有助益；而我，则只能先在此以“行义”的方式，说些或许不知内外、深浅、高低、轻重的外行话，如有唐突或冒昧，就只能提前请求方家海涵和指正了。

我真诚地希望并且祝愿，这部专著只是陈墨今后陆续写出的若干部中的第一部，而她的未来应当更加精彩……

是为序。

王一川

2018 年 6 月 11 日完稿于北京大学均斋

目录

CONTENTS

绪　论

一、题解

关于播音主持艺术理论的研究，中国播音学学科体系创立人张颂先生曾言："人们有一种错觉，以为'应用'不过是操作，似与'理论''美学'没有什么关联"，因此，"多年来，研究'写'的理论汗牛充栋，而研究'播'的理论实在太少。有些同志对研究'播'的文论极少关心，从不涉猎，却武断下结论：照稿子念比写稿子容易。在这种思想支配下，对'播'的理论都会嗤之以鼻，要是再谈其中的美学思想，就更觉得痴人说梦了。"[①]对于这一点，作为一名主持艺术工作的实践者，笔者深有感触。播音主持艺术作为一种语言艺术门类，总给人"说得容易""说得轻巧"之感，对于主持艺术背后的艺术理论与美学思想似乎也没太多可进一步深究的可能，尤其是从"美学"，特别是从"体验美学"的角度去研究主持艺术理论，目前在学界更是一片空白。然而，事实上，播音主持艺术在专业技巧的表达中，无不渗透着主持艺术创作者的专业理论知识、艺术情操、美学思想和生命体验。我们说，播音主持是"播音员和节目主持人运用有声语言和副

① 张颂. 播音学概论：序言[M]//姚双喜. 播音学概论. 北京：北京广播学院出版社，1998：1－2.

语言,通过广播、电视传媒所进行的传播信息的创造性的活动”①,即主持人通过语言进行主持艺术的创造活动。张颂先生曾经明确提出过,播音员、主持人的语言中“饱含着生命的体验、人生的况味、个性的闪光、审美的理想”②,那么,“生命体验”究竟指的是什么?“体验”在美学中是什么概念?生命体验与主持艺术有着怎样密切的关联,它又是如何影响主持人的主持艺术风格形态构建的?这正是本书试图要研究的内容。

本书中的“主持艺术风格”指的是播音员、主持人在长期的主持艺术实践中形成的独特艺术形态,并且这种风格形态具有一定的代表性。本书中的“生命体验”,也称“体验”,它有两个源头:一个来自欧洲,以德国哲学家狄尔泰的“生命体验”概念为主要代表,突出个体对人生意义的直觉在艺术创造和接受中的重要性;另一个则为中国传统所倡导,认为艺术创造和接受中重要的是个体的瞬间生命感悟,例如“感物”“感兴”“兴会”“妙悟”等。关于“主持艺术风格”与“生命体验”的概念理解,本书第一章将予以进一步解析。主持人的主持语言中饱含着主持人对生命的体验,主持人不同的生命体验自然会影响其主持艺术风格的构建,进而形成不同的主持艺术风格形态。

在本书的研究中,我们发现体验美学主要被运用在对文学、绘画等艺术门类的理论分析中,舞蹈、音乐、表演的艺术理论分析中也有涉及。然而,在主持艺术理论的分析中,却极少被提到,用体验美学的角度来分析主持艺术风格,几乎还是空白。丰富而深刻的生命体验是诗人、作家、画家等艺术家或艺术创作者丰富情感的出处、创作灵感的来源。作为从事主持艺术工作的主持人,其生命体验与主持艺术也有着紧密的关联,影响着主持人的主持艺术风格形态的构建。因此,借由体验美学来分析主持艺术很有必要。

---

① 姚喜双. 播音学概论[M]. 北京:北京广播学院出版社,1998:1.

② 张颂. 播音主持艺术论[M]. 北京:中国传媒大学出版社,2009:11.

二、选题背景和意义

成功的电视节目主持人,总会在自己的主持实践中显示独特的主持艺术风格。主持艺术风格的形成,诚然取决于多重因素,但皆与生命体验有关。

正由于主持艺术风格与生命体验存在必然联系,所以就有必要探讨主持艺术风格与生命体验的关系。体验是个人独特的、通过反复亲历才获得的对生命的内在隐秘本质的把握。需强调的是,体验不是一般心理学意义上的经验,而仅指足以使人直觉到生命的真正意义的瞬间。

本书针对几种主持艺术风格形态,从体验美学的角度,试图探讨生命体验对主持艺术风格形态构建的影响,以及主持艺术风格形态与生命体验之间的关联。从某种意义上说,独特而深刻的生命体验成就了主持人不同的主持风格,造就了卓尔不凡的他们。由此,在主持艺术中对节目主持人风格形态加以研究,无论是对拓宽"体验论"的研究范围,还是对主持人的主持风格构建都具有重要意义。

三、研究现状和文献综述

关于"体验论",国内学界相关的研究主要有以下几个方面:一是美学研究,如美学家宗白华 1981 年出版的《美学散步》;二是艺术理论研究,如朱光潜的《文艺心理学》;三是体验美学研究,如刘小枫的《诗化哲学》,以及王一川先后于 1988 年和 1992 年出版的《意义的瞬间生成》和《审美体验论》。根据这些著述,艺术不能归结于普通的、表层的审美经验,而应当属于那种深层的、活生生的、令人沉醉痴迷且难以言说的瞬间性审美直觉,即审美体验。正是这种审美体验,才构成人生中充满意义的瞬间,才成为艺术创造的源泉。在西方体验美学理论中,本书则主要以德国哲学家狄尔泰为代表的哲学家、美学家们的相关"体验论"作为研究范围。

对于主持艺术风格形态的研究，主要以白岩松、董卿、崔永元、金星、孟非、谢娜、何炅、汪涵这些知名主持人的节目主持文本为案例分析，加之各位主持人的相关著作或个人专访。如：央视主持人白岩松的《新闻1+1》节目，及其《痛并快乐着》《白说》《行走在爱与恨之间》等著作；央视主持人董卿的《中国诗词大会》《朗读者》节目，及其相关个人专访；央视原主持人崔永元的《实话实说》节目，及其自传《不过如此》；东方卫视主持人金星的《金星秀》节目，及其自传《掷地有声》；江苏卫视主持人孟非的《非诚勿扰》《四大名助》节目，及其自传《随遇而安》；湖南卫视主持人谢娜的《快乐大本营》节目，及其自传《娜写年华》；湖南卫视主持人何炅的《快乐大本营》节目，及其自传《来得及》；湖南卫视主持人汪涵的《天天向上》节目，及其著作《有味》。

四、研究对象和主要内容

本书尝试以知名电视节目主持人白岩松、董卿、崔永元、金星、孟非、谢娜、何炅、汪涵等的主持实践为例，探讨主持艺术风格形态与生命体验的关系。

绪论就选题背景及意义、研究现状和文献综述、研究对象和主要内容等相关问题做了阐述。

第一章论述主持艺术风格与生命体验，认为成功的电视节目主持人总会在自己的主持实践中显示独特的主持艺术风格，而这种主持艺术风格的形成与生命体验存在必然联系，因而有必要加以探讨。并且就艺术与体验、主持艺术风格形态构建与生命体验、生命体验在主持艺术风格构建中的重要意义、生命体验与主持语言、诗与主持艺术等问题进行了进一步的阐释。

第二至第九章分别论述主持艺术风格的几种形态。主持艺术作为一种艺术创作实践，主持人与诗人、作家、画家、音乐家、舞蹈家等其他门类艺术家有着相似的创作过程，而体验是艺术创作者在创作中不可或缺的。

这部分内容通过对不同主持艺术风格形态的研究,借由体验美学理论,探讨不同主持风格形态与生命体验之关联。

最后是结语。

五、研究方法和创新点探索

本书所采用的研究方法,由于研究对象的特点而具有综合性:一为理论分析方法,运用体验美学探究主持艺术风格形态与生命体验之间的关系;二为资料分析方法,收集相关学术研究资料,如“体验论”的相关资料和学术著作,用于研究;三为抽样分析法,查看节目文本,从中抽取部分文本进行分析,并阅读与主持人有关的自传,帮助研究。

应当看到,在国内,有关主持艺术理论的研究多是从播音创作基础、播音发声学、播音业务理论的角度或从新闻传播学领域去探讨,而运用体验美学去分析主持艺术风格形态的构建,在国内几乎为空白。本书的目的即试图拓宽体验美学的研究范围,更欲开拓主持艺术理论研究的一个新方向,这也是本研究的主要创新点之所在。

第一章 主持艺术风格与生命体验之关系

第一节 艺术与体验

成功的主持艺术风格总是与主持人的人生体验有关，或是与主持人所具备的善于激发观众人生体验的素养有关。在分析主持艺术风格与体验之间的关系之前，我们不妨先来看看中西方的哲学家、美学家是如何阐释艺术与体验之关联的。

宗白华在论中西画法的渊源与基础时说："人类在生活中所体验的境界与意义，有用逻辑的体系范围之、条理之，以表出来的，这是科学与哲学。有在人生的实践行为或人格心灵的态度里表达出来的，这是道德与宗教。但也还有那在实践生活中体味万物的形象，天机活泼，深入'生命节奏的核心'，以自由谐和的形式，表达出人生最深的意趣，这就是'美'与'美术'。"①其实，宗白华这里所指出的，正是艺术与体验之间的关系。艺术正是在实践生活中体味万物的形象，深入生命节奏的核心，表达出人

① 宗白华. 美学散步[M]. 上海：上海人民出版社，1981：119.

生最深的意趣。艺术是艺术创作者所体验到的境界与意义。艺术蕴藏着艺术家丰富而深刻的生命体验,艺术家把在体验活动中所感受到的生命深层次的精神意境,通过艺术作品展现出来。刘小枫在论诗人与体验的关系时指出:“诗人自身的内在生活结构本身,决定了他的体验程度的深浅,也决定了他的内在价值的深浅。缺乏内在感受、缺乏内在精神的人,不可能成为真正的诗人。”[①]可见,体验对于艺术家多么重要。

狄尔泰在《体验与诗》中,论述了诗歌文学艺术的创作与体验之关联,他认为文学创作正是作家的一种“体验的显现”。艺术家“创作的出发点始终是生活经验,作为个人的生活经历,或者作为对当前的和过去的其他人的理解以及对他们在其中共同活动的事件的理解”[②]。狄尔泰这里所说的“生活经验”与对“事件的理解”,正是指作家通过某些经历(命运中难以逃避的痛苦、快乐、不幸、幸运等),对有限生命与价值超越产生的反思,阐释了艺术与体验的关系。关于艺术与体验,托尔斯泰认为:“艺术起源于一个人为了要把自己体验过的感情传达给别人,于是在自己心里重新唤起这种感情,并用某种外在的标志表达出来。”[③]在托尔斯泰看来,艺术是艺术创作者把体验过的感情通过某种艺术形式表达出来。托尔斯泰还特别强调艺术是“人的活动”,艺术创作活动是艺术创作者在他自己心中回想起一种自己体验过的情感,用动态、线条或是语言等表现形式传达出来,让欣赏者也能感受到。冈察洛夫则说:“我只能写我体验过的东西,我思考和感觉过的东西,……我写我自己的生活和与之长在一起的东西。”[④]在冈察洛夫看来,艺术正是体验的显现,体验是艺术创作的源泉。

由此可见,体验(生命体验)是所有伟大的艺术家或优秀的艺术创作者必须拥有的,体验是他们艺术创造力生发的源泉。艺术是艺术创作者在体验中的凝练与升华,艺术借由体验为观众呈现出一种微妙的境界,而

---

① 刘小枫. 诗化哲学[M]. 济南:山东文艺出版社,1986:180.

② 狄尔泰. 体验与诗[M]. 胡其鼎,译,北京:生活·读书·新知三联书店,2003:164.

③ 托尔斯泰. 艺术论[M]. 丰陈宝,译,北京:人民文学出版社,1958:46.

④ 冈察洛夫. 迟到总比不做好[M]//古典文艺理论译丛(一). 北京:人民文学出版社,1961:189.

“这种微妙境界的实现，端赖艺术家平素的精神涵养，天机的培植，在活泼的心灵飞跃而又凝神寂照的体验中突然地成就”①。艺术的创作离不开体验，而这种体验正是在生命中体验，是对生活的体验。朱光潜说：“艺术能超脱实用目的，却不能超脱经验。艺术家尽管自己不落到人情世故的圈套里，可是从没有一个真正的大艺术家不了解人情世故；艺术尽管和实用世界隔着一种距离，可是从来没有一个真正的大艺术作品不是人生的返照。”②可见，艺术创作离不开创作者对人生、对生命的体验，而且重要的是，这份体验需要艺术创作者懂得抽离自身，反观自己的生活、命运，反思自己的这份体验。正如歌德所说：“我们周围有光也有颜色，但是我们自己的眼里如果没有光和颜色，也就看不到外面的光和颜色了。”③艺术创作者要深入生活，积极地去体验人生，把在体验中获取的那些有意义、有价值的东西通过艺术作品表达出来，进而引发观者的情感共鸣，达到影响和传导的作用。

由此可见，艺术与体验的关系十分密切。那么，既然本书探讨的是“主持艺术风格形态”，不妨先来了解一下艺术究竟有何特质。在德国哲学家、美学家康德看来，艺术整体上呈现的特质应该是“美”的。“美的艺术是一种意境，它只对自身具有合目的性，虽然没有目的，仍然促进着心灵诸力的陶冶，以达到社会性的传达作用。”④并且康德还认为，美的艺术应是自然的。中国哲学家、美学家宗白华也指出“美是艺术的特殊目的”，艺术创作必须遵循这一点，“若放弃了美，艺术可以供给知识，宣扬道德，服务于实际的某一目的，但不是艺术了。艺术须能表现人生的有价值的内容，这是无疑的。它就必须同时表现美，把生活内容提高、集中、精粹化，这是它的任务”⑤。两位美学大家都认为艺术的特质应是“美”的。即便是供给知识、宣扬道德，也应以一种美的形态呈现，脱离这一点，就谈

① 宗白华．美学散步［M］．上海：上海人民出版社，1981：73.

② 朱光潜．谈美　文艺心理学［M］．北京：中华书局，2012：131.

③ 爱克曼．歌德访谈录［M］．朱光潜，译．北京：人民文学出版社，1978：35.

④ 康德．判断力批判：上卷［M］．宗白华，译．北京：商务印书馆，1964：151.

⑤ 宗白华．美学散步［M］．上海：上海人民出版社，1981：7.

不上是什么艺术了。因此，如果我们把主持看作是一门艺术的话，那么主持艺术它也应该具有“美”的这一艺术特质，主持艺术创作也应该遵循这一点。主持人在主持艺术的创作中，归根结底是为了向观众传递美，弘扬美。那么，什么是美？在美学研究中认为“艺术之美”是“美的最高度集中的表现”。朱光潜指出：“美学的主要对象一直是侧重文艺理论。它根据文艺实践作出总结，又转过来指导文艺实践；它也服从认识论的总的规律：从实践到认识，再回到实践。”①可见，美与艺术关系之紧密。在西方，从古希腊开始，柏拉图和亚里士多德就探讨过关于美学的问题。在柏拉图记述的《大希庇阿斯篇——论美》中，苏格拉底与希庇阿斯就“什么是美”展开了持久的讨论，最后，苏格拉底说：“希庇阿斯，我得到了一个益处，那就是更清楚地了解一句谚语：‘美是难的’。”②苏格拉底发出美是难以辩说的感慨。而德国美学家黑格尔对美做出了自己的定义，他认为“美就是理念的感性显现”③。在中国的美学思想中，我们可以从庄子的美学思考中探究到“美的足迹”。庄子的美学思想正是一种体验美学，“庄子哲学是诗意的、体验的、美学的”，“庄子所建立的这个世界是关乎美的。‘天地有大美而不言’，这一世界有至高的美。达至这个世界的唯一途径就是纯粹性体验”④。从庄子的美学思想中我们可以体会出，中国古人对美的理解是深刻的，而且美总是和生命精神、宇宙自然关联着的。

根据中西方美学家对美的阐释，我们似乎可以得出一个结论：美总是关乎着生命，带着某种生机，带给人心灵的震动。究竟什么是美？这个命题实在太大，也不是本书论述的重点内容，这里便不展开讨论。然而，我们应该知道，在艺术的创作中，对美的追求，其精神实质应该是反功利的，是忘却自我的，是脱离对物质迷恋的低级趣味的。我们在艺术创作中追求美，是因为“在美学里，让你知道理智与情感如何调和”，“社会与个人

---

① 朱光潜．西方美学史：上［M］．北京：中华书局，2013：29．

② 柏拉图．柏拉图文艺对话集［M］．朱光潜，译．北京：商务印书馆，2013：194．

③ 朱光潜．西方美学史：下［M］．北京：中华书局，2013：508．

④ 朱良志．中国美学十五讲［M］．北京：北京大学出版社，2006：3．

的冲突如何得到公平的解决”，“在美学里，让你知道应如何赋予生命力以优美之形式”①。我们在追求主持艺术的道路上，明白这些极其重要。

综上所述，主持艺术的创作，应该是对艺术之美的追求，并且这种追求是反功利、忘却自我、脱离低级趣味的，致力于以优美之形式展现生命的活力。

如果我们能够初步了解艺术的特质，理解主持艺术，那么，我们便可以进一步来理解本书中的另一个重要问题——“生命体验”。托尔斯泰说：“作者所体验过的感情感染了观众或听众，这就是艺术。”②前面提到过，主持人的主持艺术创作饱含着主持人“生命的体验”。那么，在美学中，“体验”究竟是什么？

本书中的“生命体验”，也称“体验”，是一个现代词语。以德国哲学家威廉·狄尔泰的“生命体验”概念为主要代表，突出个体对人生意义的直觉在艺术创造和接受中的重要性。

对“体验”概念的理解，王一川在其相关研究著作中也有论述：

> “体验”，德文原作“Erlebenis”，源于“Erleben”。“Erleben”本义为“经验”“经历”“经受”等，英文一般译作兼具动、名词特性的“Experience”（经验、感受）。但狄尔泰的“Erlebenis”一词却不同于一般认识论意义上的“经验”，或者普通心理学证明的“意识”，而是具有本体论意义的、源于人的个体生命深层的对人生重大事件的深切领悟。在德文中，“生命”与“生活”均为一个词“leben”。“体验”一词则是在“leben”一词前面加上一个富于能动意味的前缀“er”合成，即“Erlebenis”。因而对狄尔泰来说，“体验”特指“生命体验”（英文常译作“life-experience”或“experience of life”）。③

---

① 李长之. 中国文化传统之认识：古代的审美教育[M]//李长之文集：第1卷. 石家庄：河北教育出版社，2006：66.

② 托尔斯泰. 艺术论[M]. 丰陈宝，译. 北京：人民文学出版社，1958：47.

③ 王一川. 意义的瞬间生成[M]. 济南：山东文艺出版社，1988：4－5.

从上段论述中，首先我们可以明确的是，在西方体验美学中，“体验”即“生命体验”；其次，西方美学“体验论”中的“体验”指的是我们在日常的生活经历中，在命运的跌宕中，对人生重大事件的深切领悟。“体验”是在某个生命经历中，某种瞬间的、深刻的、激荡的领悟，这种领悟是对生命的反思，对生活的观照，直指生命的价值和意义。这个“体验”和我们日常所说的生活“经验”概念不同，二者有着本质区别。对于这两个概念我们需要加以区分：

一是，西方体验美学中的“体验”，并不是我们通常所说的“经验”。在西方体验美学中，“体验”是一种主动地、积极地对生命反思和观照的创造性活动。而我们通常所说的“经验”则是一种被动地在某次经历中形成的知识性认知。

二是，西方体验美学中的“体验”，和我们平时所说的“体验生活”有所不同。“体验生活”往往是带有观察性质的，与观察生活连在一起，是对生活的某种感受、印象等心理过程，带有被动性质。而在以狄尔泰为代表的西方体验美学中，这个“体验”是“活”的，是主动的。它是一种积极地、主动地从本体生命出发，在遭遇中去发现生命的意义和价值。刘小枫先生在分析狄尔泰的“体验论”时便指出：

> 体验就是感性个体把自己的知识与自己的自我在与生活世界及其命运的遭遇中所发生的许多具体的事件结为一体。①
>
> 体验也就是从自己的命运和遭遇出发来感受着生活，并力图去把握生活的意义和价值。②

可见，体验是对“自我”的一种观照，是对“自我生命”的反思活动。这种活动是“深层次、高强度的或难以言说的瞬间性生命直觉”③。这里我们举一个例子来进一步理解“体验”的概念，以便更好地理解体验美学。知名主持人金星，以真诚、炽热、敢于抨击社会不良风气的主持艺术风格受到广

①② 刘小枫．诗化哲学[M]．济南：山东文艺出版社，1986：179．

③ 王一川．审美体验[M]．天津：百花文艺出版社，1988：6．

大观众的喜爱。我们知道金星有过一次变性经历，我们不能说变性的这个经历会对她的主持艺术风格产生什么影响，但真正会影响到她的主持艺术风格形态构建的，应该是她在这些经历中所得到的深刻的生命体验。金星在其自传中讲述了那次经历带给她的深切的生命体验：

> 只要去过地狱的人，才会更清楚天堂应该是什么样子。只有曾经一无所有过，才能知道真正拥有的是什么，知道东西在你手上的分量，同时不忘继续走。灾难被消化后，就成了伴侣。
>
> ……
>
> 当医生已经给我的腿宣判死刑的时候，我的最后一张牌，也是最强的底牌，就是信念——成为一个准确的“金星”，这样的信念无比强大。
>
> ……
>
> 我觉得宇宙之间有种力量特别奇妙，我只能把它描述为人的意念。有这样一种意念在，你就永远不会绝望。每一次灾难都像是给人生的某个阶段盖了层顶，你得不断向上，拱破了这层顶，就到了另一个层面。
>
> ……
>
> 困难、灾难和幸运一样，永远在每个人的生活中存在，但是灾难不属于你个人，是属于生活的一部分，你往前走之后，灾难会在经历之后变成一种特别的伴侣。①

这些正是金星在那次刻骨铭心的经历后所得到的深刻体验。那次差点带来毁灭性打击的手术经历，让金星对生命的意义和价值有了更加深切的认识和理解，这些生命体验影响着金星对人格的塑造，同时，或多或少也影响着其主持艺术风格形态的构建，这些深切的体验也正是其主持艺术创作的源泉。因此，我们在研究每一位主持人的特殊人生经历时，不

---

① 金星．掷地有声［M］．长沙：湖南人民出版社，2015：175－179．

应抱着窥探隐私或者猎奇的心理，他们的经历或许并不十分重要，但我们需要透过这些优秀主持人的特殊经历了解他们对生命产生了怎样的体验，这些体验又是如何呈现在他们的主持艺术中，并且如何影响着他们的主持艺术风格构建。因此，“体验论”中的“体验”不是一般的“经历”或“经验”，而是在经历中，亲历者积极主动地从内心出发反观这段经历，在这段经历中探寻人生的意义和价值，并把这些“体验”通过某种艺术形式表达出来，进而引起观者的情感共鸣，影响更多的人。所以说，“体验”既是一种行为、活动，也是一种成果。它是一种高峰的、神秘的、生命深层次的体会，这才是美学范畴所谈的“生命体验”活动，即“体验美学”。

明白了艺术特质，理解了美学中的“体验论”，那么，艺术创作者或主持人如何通过“体验”进入艺术创作的自由之境呢？在西方体验美学中，美学家们认为“体验”是直接的领悟，靠“直觉”进入。也就是说，“直觉”是“体验”的方式，艺术体验以直觉方式使人超越此在的存在。那么，如何把握这种“直觉”？柏拉图、叔本华、狄尔泰、柏格森、海德格尔等西方哲学家、美学家均有论述，我们不妨稍作了解：

柏拉图有“迷狂说”。迷狂是一种艺术的直觉，柏拉图认为：“只有‘迷狂’这种艺术的直觉，或者说审美直觉，才可能打破技艺的人为束缚而开辟飞升向理念的道路。”①我们可以理解为，柏拉图非常看重体验中个人对事物的直觉感知能力。

叔本华有“静观说”。叔本华接受了康德《纯粹理性批判》中的思想，认为经验世界是现象界，为人类理性所制约。因而叔本华对理性一贯是批判的，这与他看重人的“意志”有关。叔本华认为在人的内心深处的意识中，“我面对我的真实的基本的自我。我意识到活动，我就认识了自在之物。自在之物是意志，那是初始的、无时间性和空间性、无因果而成的活动，它在我心中表现为冲动、本能、奋进、渴望和要求。……我从两方面认识我自己，即为意志和肉体，但是，它是同一个意志，在自我意识中表现

① 王一川．意义的瞬间生成[M]．济南：山东文艺出版社，1988：84.

为对活动的意识,在知觉中表现为我的物质的肉体。意志是我真实的自我,肉体是意志的表现”①。叔本华认为在艺术体验中,应抛弃理性和意志,把“静观”作为一种审美直觉。“静观”其实就是“一个纯粹主体对对象的无人性直觉。只有当人失去了一切人性所可能有的特质时,静观就生成了”②。这种抛弃主体人性的观点,与狄尔泰完全不同。

狄尔泰直接提出“体验说”。他从生命本体论的角度极力高扬生命。他认为体验活动本身就是人对人性、对生命的体验,因为“任何世界观的终极根基(the ultimate root)乃是生命本身”③。狄尔泰认为,在艺术创作中,体验有着极其重要的地位。

柏格森的“直觉说”。柏格森认为直觉是进入生命内部的方式,艺术正是深入生命内部、深入内心去体验,通过反复体验,抓取那瞬间的生命意义,并通过艺术展现出来。

海德格尔的“回忆说”。海德格尔认为日益发达的技术实际使人沦为无生命的物质材料,而“回忆”是唤醒人们的久远记忆,重新找回自我生命存在价值的方式。海德格尔的回忆包含“返回古希腊初期;返回内心;返回自然”④。

在西方体验美学中,这些伟大的哲学家、美学家从不同的角度阐释了艺术体验的方式“直觉”。而狄尔泰最为直接地提出“体验”概念,认为艺术创作的方式和途径就是体验本身,体验是艺术创作的源泉。他在《体验与诗》中详细剖析了诗人、作家体验的成分和要素,在他别的专著中亦分析过“体验”与创作的关系。

以上为西方美学中关于“体验论”的简要概述。

这里需要补充说明一点,即“生命体验”与“审美体验”。“生命体验”我们前面已经解释过,而“审美体验”同样也是体验美学中的重要理论。“生命体验”指的是艺术创作者对生命价值和意义的思考,“审美体验”则

---

① 梯利. 西方哲学史[M]. 葛力,译. 北京:商务印书馆,2015:530.

②③ 王一川. 意义的瞬间生成[M]. 济南:山东文艺出版社,1988:100.

④ 王一川. 意义的瞬间生成[M]. 济南:山东文艺出版社,1988:129.

特指在艺术创作活动中，创作者体验到某种令人激动的、强烈的瞬间体会，进而把捕捉到的这种瞬间体会，放到艺术作品创作里。“艺术活动的这种瞬间领悟，我们把它称作审美体验。”[①]本书主要分析主持艺术风格形态，大多围绕“体验”来探讨，但在分析主持人的主持艺术创作文本中，也会提到“审美体验”，望读者能区分理解。

前面提到过，本书中的“生命体验”，也称“体验”，它有两个源头：一个来自欧洲，以德国哲学家狄尔泰的“生命体验”概念为主要代表，突出个体对人生意义的直觉在艺术创造和接受中的重要性；另一个则为中国传统，认为艺术创造和接受中重要的是个体的瞬间生命感悟，例如“感物”“感兴”“兴会”“妙悟”等。如果说在西方美学中，“直觉”是体验的方式，那么在中国美学中，“悟”则是体验的方式。在艺术理论中，我们说到体验论，往往总是先想到西方体验美学，这其中很主要的原因大概是，在西方美学中，以狄尔泰为代表的哲学家、美学家都较为系统地分析和阐释过“体验”，并有相关的学术著作。而事实上，体验论在中国具有更为久远和深厚的传统，从古代儒家学派创始人孔子的“诗可以兴”直到现代哲学家、美学家宗白华的《美学散步》，形成了中国的体验美学或体验诗学脉络。

在中国传统诗学理论中，体验等同于“悟”的过程。宋朝诗论家严羽在其《沧浪诗话》中认为：“大抵禅道惟在妙悟，诗道亦在妙悟”，“惟悟乃为当行，乃为本色。”[②]悟是诗人在某种人生境遇中瞬间领悟到对生命的感触，借用凝练动人的诗歌艺术抒发出来。这种“悟”在中国美学领域中，有别于一般的审美认识活动，如朱良志所述：“它不但摒弃了科学、功利的态度，也对一般审美态度予以超越，它是一种去除一切态度、情感倾向和意志的纯粹体验活动。”[③]只有这样，才能在体验中把握住生命中那纯粹而美好的东西，即生命精神或生命意义。中国古代最早的诗歌总集《诗经》，可以说集合了古代诗者在生命中的妙悟。如“采采卷耳，不盈顷

---

① 王一川．审美体验[M]．天津：百花文艺出版社，1992：82.

② 严羽．沧浪诗话[M]．胡才甫，笺注．杭州：浙江古籍出版社，2015：4.

③ 朱良志．中国美学十五讲[M]．北京：北京大学出版社，2006：336－337.

筐。嗟我怀人,置彼周行"①,一位妇女在劳作时,心里惦念着远行的丈夫,心中有思念,这卷耳采来采去,却总是采不满筐,这是对思念深切的体悟。《诗经》中有无数美妙的诗篇,孔子赞其:"诗三百,一言以蔽之,曰'思无邪'。"②《诗经》是古人的生活体验,也引发我们后人的情感共鸣,产生一些美好的体验。中国古代诗歌正是诗人,在体验世界中所悟得的生命精神。诗人李白的狂放不羁,都被写在其诗篇中,他的生命体验是极致的。如他的诗句:

花间一壶酒,独酌无相亲。举杯邀明月,对影成三人。

春风不相识,何事入罗帏?

云想衣裳花想容,春风拂槛露华浓。

会当凌绝顶,一览众山小。

君不见高堂明镜悲白发,朝如青丝暮成雪。

天生我材必有用,千金散尽还复来。

五花马,千金裘,呼儿将出换美酒,与尔同销万古愁。

长风破浪会有时,直挂云帆济沧海。

安能摧眉折腰事权贵,使我不得开心颜。

内心有多么丰富才能写出这样直戳人心的诗句啊!这是李白对生命中喜怒哀乐最刻骨、最透彻的体验。李长之在分析李白的艺术创作与生命体验时这样说:"李白的价值是在给人以解放,这是因为他所爱、所憎、所求、所乐、所喜、所愁,皆趋于极端故。"③相比李白的自由与解放,杜甫的情感就显得深沉与内敛。如他的诗句:

绝代有佳人,幽居在空谷。

随风潜入夜,润物细无声。

---

① 程俊英,蒋见元. 诗经注析[M]. 北京:中华书局,1991:9.

② 朱熹. 四书章句集注[M]. 北京:中华书局,1983:53.

③ 李长之. 道教徒的李白及其痛苦[M]//李长之文集:第6卷. 石家庄:河北教育出版社,2006:6.

烽火连三月，家书抵万金。

朱门酒肉臭，路有冻死骨。

感时花溅泪，恨别鸟惊心。

无论描述战争，还是田园风光、友情亲情，杜甫的诗都是那样质朴深厚。叶嘉莹称杜甫为集大成者，“因为他能够深入生活，面对生活。他能够体验各方面、各阶层的人的生活，而且能够把它写好”。如果说，李白的体验是把自我感受融入到生活中去体验，则杜甫的体验是放下自我、深入大众、深入生活去体验。因而，叶嘉莹先生有一个非常生动的形容：“李白是飞上去的天上的一朵云；杜甫是稳稳当当站在地面上的一座山。”①

我们再看宋朝邵雍的一首诗：“月到天心处，风来水面时。一般清意味，料得少人知。”简直是诗中极品，淡然的字词，读来却让人激动不已。诗人把在大自然中观察到的美妙景象，借着这首洋溢着灵性与诗情的诗歌表达出来，这是诗人对那寂寥、清美的生命状态最深切的体验。宋朝大才子苏轼在山水、明月，在大自然之中，体验到生命的真谛。在他的《前赤壁赋》中：

逝者如斯，而未尝往也；盈虚者如彼，而卒莫消长也。盖将自其变者而观之，则天地曾不能以一瞬；自其不变者而观之，则物与我皆无尽也，而又何羡乎？且夫天地之间，物各有主；苟非吾之所有，虽一毫而莫取。惟江上之清风，与山间之明月，耳得之而为声，目遇之而成色，取之无禁，用之不竭，是造物者之无尽藏也，而吾与子之所共适。②

这一段读来令人酣畅淋漓，心灵为之一振，仿佛精神已跟随苏东坡之词游荡于天地之间，豁然对人生通透明了。而这些正是诗人在深刻的体验下创作出的动人心魄的诗词。

---

① 叶嘉莹. 叶嘉莹说杜甫诗[M]. 北京：中华书局，2008：6.

② 叶朗. 文章选读[M]. 北京：华文出版社，2012：5.

在中国传统绘画中，画家的体验也是通过“悟”所得，并且表现在画作中。中国传统绘画中的一朵小花、一只鸣虫、一弯明月、一片山水都映照着画家的生命体验。中国传统绘画是画家心灵的写照和内心深刻的生命体验。元代画家钱选在其《秋江待渡图》中，描绘了一个空灵悠远的世界，表现了他深刻的生命体验，而在这个世界中，我们每个人都是精神的“待渡”者。明末清初画家陈洪绶的画作清冷、荒诞，呈现高古之品，他的《蕉林酌酒图》正是一幅思考人生的画作。朱良志对此画作了精妙分析：“陈洪绶通过他的画面在思考人生所面临的窘境，他浪漫地踏着一片云来，以冷峻的眼光阅历人间风烟，将它淡去，淡去，在永恒面前，一切都如清风届耳耳。陈洪绶的人物画不是历史的实录，他画的是他的人生，他的生命体验。”①而八大山人的《孤鸟图轴》老辣绝妙，正是他对生命清逸高冷、目空俗世的态度和体验。不得不说，中国传统绘画在世界上独具魅力，闪耀着东方的智慧。中国传统绘画是画家对世界的反思，对生命的体验。中国山水画论的一部重要著作，北宋郭熙的《林泉高致》中曰：“世之笃论，谓山水有可行者，有可望者，有可游者，有可居者。画凡至此，皆入妙品。”②可行、可望、可游、可居，这不正是中国古代书画者虽身居庙堂之高，却心怀林泉之志的体验式生活吗？

中国古代建筑同样体现着“悟”的体验美学思想。古人百艺，皆传之于书。明代计成撰写的《园冶》是中国古代建筑艺术集大成者。其中“园说”里写道：“轩楹高爽，窗户虚邻；纳千顷之汪洋，收四时之烂漫”，“移竹当窗，分梨为院；溶溶月色，瑟瑟风声。”③这正是古人对建筑能够带给人美的体验的阐述。中国古代建筑艺术通过空间来营造一种东方专属的意境美，而这种意境需要靠“悟”所得。司马光的独乐园，园中有“读书堂”“弄水轩”“种竹斋”“浇花亭”，园内竹林掩映，亭堂台轩俱小而朴。在这简单自然的水竹山亭之中，人们体悟到“清风明月本无价，

① 朱良志. 生命清供——国画背后的世界[M]. 北京:北京大学出版社,2005:20.

② 朱良志. 中国美学名著导读[M]. 北京:北京大学出版社,2004:167.

③ 计成. 园冶注释[M]. 陈植,注释. 北京:中国建筑工业出版社,1988:51.

近水遥山皆有情”的意境之美，借着山水之情，体会着宇宙、生命之道。而颐和园的园林意境更是带给人无尽美好的体验。颐和园本身就是一幅画，人在山水间，便是画中游，带给人“八极可围于寸眸，万物可齐于一朝”的神奇体验。天坛则给人以凝重深远的生命体验。天坛不仅是我国古代帝王祭天的神坛，还体现了中国古人对宇宙的思考和对艺术美的享受。天坛祭天的台，上方对着的是一片虚空的天穹，天坛把整个宇宙当作自己的庙宇。圆形的祭坛，游人在其中体验到的是生命的流转，宇宙万物循环往复、周而复始的运动规律和“天行健”的精神。中国古代建筑艺术就是这样，它让我们信步所至，耳目所及，总感到玄妙、隽永，心中充满了微妙的体验。对于中国古代建筑，仅仅是走马观花，是悟不到其妙处的，唯有让心灵沉浸进去、融化进去，才能体验其绝妙之处。中国古代建筑是让人“通过它而能够真切体认参悟自己生命在宇宙运迈过程中的位置和价值”①。

中国古乐也是在“悟”中体验生命的深远。一曲《高山流水》诉尽知音难寻的美好与惆怅；《平沙落雁》则借鸿鹄之志，抒文人雅士心胸；《渔歌》带人进入微醺之时，置身于天地间，不拘人世的敞怀体验。古乐演绎的是人的生命、丰富的世界。古乐借由古乐器，抒发着古人对宇宙万物、生命自然的体悟。中国古乐就是要让人们在这份体验中，领会那“天地之序”与“天地之和”②。

宗白华认为，体验就是“扩充我们在内经验的质量，使我们思想情绪的范围丰富起来”③。体验可以为我们的生命注入活力，使我们对生命的感受力更强，进而让我们在艺术创作活动中拥有更强的审美体验能力。一个思想丰富的人即使见到最普通的景象，也能体味和觉察出其美好的存在，觉得意趣盎然、内心充盈。现代作家孙犁认为，体验是身体力行，带有心理和生理的实践意义，对生活的体验就是对生活的感受，生活使我们

---

① 王毅．翳然林水[M]．北京：北京大学出版社，2006：207．

② 宗白华．美学散步[M]．上海：上海人民出版社，1981：58．

③ 宗白华．生如蚁　美如神[M]．贵阳：贵州人民出版社，2016：前言．

劳苦、悲痛、快乐，给人以绝望、希望，这些都是体验。体验不是一般的内心感受，而是丰富、活跃、深刻的瞬间领悟，是人生美妙的顷刻，是意义的瞬间生成。

我们稍加回眸就会发现，中国的体验美学自古有之。中国人面对的世界，就是一个领悟的世界、体验的世界。“盖中国哲学认为世界并非仅是知解式的认知对象，而是主张人通过整体生命的投入，对世界从生命的角度做存在面的切入，这当然就不能局限于知解的层面。”①这正是一种进入生命体验的过程。我们的艺术创作离不开对生命的体验，我们的生活也需要有体验。走再多路，读再多书，经历再多，缺乏“体验”，也很难追寻到生命的意义和价值。如何理解？就好比吃一顿高级料理，有的人吃到了奢侈，意在炫耀这份独特，也不过如此；而有的人不仅饱腹，还在品尝食物的过程中，体悟出了某种人生况味，这份体验即便没有被用到艺术创作中，也会对自己的生命或生活有积极的指导意义。一个善于对生命进行体验的人，才能走进高远的生命境界。

那么，艺术家“体验”（“生命体验”）的途径有哪些呢？“体验”主要来源于以下三个渠道：

> 个人自己的体验；对他人体验的领悟；由观念推导和深化的体验。②

但是，艺术家的体验无论是来自自身的生命体验，还是从他人体验中领悟，抑或是在观念推导和深化中所得，不管他从哪儿获取，也不管他选取什么，都必须是从自己内在的感受出发，方可得到真正的“体验”，即“中心得源”：

> 必须是从自己看出去的，从自己的内在性去结构的。他必须以自己的命运感为根据，去接触生活中的难题，他只有从自己

① 笔者于北京大学张广保教授“道家哲学研究”课堂上的笔记。
② 刘小枫．诗化哲学［M］．济南：山东文艺出版社，1986：180．

的遭遇出发去领会一切事物，而这种领会只能是对想象和感情的移入的把握，这样生活才会展现自己的奥秘。①

在艺术创作中，通过自我内在的体悟去领会生命的价值和意义才是真正的体验。所谓观察生活是无法进入体验的，因为观察得到的只是外在的活动，“没有担当命运，没有与命运碰撞，没有进入自己的内在反思，观察就是过目无心、视而不见、熟视无睹，反映就只是高超的技巧加上浅薄的内容”②。如果一个主持人仅仅只是观察生活的表面，而不能透过生活的表象进入深层次的思考，不能从自我内在的体验出发，去透视生活，反思自己的生活，那么，这种观察也只是机械被动的接受，是对生活生硬的临摹，根本谈不上体验。这样的主持人是很难形成自己独特的主持艺术风格的，因为风格背后是个人对生命的不同体验形成的一种生命精神。无论是在生活中的体验，还是在艺术创作中的审美体验，艺术家都必须遵循这样一种“中心得源”，才能真正把握生命的意义和价值所在，进而把这种体验化解在艺术创作中。

此外，艺术家的审美活动也依赖着深刻而丰富的生命体验，因此，艺术家生活中的体验，也必然影响着他们在艺术创作过程中的审美体验，“艺术家所经历的那部分人类生活在审美体验的瞬息获得了新的改造与美化。……真正的艺术家，应当具有这种体验的能力，去创造与发现‘兴象’，在深深的感动于冷静的思考以后，再把它们创造出来”③。生活中的体验，影响着艺术家的艺术审美活动，也会造成不同的审美体验活动。

综上所述，艺术是体验的显现，体验是艺术创作的源泉，体验深深地影响着艺术创作，以及艺术风格形态的构建。

①②　刘小枫．诗化哲学[M]．济南：山东文艺出版社，1986：180－181．

③　王一川．审美体验论[M]．天津：百花文艺出版社，1992：118－119．

第二节　主持艺术风格形态构建与生命体验

一、艺术风格

艺术风格，属美学范畴。何谓艺术风格？“风格”最初是从语言角度论风格，即语言风格。在西方，“风格”（style）一词源于古希腊文，它的意思是用文字装饰思想的方式。亚里士多德在其《修辞学》中谈到风格时认为：“风格能表现情感，只要在谈到暴行的时候使用忿怒的口吻，在谈到大不敬或丑恶的行为的时候使用厌恶和慎重的口吻，在谈到可称赞的事情的时候使用欣赏的口吻，在谈到可怜悯的事情的时候使用忧郁的口吻，其余以此类推。”“不同种类或不同习惯的人各有自己的适当的风格。”① 可见，风格与情感、个性有密切关系。亚里士多德在其《诗学》中还明确指出：“风格的美在于明晰而不流于平淡。”②也就是说，风格是突出的、明显的。在西方，对艺术风格的讨论还有“风格是思想的外衣”“风格即人”的说法。我们似乎可以感觉到，“风格”应该是一种由内而外的东西，它包含了艺术家的个性气质、人格精神、艺术情趣、审美追求和艺术才能等。瑞士美学家海因里希·沃尔夫林在《艺术风格学》中认为，个人风格“因气质而异”，并且个人的强烈情绪将赋予艺术作品“独特的气韵和生命”③。这种“气质”正是一种个人的生命内在精神，而“体验”正是激发和创造生命内在精神的活动。

在中国，关于“风格”的论述，早在刘勰的《文心雕龙》中便出现了。刘勰在对“议”的写作要求分析中，提到陆机议论编写《晋书》时说：

---

① 亚里士多德．修辞学[M]．罗念生，译．北京：生活·读书·新知三联书店，1991：163－165．

② 亚里士多德．诗学 诗艺[M]．罗念生，译．北京：人民文学出版社，1962：77．

③ 沃尔夫林．艺术风格学[M]．潘耀昌，译．北京：中国人民大学出版社，2004：1－2．

亦有锋芒，而谀词弗剪，颇累文骨：亦各有美，风格存焉。[①]

这算是中国古代文献中较早提到“风格”一词的文献。陈望道在其《修辞学发凡》中指出修辞的辞体可以有很多的分类，如：(1)地域的分类；(2)时代的分类；(3)对象或方式上的分类；(4)目的任务上的分类；(5)语言的成色特征上的分类；(6)语言的排列声律上的分类；(7)表现上的分类[②]。陈望道指出，其中，国外修辞的书上说得最热闹，我国论文的书上也讨论得最起劲的便是这里的第七种体性的分类。那么，我国传统艺术研究中的“体性”分类是怎样的呢？“体性”是讲风格与个性的关系。刘勰在论“体性”时有“八体说”：

若总其归涂，则数穷八体：一曰典雅，二曰远奥，三曰精约，四曰显附，五曰繁缛，六日壮丽，七曰新奇，八曰轻靡。

故雅与奇反，奥与显殊，繁与约舛，壮与轻乖，文辞根叶，苑囿其中矣。[③]

周振甫解释为，“要是总结各种作品的归宿，那末技术上可概括在八种风格里：第一是典雅，第二是深隐，第三是精简，第四是明显，第五是繁丰，第六是壮丽，第七是新奇，第八是浮靡”，“所以典雅与新奇相反，深隐和明显不同，繁丰与精简相反，壮丽和浮靡不同，各种文辞生根抽叶发芽滋长，都在这个范围里了”[④]。我们可以总结，此八种风格相对应的是：

典雅(如董卿)——新奇(如谢娜)　远奥(如孟非)——显附(如何炅)

繁缛(如汪涵)——精约(如崔永元)　壮丽(如白岩松)——轻靡(即果敢型，如金星)

---

① 周振甫. 文心雕龙今译[M]. 北京：中华书局，1986：222.

② 陈望道. 修辞学发凡[M]. 上海：复旦大学出版社，2017：204.

③ 周振甫. 文心雕龙今译[M]. 北京：中华书局，1986：256.

④ 周振甫. 文心雕龙今译[M]. 北京：中华书局，1986：258.

在刘勰“八体说”的基础上，陈望道做了进一步分类。他认为体性上的分类约可分为四组八种。我们和主持人的风格相结合，归纳如下：

1. 由内容和形式的比例，分为简约（崔永元）和繁丰（汪涵）；

2. 由气象的刚强和柔和，分为刚健（金星）和柔婉（董卿）；

3. 由于话里辞藻的多少，分为平淡（孟非）和绚烂（谢娜）；

4. 由于检点功夫的多少，分为谨严（白岩松）和疏放（何炅）。①

无论是刘勰的“八体说”风格，还是陈望道先生的“四组八种”风格，都说明风格和人格有着密切的关联。《文心雕龙》中谈到风格与个性的关系时论述：

> 贾生俊发，故文洁而体清；长卿傲诞，故理侈而辞溢；子云沉寂，故志隐而味深；子政简易，故趣昭而事博；孟坚雅懿，故裁密而思靡……②

刘勰举例说明个性与风格的关系。比如贾谊才气英俊，所以文辞洁净而风格沉静；司马相如行为狂放，文理虚夸而文辞夸饰；扬雄性情沉静，其辞赋含意隐晦且意味深沉，等等。这些大才子的艺术风格都透露着他们的个性特点、内在精神，其中也饱含着他们各自独特的人生体验。风格虽受到“吐纳英华，莫非情性”的先天性格特征的影响，但真正要形成独特的风格，还在于后天的学习和实践，即“摹体以定习，因性以练才”。艺术创作者的生活经历、人生体验影响其性格与人格，进而影响其艺术作品的风格。

风格到底是一种怎样的东西？或许我们在刘勰对“风”的解释中可探知一二：“《诗》总六义，风冠其首，斯乃化感之本源”，“怊怅述情，必始于风”。周振甫解释为，“风是感动人的力量，这种力量是符合志气的，志是情志，气是才气，作品内容空洞，没有才气，就没有感动人的力量，就没

---

① 陈望道．修辞学发凡［M］．上海：复旦大学出版社，2017：205．

② 周振甫．文心雕龙今译［M］．北京：中华书局，1986：259．

有风。……所以抒情有了风才感动人。”[①]可见,风格应该是一种打动人心的内在精神力量。

以上从艺术家的个性气质、人格精神来理解艺术风格,此外,艺术风格还与意境有关。中国当代哲学家冯友兰在谈艺术时指出,“一艺术作品之本身所能使人感觉之某种情境,如雄浑或秀雅等,即此艺术作品之风格。”[②]冯友兰强调了风格与情境的关系,风格就是让人领略到某种特别的情境,这和宗白华所说的艺术正是呈现一种意境的意思相同。如果说,艺术风格是一种情境、一种意境,那么我们也可以理解为,主持人的主持艺术风格也是让观众欣赏和感受到某种意境之美,这种意境应该包括主持人在节目中所呈现的一种意境,包括主持人自身呈现的一种生命意境。对于艺术风格与艺术家的体验之间的关系,李长之有一段精辟的分析:

> 风格是艺术品的生命的一部分,是艺术家人格的自然分泌,工具可用,风格只能流露,不能“用”。[③]

艺术风格是艺术家人格的自然分泌、自然流露。可见,艺术风格它不是某种外在的技巧,而是与我们的内在精神、心灵紧密相连的一种东西。艺术风格的构建深深地受到艺术创作者生命体验的影响。作为从事主持艺术创造活动的主持人,其独特的生命体验促进主持人艺术风格形态的构建。

二、主持艺术风格形态

一个没有风格的主持人在舞台上是空洞的、没有光彩的、难以吸引和打动观众的,即使在舞台上站多少年,也很难找到存在感。主持艺术风格

---

① 周振甫. 文心雕龙今译[M]. 北京:中华书局,1986:262.

② 冯友兰. 新理学[M]. 北京:北京大学出版社,2014:243.

③ 李长之. 五四运动之文化的意义及其评价[M]//李长之文集:第1卷. 石家庄:河北教育出版社,2006:35.

形态的构建固然受诸多因素的影响，但是与生命体验总有着密切的、直接的关联。一个善于感知生命体验的主持人也是能够积极反思人生、追求精神旷达的人，其在情感的体验中，通过实践逐渐找到属于自己的风格。作为一个主持人，应该是善于思考和体验的。正如主持人董卿所说："可能我们很多主持人也是一台一台节目地做，为什么有些人在 10 台、20 台、100 台节目中就成长蜕变了，有些人可能还是在原地？那些成长的人往往是会思考的人，思考'我是谁''我能做什么''我想做什么''我未来的方向是什么'，可能这个很重要。"①这个思考其实也是一种生命体验活动。那么，究竟何为主持艺术风格？

根据张颂对播音风格的论述，我们可以把播音员或主持人的主持艺术风格理解为：

> 在长期实践中形成、被受众接受并承认的、表现在一定的播音作品(节目或栏目)中的创作个性和创作特色。所谓"一定的播音作品"，是指一定的数量、一定的代表性。②

由此可见，主持艺术风格并不是一蹴而就的，而是需要经过很长时间的摸索、积累，在主持艺术实践过程中不断磨合、探索，构建出自己的风格。俞虹谈到风格时指出："主持人的形象只有在其所主持的节目中反复地出现，成为主持节目时一种成熟、稳定的形象特征时，才能够形成风格。"③此外，风格受诸多因素的影响。风格的形成既有客观原因又有主观原因。客观原因包括时代、民族、地域、媒体平台、节目定位等。

> 风格，同民族、时代、社会、阶级风俗、文化、素质、修养……都有着密切关系，不是自封的，但可以自律，不是赐予的，但可以阐释，不是完美无缺的，但可以扬长避短。各种风格，差异是绝

---

① 董卿接受人民网《文艺星青年》网络视频节目访谈，说明优秀的文化电视主持人应具备哪些素质。

② 张颂．播音语言通论——危机与对策[M]．北京：北京广播学院出版社，1994：78．

③ 俞虹．节目主持人通论[M]．北京：中国广播电视出版社，2004：149．

> 对的，同一是相对的，没有差异便不会自成风格，失去同一也就形不成流派。播音风格也不例外。“风格即人”，马克思赞扬布封的这句话，含义深刻，仍有重要的现实意义。[①]

主观原因则是上段论述中所提到的“风格即人”的因素，即播音员、主持人的性格特点、生命体验、生命追求、修养内涵等。而其中“生命体验”对主持艺术风格的影响是深刻的、重要的。不同的体验促成不同的艺术风格形态，主持艺术风格自然也因主持人不同的体验而呈现出不同的风格形态。

本书对于主持人的风格形态的划分，只是抓取了主持人最突出的某个特点，以便于进一步研究分析。这些风格之间既有共性，也存在独特性，即差异性。在“体验论”的分析中，对艺术创作者在艺术创作中的生命体验分析，更多的是对生命精神的一种分析，是艺术创作者所呈现的精神气质、人格特质。李长之对司马迁的艺术创作与生命体验之间的关系分析，也正是将司马迁的人生经历和《史记》创作两部分结合起来进行剖析，提供给读者更多的参考和思考。因此，本书的理论分析模式是有前人开路，是有迹可循的。

三、主持艺术风格形态构建与生命体验之关系

前面提到过，主持人的主持语言饱含了主持人独特的“人生体验”，主持人对生命不同的体验，自然就会构成不同的主持艺术风格。观众通过主持人的主持艺术作品，感受其独特、强烈的主持艺术风格。越是优秀、成功的主持人，其主持艺术风格越是突出。主持艺术风格的形成包含了主持人独特的感受，而这独特的感受“是在遵循播音创作一般规律的同时，由于播音创作者不同的性格特征、生活经历、文化知识、思想修养等决定了不同的播音创作的审美追求，以及所造成的播音创作者所独有的体

---

① 张颂．播音语言通论——危机与对策[M]．北京：北京广播学院出版社，1994：79．

验。……这种独特的体验是独特的表现的内在依据”①。姚喜双在分析老一辈播音员的人生经历中提到，“齐越3岁丧母，自幼在家里受到继母的虐待和歧视，养成了富于反抗的倔强的性格；人民革命和人民解放战争的实践，培养了他爱憎分明、坚韧刚毅的精神。所以他的播音中体现出坚定豪放的风格特征。林如曾在教会学校学习，养成了她内在含蓄的性格特点，她的播音中显露出质朴清淡、含蓄自然的风格。她后来在‘十年动乱’中受到不公正的待遇，这使她对生活有了更深的认识，她的播音风格更加含蓄、深沉、坚毅。由此可见，生活经历和实践对播音风格的形成具有重要作用”②。主持人在人生经历中体验着生命，通过在生活中的种种遭遇，从内在感受出发，去反思人生，把握生命的价值和意义。

那么，体验究竟是一种怎样的活动呢？狄尔泰认为，体验终归是人的情感的体验。那些内心麻木、空洞的人是谈不上体验的，他们从不去考虑生活意义和生命价值，对生活也只是盲目地顺从和承受。一个没有情感、对人生没有体验的主持人，其主持的节目也很难打动观众的心，更谈不上主持艺术风格的构建。李长之在论述司马迁的体验与创作时论述到，正是深刻的生命体验造就了司马迁浪漫不羁的理想主义人格，也正是独特的生命体验让司马迁创作出《史记》这样的惊世之作。因此，李长之直截了当地指出，“不了解情感生活的人，不能读司马迁的书”。李长之深切体会到司马迁独特的生命体验对《史记》的创作影响巨大，进而发出这样的感叹：“没有生活，没有性格，写不出那样的文章，又有什么奇怪！”③我们也可以说，没有生活，没有性格，没有体验，难以构建独特的主持艺术风格。只有情感丰富者才能对生命有体验，生命体验对艺术风格构建之影响是深刻的。白岩松、董卿、崔永元、金星、孟非、谢娜、何炅、汪涵等深受观众喜爱的优秀主持人，都是有着真挚、丰富而细腻的情感，擅长对生命

---

① 姚喜双．播音学概论［M］．北京：北京广播学院出版社，1998：136．

② 姚喜双．播音学概论［M］．北京：北京广播学院出版社，1998：11．

③ 李长之．司马迁之人格与风格［M］//李长之文集：第6卷．石家庄：河北教育出版社，2006：418．

进行体验的人。那么，主持艺术风格形态构建与生命体验有着怎样的关系？

张颂曾在其《播音语言通论——危机与对策》中指出：

> 播音风格的形成过程，是相当漫长的，而且不是一劳永逸的，更不是坐享其成的。也如逆水行舟，不进则退。这进，最忌单纯模仿和机械模仿，风格的占有者，必须是独创者，不接受现成公式，不追赶时髦，却钟爱独特体验，独特感受、独特表达样态，肌体的万千神经汇聚为厚积薄发的激光光束，穿透浅尝辄止的雾障，灭绝怯懦和懒惰的细胞，震开韧性的羁绊，专心致志地激射向前。但是，身旁的诱惑力和干扰因素形成了强大的磁场，要通过它，太难了。①

虽然张颂没有明确指出风格与体验的关系，但是从这段话中我们不难理解：

其一，播音主持艺术风格的构建需要一个漫长的探索过程；

其二，播音主持艺术风格的构建并不能靠模仿而得，一定是独具个人特色的；

其三，最为重要的，也是根源性的问题，播音主持艺术风格的构建需要借助体验完成。通过内在的生命精神的活动，对人生意义进行反思，并探寻生命的价值，进而得到体验。很重要的一点是，外在的物欲横流的社会和自身对物质世界的迷恋，往往会阻碍我们的精神追求，让我们陷入麻木与沉沦，失去对生命精神的探索，失去对生命体验活动的兴趣和感知。只有当你勤于对生命、对人生的种种百态进行积极的思索，在痛苦或快乐中去感受生命的价值和意义，才能在这些体验中得到创作的灵感，并逐步影响主持艺术风格的构建。

因此，在主持艺术的创作中，"必须加强生活中感受的体验与储

---

① 张颂．播音语言通论——危机与对策[M]．北京：北京广播学院出版社，1994：81－82．

存"[1]。在播音主持艺术创作中,我们要善于体验,并把体验通过主持艺术形式表达出来。而体验则"要求人完全依靠自己对自身的命运、死亡感、遭遇的反省,通过自己的力量,替自己创造出现实世界不可能给他提供的富于意味的东西;它要求人们充分体识内心、充实内心。不至于在习惯中、麻木中、不假思索的理所当然中、固定不变的例行公事中,失掉自己的内在灵性。"[2]只有丰富而深刻的生命体验,才能让人摆脱现实的桎梏,进入自由的创作空间与审美境地。比如,金星本身并不是播音主持专业出身,拿她自己的话说,自己只是解放军艺术学院的一个舞蹈艺术类中专生,后来在国外留学,再一步步深造获得了博士学位。但是,我们不得不承认,作为一个主持人,金星是成功的。她之所以能取得成功,很大一部分原因取决于她丰富的人生体验。她在节目中分享她的体验,分享她对自我命运、他人命运和周遭生活的反思与观照;她把自己的体验,经由节目主持艺术的创作,分享给观众,和广大观众形成情感共鸣,进一步增强和提升她的主持风格和人格魅力。

一个主持人"面对人、事、物、景诸观察对象,如果不能感之于外,受之于心,就不能深入地理解观察对象,也就更谈不上迅速、有条理地组织好内部语言和词语序列"[3]。这里鲁景超所提到的"内部语言",指的是在"观察和感受的过程中,受生理、心理、语言等多方面因素的影响而产生的。它可能是一种'浮动的意念'、一种'具体的表象'、一些感受或色彩的'碎片'、一些简单的'语点'"[4]。这些意念、表象、碎片式的内在东西,在体验美学中,其实正是艺术创作者在创作中的一种体验活动,即"审美体验"。在艺术创作中,审美体验的一个重要特征便是:"伴随着紧张、剧烈的内部活动,甚至外部活动,我们的审美感知、审美想象、审美情感等都处于一种极度兴奋、高亢、热烈的状态,它们共同形成一股强大的生命之

---

① 张颂. 播音创作基础[M]. 北京:中国传媒大学出版社,2004:185.
② 刘小枫. 诗化哲学[M]. 济南:山东文艺出版社,1986:182-183.
③ 鲁景超. 广播电视即兴口语表达[M]. 北京:北京广播学院出版社,2000:111.
④ 鲁景超. 广播电视即兴口语表达[M]. 北京:北京广播学院出版社,2000:114.

流，向我们奔涌过来，令我们狂热，使我们热血沸腾，心跳加快，浑身充满活力。”①“体验”是短暂的、稍纵即逝的。艺术创作者必须有良好的感受力，才能抓住这稍纵即逝的体验。若想要加强这种体验的能力，就需要主持人“在接受观察对象刺激作用时，使视觉、听觉、味觉、嗅觉、触觉、空间知觉、时间知觉、运动知觉都进入一种积极的综合感知状态，并通过‘各感知觉的互相联系、互相渗透、互相促进、互相作用’，激起内心的反映，引发感情的运动，继而寓情于景将观察对象绘声绘色地描述出来”②。这种体验活动其实正是“情动于中而形于外”的过程。如杜甫《春望》：“国破山河在，城春草木深。感时花溅泪，恨别鸟惊心。烽火连三月，家书抵万金。白头搔更短，浑欲不胜簪。”这是杜甫触景生情的一首抒情诗歌。长安于安史之乱时落入叛军手中，虽然山河依在，可物是人非，尽管暮春三月，却一片破败荒凉。诗人看到眼前景象，心中不免苦闷，只有借春花落泪、鸟鸣惊心来抒发内心的这份痛楚体验。

主持艺术是一门实践性很强的艺术创作活动，而主持艺术“其反映生活之广之深，是其他一些艺术难以比拟的。要理解其作品的内容，创作者必须要多方面地深入生活实践。播音创作要有感受，要引向情感，真实的感受和情感也只有在生活实践中获得”③。这些都要求主持人善于体验生命。

综上所述，成功的节目主持人往往有着丰富的生命体验，或善于感受他人的生命体验。正是一次又一次深切的生命体验活动，影响着主持人独特的主持艺术风格形态的构建。一种风格也许会随着时代的变化而变化，甚至消失，但“时尚易逝，风格永存”。

这里需要补充说明的是，首先，任何艺术都有其专业性，主持艺术风格的构建，离不开专业知识和专业技巧作为基础，然后才是受到生命体验等其他因素的影响，而生命体验可以说是最为深切、重要的影响因

① 王一川．审美体验[M]．天津：百花文艺出版社，1992：114.
② 鲁景超．广播电视即兴口语表达[M]．北京：北京广播学院出版社，2000：111－112.
③ 姚喜双．播音学概论[M]．北京：北京广播学院出版社，1998：181.

素。其次,体验是情感者的体验,但是这些情感体验并不是随意的泛滥表达。在节目主持中,它需要经过理性的牵引,本着强烈的社会责任意识,经过一个创作的过程,呈现在节目中。没有理性的反思和社会责任感,那些情感体验带来的丰富感受,便容易如洪流一般,随意发泄,失去方向。

第三节 生命体验在主持艺术风格构建中的重要意义

要想探讨生命体验对于主持艺术风格的构建有着怎样的意义,或许还要先讨论一下体验的目的。“体验”的目的在于探寻和把握生活意义和生命价值。艺术创造中,艺术家正是通过审美体验,把握深层的东西,并通过某种艺术形式将之呈现出来。但是,我们常常发问,人生的意义到底是什么?生命的价值又何在?这是千百年来哲学家们绞尽脑汁、终其一生都在探寻的问题。在本书中,我们不去讨论“我是谁”“我从哪里来”“我将到哪里去”“人生价值与意义何在”这样伟大的哲学命题。但是,如果我们试图讨论生命体验在主持艺术风格构建中的意义,那么,不妨先探讨一下,人活着为何要去追寻生命的价值和意义。

一、生命精神

在西方哲学中,生命的存在也称“自我”的存在。德国哲学家海德格尔提出的“向死而生”正是“自我”可以感知到死亡,进而感受到“自我”的存在。关于“自我”的存在,瑞士心理学家荣格指出,“经验告诉我们,它有两个看似不同的基础:一曰肉体,二曰心灵。肉体基础可综合体内知觉而推知。对于这些知觉而言,它们拥有心灵的本性,且与自我有关,故为有意识者”[①]。荣格认为，一个完整的自我应该包括肉体和心灵，心灵和肉体既为一体，又有自己的相对完整性。人的一生就是要让“自我”个性化，“如果一个人在处理心灵内容时，能兼顾知识判断与价值判断，那么，他就能看得到这一心灵内容的完整图景，并能更好地理解它在心灵整体中所处的地位。就心理现象而言，情感价值是非常重要的判断依据，……情感价值表达了思想的强烈程度，而这个强烈程度反过来又表达了思想的能量张力……”[②]这样说来，肉体与精神之间应当构成相通相契的关系，但另一方面，有时也可能存在相互分离或脱节的关系，各自具有一定的独立性。也就是说，个体精神与肉体之间一般是统一的，但精神往往也可以具有能动性和反作用。正因如此，我们当重视精神世界的构建，丰富我们的精神生活。

德国哲学家倭铿特别强调人的独立精神，他在《人生的意义与价值》中认为“我们身上存在着一种内在的独立的精神生活”[③]这是倭铿得出的最重要的结论，他对有关生活意义问题的全部解决都建立在这个论点基础之上。倭铿强调，“精神的实现决不是我们的自然禀赋；我们必须去赢得它，而它允许被我们赢得”[④]。对于倭铿来说，“重新占有精神生活的过程也就是赋予人生以意义的过程。于是，人生的意义和价值何在这一问题的答案便有了着落”[⑤]。而在体验美学中，“体验”正是激发和赢取精神生活的重要途径和方式。

我们的精神生活蕴含着情感、思维、灵性。如果说肉体是生命存在的外在呈现，那么精神则是一种内在的存在。倭铿认为精神生活对于一个“人”来说极为重要，因为“它是能将自己展示给人，能够成为人自己的本

---

① 荣格．自我与自性[M]．赵翔，译．北京：世界图书出版公司，2014：1.

② 荣格．自我与自性[M]．赵翔，译．北京：世界图书出版公司，2014：24.

③ 周国平．精神生活的哲学[M]//倭铿．人生的意义与价值．周新建，周洁，译．南京：译林出版社，2013：2.

④⑤ 周国平．精神生活的哲学[M]//倭铿．人生的意义与价值．周新建，周洁，译．南京：译林出版社，2013：5.

质”[①]。而精神生活“主要承载体演化为艺术和科学，两者具有很高意义上的感受力，将我们置入具有创造力的本原王国，为我们展现这个世界的深层面”[②]。虽然精神世界永远是无法目睹的现实世界，也很难运用科学知识精确表述，不过精神生活可以通过艺术表达出来，“因为在艺术中，感性显然能成为精神的容器，能够为精神的进一步深化服务，如话语、声音和色彩能够表现和增强最内在的活动”[③]。当艺术作品传达出某种精神时，我们便仿佛感受到某种精神实实在在地存在于我们的现实之中。

梁漱溟在其《东西文化及其哲学》中指出，倭铿追求精神独立，并不是摒弃人的本能和欲念，人们追求精神的自由其实是和自然融合的一个过程，如果只是一味追求功利，就容易毁灭一切内性。梁漱溟还认为，倭铿的这种思想与孔子的意旨相同，“很有‘返身而诚’和‘自得’的精神”[④]。支撑和推动人向上的往往是强大的精神意志，大家都晓得人的动作，不是知识要他动作，是欲望与情感要他往前动作的。……所以情感这样东西是重要的，梁漱溟甚至还认为“赋予情感是东方人的精神”[⑤]。

谈及中国哲学中对生命精神的理解，朱良志在《中国美学十五讲》中说：

> 中国哲学是一种生命哲学。我们说生命，有不同的指谓，有生物学上的生命，有医学上的，也有哲学层面的意思。从哲学上看，生命不仅仅指活的东西，仅仅从活上把握生命是不够的。中国人以生命概括天地的本性，天地大自然中的一切都有生命，都具有生命形态，而且具有活力。[⑥]

这种活力应该包含一种生命精神的存在。中国古人对生命精神的探

---

① 倭铿. 人生的意与价值[M]. 周新建，周洁，译. 南京：译林出版社，2013：52.
② 倭铿. 人生的意与价值[M]. 周新建，周洁，译. 南京：译林出版社，2013：10－11.
③ 倭铿. 人生的意与价值[M]. 周新建，周洁，译. 南京：译林出版社，2013：73.
④ 梁漱溟. 东西文化及其哲学[M]. 北京：商务印书馆，2010：199.
⑤ 梁漱溟. 东西文化及其哲学[M]. 北京：商务印书馆，2010：210－211.
⑥ 朱良志. 中国美学十五讲[M]. 北京：北京大学出版社，2006：63.

索在晋朝达到一个高潮，晋人对精神境界的追求之高，宗白华在谈“晋人的美”时认为：

> 晋人酷爱自己的精神自由，才能推己及物，有这意义伟大的动作，这种精神上的真自由、真解放，才能把我们的胸襟像一朵花似的展开，接受宇宙和人生的全景，了解它的意义，体会它的深沉的境地。近代哲学上所谓“生命情调”“宇宙意识”，遂在晋人这超脱的胸襟里萌芽起来。①

但凡在艺术创作中能开出清新迷人花朵的艺术家，往往都有着高尚的人格、澄澈的精神。因为追求精神生活，需要摆脱功利世俗的束缚，在艺术创作中更是要保持心灵澄澈、精神充盈，即我们通常说的“有精神追求”。中国艺术不计较利害，追求精神的洒脱与朗逸。孔子曰：“君子喻于义，小人喻于利”，“放于利而行多怨”。这正是在提醒人们不要过分沉迷在世俗金钱利益纷争之中，而疏忽了精神世界的构建。

谈到人生的意义和价值，季羡林有深刻的思考：

> 对世界上绝大多数人来说，人生一无意义，二无价值。他们也从来不考虑这样的哲学问题。走运时，手里攥满了钞票，白天两顿美食城，晚上一顿卡拉OK，玩一点小权术，耍一点小聪明，甚至恣睢骄横，飞扬跋扈，昏昏沉沉，浑浑噩噩，等到钻入了骨灰盒，也不明白自己为什么活过了一生。其中不走运的则穷困潦倒，终日为衣食奔波，愁眉苦脸，长吁短叹。即使日子还能过得去的，不愁衣食，能够温饱，然而也终日忙忙碌碌，被困于名缰，被缚于利索。同样是昏昏沉沉，浑浑噩噩，不知道为什么活过一生。对这样的芸芸众生，人生的意义和价值从何处谈起呢？我自己也属于芸芸众生之列，也难免浑浑噩噩，并不比任何人高一丝一毫。如果想勉强找一点区别的话，那也是有的：我，当然还

① 宗白华．美学散步[M]．上海：上海人民出版社，1981：216.

有一些别的人，对人生有一些想法，动过一点脑筋，而且自认这些想法是有点道理的。[1]

季羡林说自己对人生是有思考的。这是作为一个“人”的可贵之处。“有一些想法，动过一点脑筋”，正是对生命的体验。人们在体验中，感受精神生活。杨绛说：“天生万物，人为万物之灵。天地生人的目的，该是堪称万物之灵的人。人虽渺小，人生虽然短促，但是人能学，人能修身，人能自我完善。人的可贵在人本身。”[2]人，需要通过磨炼，来增强自己的精神意志。比如：“运动员受训练，练出了壮健的肌肉筋骨，同时也练出了吃苦耐劳、坚持不懈的意志。肌肉筋骨属肉体，吃苦耐劳、坚持不懈的意志属精神，肢体能伤残，意志却和生命同存，这是不容置疑的。”[3]艺术家正是在人生的各种遭遇、经历中，通过一次又一次的体验，去捕捉那些有意义的瞬间，探寻生命存在的价值。

既然人的心灵和精神生活如此重要，尤其是在艺术创造中，更是离不开精神的驱动，那么，我们该如何去追随生命精神呢？答案是“体验”。在生命体验活动中，人是积极的、主动的，并且是保持着对生命的热诚去体验的，而不是功利地、机械地去体验。孔子言：“知之者不如好之者，好之者不如乐之者。”作为主持人，只有对生命抱有赤诚的热情，才能积极主动地进入生命体验活动，进而传递发自内心的感受。在倭铿看来，精神生活是运动着发展的，按照从低层次向高层次顺序的发展。吃喝享乐恣意享受显然不是人类生命存在的最终价值和意义，更高级的文明发展需要精神生活的助力推进。而“生命体验”则是唤醒精神生活的重要方式，甚至是唯一的方式。生命体验试图让我们的生命充盈，充盈的精神生活是艺术创造源源不断的泉水。主持人在主持艺术风格的构建过程中，只有不断地通过生命体验丰富自己的精神生活，才能够更好地把握生命的价

① 季羡林．季羡林谈人生［M］．北京：当代中国出版社，2007：7－8．
② 杨绛．人类的文明［M］//杨绛全集：第4卷：散文卷．北京：人民文学出版社，2014：250．
③ 杨绛．受锻炼的是灵魂［M］//杨绛全集：第4卷：散文卷．北京：人民文学出版社，2014：258．

值和意义，并且在理性反思和社会责任意识的牵引下，把在生命中体验到的情感，通过主持艺术传达给观众，使观众在欣赏节目的过程中产生精神上的共鸣与震撼。

通过体验，激发我们的生命精神；在精神世界中，探寻生命的意义和存在的价值。

二、生命体验对主持艺术风格构建的重要意义

上一节我们简单探讨了“生命精神”，以及它对艺术创作的重要作用。这样我们就容易理解生命体验对主持艺术风格构建意义了。

首先，包括主持艺术在内的所有艺术，从某种角度来说，其根本是为了表达，表达某种生命精神，表达生命存在的意义。在主持艺术风格的构建中，人生体验激发出主持人的内在精神，主持人通过主持艺术展现自己的精神境界。因而，主持人要构建自己独特的主持艺术风格，离不开生活，离不开体验。前面提到过，“体验与生活彼此不可分割”，并且“体验必须是从生活着的感性个体的内在感受出发的”，没有生命体验的主持人就好比是没有一丝绿意的干涸沙漠、一汪毫不流动死气沉沉的湖水，很难构建出独特的主持艺术风格。而缺乏主持艺术风格的主持人，站在舞台上是空洞的、没有生机的，是难以打动观众的内心的。

其次，体验也是生发智慧的内在活动。对于这一点，李长之曾有深刻的分析：“凡所谓智慧仅靠书本或推理是不能得来的，必须有甚深的体验而后可，……世界上最可贵最有意义的东西是生命本身，体验者乃是生命最有关之物，所以能令人觉得深切有味如此。”[①]本书中所提到的几位主持人，如果没有种种生活的磨砺和对生命深切的体验，在节目中是不会呈现出那么强大的精神力量和风格魅力的。

---

① 李长之. 五四运动之文化的意义及其评价[M]//李长之文集：第1卷，石家庄：河北教育出版社，2006：37.

在主持艺术风格的构建中，生命体验是引导主持人走向成功的重要途径。物质的享受很难产生艺术，只有高层次的精神活动，即生命体验才能推动美好艺术的产生。主持艺术风格正是要透过心灵的体验和映射去追寻生命的美的境界。正如宗白华所说："一切美的光是来自心灵的源泉，没有心灵的映射，是无所谓美的。"①

第四节　生命体验与主持语言

主持艺术是一门语言艺术。本书对几位国内优秀电视节目主持人的主持艺术风格形态的分析，主要是针对其节目文本中的主持语言特点，试图透过他们的主持语言发现其独特的生命体验。为了更好地理解后面的分析，在这一节，我们先来谈谈生命体验与主持语言的关系。

关于语言的本质，德国哲学家海德格尔指出，语言是最切近于人之本质的。海德格尔《在通向语言的途中》对语言的本质进行分析时，引用了亚里士多德的一段话，"有声的表达（声音）是心灵的体验的符号，而文字则是声音的符号。"②海德格尔认为"亚里士多德这几句话构成了一个景点的段落，它让我们看到了作为有声表达语言所具有的结构：字母乃是声音的符号，声音乃是心灵的体验的符号，心灵的体验乃是事物的符号"③。语言是体验的符号，这最直接地指出了语言与体验的关系。

主持艺术语言包括"有声语言"和"副语言"。副语言"包括眼神、面部表情、体态、服饰、时空感觉显示等"④。刘恪指出："任何语言我们都不可单纯地看待它，语言的背后是思维、情感、事物，而且它们与语言不是一

① 宗白华．美学散步[M]．上海：上海人民出版社，1981：70．
②③ 海德格尔．在通向语言的途中[M]．孙周兴，译．北京：商务印书馆，1997：198．
④ 张颂．播音语言通论——危机与对策[M]．北京：北京广播学院出版社，1994：74．

对一的呼应关系而是极为复杂地交织在一起。”①思维、情感、事物都是体验活动的内容。因为“只要语言一起飞，就会翱翔在白云漂浮、蔚蓝若水的天空下，它就是一个光辉灿烂的精灵，扑向了世界的万事万物。这时候，语言和事物窃窃私语吐露衷肠，隐私得以在语言中产生，也就是这时候语言编程了言语（parole），成了个人看世界的一种方式”②。可见，一个人在他的言语特点中，往往流露出的是他内心看待外在事物的某种思维情感。语言延长人们的感官能力，主持人通过主持语言让观众可以感受到舞台表象之外的事物，建立起观众与节目之间更加深层次的联系。

同是艺术语言，其语言性质也是有差异的。绘画使用的是色彩语言，影视使用的是镜头语言，音乐使用的是节奏与旋律语言，舞蹈使用的是肢体语言，小说使用的是情节语言。刘恪在《现代小说语言美学》中，从美学角度着重分析了文学语言。从语言的表达功能上来说，文学语言是叙述性、描写性、设计性的。从这一点来看，主持艺术语言和文学语言的表达功能最为接近。主持人和作家有相似之处，即都需要通过语言，在自己的作品中去完成叙述、描写和设计。但也有不同，作家虽有一个整体的个人写作风格，但在不同的文学作品中，又可能呈现出不同的写作风格，例如在 A 作品中温婉，在 B 作品中或许犀利。主持人的语言特点虽然在不同的节目里可能因为节目效果的需要会稍微有些差异，但总体来说，主持人的语言特点是相对突出和稳定的。比如何炅的主持语言特点在《快乐大本营》中是欢快明亮且温和圆融的，但在他主持的网络综艺节目《奇葩说》里，却有些犀利、直白，甚至为了配合网络综艺节目轻松搞笑的需要，还偶尔开一些“淘气”的玩笑，这是他在《快乐大本营》里没有展现过的一面。但是，无论在《快乐大本营》还是在《奇葩说》里，他的主持语言都呈现出一种谦让、得体、圆融、熨帖的特点。

---

① 刘恪. 现代小说语言美学[M]. 北京：商务印书馆，2013：238.

② 刘恪. 现代小说语言美学[M]. 北京：商务印书馆，2013：1.

我们说主持艺术风格蕴藏着主持人深刻而丰富的生命体验，而语言正是把这种体验呈现给观众的方式。语言是主持艺术风格构建的表达形式，透过不同的语言特点，我们可以看到主持人不同的人生体验。“个人生存体验会细微地反映为精神层面的语言。”①体验与语言有着怎样的关系？我们不妨从诗人的诗句中领会这一点。李白的《梦游天姥吟留别》中“湖月照我影，送我至剡溪”，“脚着谢公屐，身登青云梯。半壁见海日，空中闻天鸡”，“霓为衣兮风为马，云之君兮纷纷而来下”，“世间行乐亦如此，古来万事东流水”，“安能摧眉折腰事权贵，使我不得开心颜”，这些诗句是多么飞扬不羁与清傲。再有李白的《宣州谢朓楼饯别校书叔云》中“弃我去者，昨日之日不可留。乱我心者，今日之日多烦忧”，“俱怀逸兴壮思飞，欲上青天揽日月。抽刀断水水更流，举杯消愁愁更愁”，愁绪是多么的扩展与解放。这样的诗艺风格与李白生命中对道家思想文化的体验有关。“因为在他的时代，道教不但到了完成期，而且到了隆盛期，所以他接受的乃是道教所兼容并包很多的阶段了，就刘勰的三品说，上中下三品，李白可说全都沾染，因为李白有老庄的自然无为的宇宙观，但也有神仙的炼养服食的实践……”②道家思想博大精深、源远流长，李白对“道”的体验如此深刻，这些都表现在了他的诗句中。

> 普通人只知道欣赏一首诗如何妙出自然，却也感觉到那样无烟火气，然而没想到这有李白的思想基础在，有李白的根本信念在，有李白之自由精神教养而陶铸成的整个人格在。③

李白诗句不羁、清傲、孤寂、解放的艺术风格，都受他个人体验的影响。个人的深切体验通过语言流淌而出，渐成一派。我们再从作家史铁生的文字中来体会他的体验。他在《我与地坛》中这样写道：

---

① 刘恪．现代小说语言美学[M]．北京：商务印书馆，2013：182．

② 李长之．道教徒的李白及其痛苦[M]//李长之文集：第6卷．石家庄：河北教育出版社，2006：35．

③ 李长之．道教徒的李白及其痛苦[M]//李长之文集：第6卷．石家庄：河北教育出版社，2006：37．

> 这样想了好几年,最后事情终于弄明白了:一个人,出生了,这就不再是一个可以辩论的问题,而只是上帝交给他的一个事实;上帝在交给我们这件事的时候,已经顺便保证了它的结果,所以死是一件不必急于求成的事,死是一个必然会降临的节日。这样想过之后我安心许多了,眼前的一切不再那么可怕。比如你起早熬夜准备考试的时候,忽然想起有一个长长的假期在前面等待你,你会不会觉得轻松一点?并且庆幸并且感激这样的安排?①

这是对生存与死亡有多么深刻的体验,才会写出这样充满哲理的文字?史铁生 20 岁就双腿瘫痪生活在轮椅上,30 岁因肾功能障碍,生命一直处于危机之中,这样特别的体验使得他的文字充满对生命的拷问,特别是对生死的理解与思考。通过史铁生的文学语言,我们看到了作为一个人,该如何超越现实,摆脱现实残酷的桎梏,去追求人的存在价值和生命的意义。

语言正是这样毫无保留地表露着言说者的体验。我们不妨列举几位主持人的语言特点与生命体验:汪涵从小体弱多病,不能参与较多剧烈活动的他,便常趴在窗前观察世界、思考问题,生活中感情的细腻、对传统文化的痴迷,使得他的语言总透着一股旧派才子的温润儒雅;金星的特殊经历磨砺着她的意志,一个敢对命运说不、敢和磨难抗争的女人,在节目中说几句嘲讽批评的真话,对社会风气针砭利弊,又有何不敢的?崔永元的语言透着一股狡黠式的智慧,这种狡黠是善良的、幽默的、豁达的,却也是带着淡淡忧愁的,这或许多少受到他自小就有的英雄主义情结和诗人的浪漫、理想主义情怀的影响。总之,语言能够显示个体气质、性格修养和习惯偏好。主持语言特点不是天生的,需要经过后天长期的实践,以及在不断的生命体验中揣摩形成。

我们透过主持人的主持语言特点,多少可以探知其生命体验。主持

---

① 叶朗. 文章选读[M]. 北京:华文出版社,2012:13.

语言的表达是很多主持人所忽视的，尤其在进入网络综艺节目时代之后，好像用简单、粗暴、夸张的语言表达情绪和情感来得更痛快，其实，空洞无感的主持语言往往是主持人缺乏生命体验的表现。

第五节　诗与主持艺术

诗与主持艺术有何关系？这一问题似乎看起来和本书要研究的内容没有关联，实则不然。如何理解呢？如果我们想要更好地理解主持艺术风格与生命体验，就应该了解诗与体验的关系。

在体验美学中，"诗"占有很重要的地位。诗在"体验论"中有两层含义：诗本身就是生命体验最凝练、最高级的表达；体验是生命诗意化的手段，即诗的本体论问题。先说其一，诗人通过诗艺来呈现自己对生活的反思、生命的体验。狄尔泰认为诗艺是生活的表现和表达。"诗人的生活必然是体验着的生活，反思着自身的生活。诗人与现实生活的联系是通过一种内在的过程来实现的，它不是一种观察的关系、认识的关系。诗人并不是要观察出现实的某种理论体系，也不是要从中归纳出什么结论，而是溶浸其中，体味着、掂量着，摸索其中的真味（意义）。这是一种渗透着思想的情感活动。"[①]因此，人们在诗中探视到的是诗人那丰富的精神世界。诗是生命体验的凝练和表达，作为主持人，拥有诗艺语言，也是拥有深切体验的一种表现。因为"诗的语言使诗的王国有别于现实的国度，从而具有超验的完美。诗这一理想国度中的法律和目的，除了语言还是语言。也正是借助语言，诗才唤醒出了那原本是不可见的东西"[②]。那不可见的，正是诗人的生命精神、生命体验，是诗人艺术创作的深层意境。宗白华把诗看作是生命体验的凝练，诗歌文学艺术中的豪情"使我们体验到生命里

① 刘小枫．诗化哲学［M］．济南：山东文艺出版社，1986：180．
② 刘小枫．诗化哲学［M］．济南：山东文艺出版社，1986：65．

最深的矛盾、广大的复杂的纠纷”。比如，“杜甫的诗歌最为沉着深厚而有力；也是由于生活经验的充实和情感的丰富”①。诗人用“‘俯仰自得’的精神来欣赏宇宙，而跃入大自然的节奏里去‘游心太玄’”②，在诗里见情感、见体验、见精神。

再说其二，在体验美学中，“体验的问题，又不仅仅是一个关涉文艺创作的问题，也是一个关于人的生活方式、人生诗意化的问题。”③生命可以诗化，体验是生命诗化的方式，而艺术是生命诗化的一种体现。

> 所谓生命（生活）的诗化，是指通过诗的活动穿透生活的晦暗不明的现象，揭示出超验的意义。诗的活动往往是从情感和偏爱出发的，而情感和偏爱恰好是人的精神结构的中心，它们搅动着人的生存的深层。在此动力驱使下，诗解释人的心灵，评价事物，为人们去领会世界之谜奠定了基础，为更明确地把捉生活的意义奠定了基础。④

艺术家或优秀的艺术创作者总是能够让生命富有诗意，他们都具有诗者气质。何为诗者？《沧浪诗话》中言：“诗者吟咏性情也。盛唐诸人，惟在兴趣。羚羊挂角，无迹可求。故其妙处，透彻玲珑，不可凑泊，如空中之音，相中之色，水中之月，镜中之像，言有尽而意无穷。”⑤吟咏性情、创造意境，诗者方能所达。作为在主持艺术道路上探寻的主持人，应该具有这种诗者气质、诗人精神。生命诗意化“真正应该企求的是中国浪漫精神中提倡的灵性、灵气，温柔恭敬的气质”⑥。拥有诗性的艺术创作者，其生命精神是富有同情的、温润有力的、澄澈旷达的。可以说，越是优秀的主持人，越是能够把握这种诗人精神，并且自觉或不自觉地在自己的主持艺

---

① 宗白华．美学散步［M］．上海：上海人民出版社，1981：28.
② 宗白华．美学散步［M］．上海：上海人民出版社，1981：98.
③ 刘小枫．诗化哲学［M］．济南：山东文艺出版社，1986：178－179.
④ 刘小枫．诗化哲学［M］．济南：山东文艺出版社，1986：167.
⑤ 严羽．沧浪诗话笺注［M］．胡才甫，笺注．杭州：浙江古籍出版社，2015：21.
⑥ 刘小枫．诗化哲学［M］．济南：山东文艺出版社，1986：78.

术风格中流露出来。我们在优秀的主持人身上都可以感受到,比如本书提到的主持人白岩松、董卿、崔永元、汪涵等。

生命诗意化不仅仅是诗艺的表达,更是解决人生价值和生命意义的问题。

“在尼采看来,生命力本体本身就是诗,就是美。世界犹如一件自我生育的艺术品,艺术家的创作不过是对生命的谢恩。”①生命诗意化是即便肉体承受痛苦,精神也能感受到阳光穿透肉体照进心灵。诚如泰戈尔的诗:“我曾经受苦过,曾经失望过,曾经体会过‘死亡’,于是我以我在这伟大的世界里为乐。”②身陷囹圄,依然有“日居月诸,照临下土”③的情怀;身处寒冬,胸中依然有“桃之夭夭,灼灼其华”④的盛景。这样说来,作为从事主持艺术创作的主持人,也应该具有让生命诗意化的能力,应该有诗者的一面。有了这份诗性,主持艺术风格也会透着一种诗意和灵性之美。即使激愤也深怀同情,即使凌厉也带着温煦,既能怀着一颗为他人、为社会思虑的拳拳之心,也有拿得起放得下的豁达之情。歌德说:“不要说现实生活没有诗意。诗人的本领,正在于他有足够的智慧,能从惯见的平凡事物中见出引人入胜的一个侧面。”⑤

可见,艺术家是通过生命体验将生命诗意化,并且把这种被诗意化的生命状态借助艺术手段表现出来。在主持艺术风格的构建中,假若我们能够理解诗与体验的关系、诗与生命的关系,或许更有助于我们深刻理解主持艺术风格与生命体验的关系。

本章主要对“体验美学”与“主持艺术风格形态”的相关理论进行了梳理与分析。

综上所述,本书主要参照刘勰《文心雕龙》的风格修辞理论“八体说”,以及陈望道先生《修辞学发凡》中对风格的四组划分,并结合本书所涉及的几位主持人的主持艺术风格特点,对它们进行了归类。白岩松、董

① 刘小枫. 诗化哲学[M]. 济南:山东文艺出版社,1986:78.
② 泰戈尔. 泰戈尔诗选[M]. 冰心,郑振铎,译. 北京:人民文学出版社,2015:307.
③ 程俊英,蒋见元. 诗经注析:上[M]. 北京:中华书局,1991:72.
④ 程俊英,蒋见元. 诗经注析:上[M]. 北京:中华书局,1991:15.
⑤ 爱克曼. 歌德访谈录[M]. 朱光潜,译. 北京:人民文学出版社,1978:7.

卿、崔永元、金星、孟非、谢娜、何炅、汪涵八位主持人，分别主持不同类型的节目，都极富生命活力，他们的主持艺术风格都受到了观众的喜爱和追捧。总体来说，这些优秀的主持人，他们具有一些共性，如都有着敏锐、敏感的心灵，善于体验他人和自己的人生种种滋味，并有阐释生活、抒发情感的强烈愿望。但是，这些主持人的主持艺术风格也都各具特点，自成一派。本书结合各位主持人的风格特点，将他们一一归类为：(1)以白岩松为例的壮丽型，其主持呈现议论卓越、体制宏大、文采突出的风格；(2)以董卿为例的典雅型，其主持温雅婉约，总有一股书香气，她的人生体验是从丰富的书卷中得来的；(3)以崔永元为例的精约型，其主持风格是话语很少，却剖析入微；(4)以金星为例的果敢型，金星锋芒突出、果敢有力，这是她最大的风格特点；(5)以孟非为例的远奥型，孟非的主持情感深隐，不显文采，但文辞有法度，呈现出自然亲切的风格；(6)以谢娜为例的新奇型，谢娜的主持给人以不走寻常路的感觉，其抛弃古旧、追求新颖，甚至不惜走“危险”和“违规”的路子；(7)以何炅为例的显附型，何炅的主持风格是语言质直、熨帖妥当、意义畅达，话语合情合理，令人听了舒畅；(8)以汪涵为例的繁缛型，汪涵的主持语言辞采丰富且有光彩，情感细腻繁富。下面，我们分别加以分析研究。

第二章 壮丽型风格——白岩松论

第一节 壮丽型风格的语言特点

此“壮丽”非我们日常所理解的风景“壮丽”，在这里它是一种艺术风格修辞，也可以理解为一种人格魅力、精神境界。《文心雕龙》中对此种风格的阐释为：“壮丽者，高论宏裁，卓烁异彩者也。”①周振甫认为这种风格“议论卓越，体制宏伟，文采突出”。在白岩松的主持中，我们可以强烈地感受到这一风格。白岩松擅长评论、批评，其主持风格体制宏大、语言深刻、文采突出。

一、客观隐显

主持人白岩松是一位资深新闻媒体人，在中央电视台主要主持新闻调查类的专题节目。他在节目中所讨论和关注的往往题材宏大，其主持高论宏裁、论断卓越、客观公正。这种风格如果从语言的情感表达方式来说，有着“客观隐显”的语言特点。“客观隐显”的语言表现方式指的是

① 周振甫．文心雕龙今译［M］．北京：中华书局，1986：258．

“我们仅呈现事物原本的面貌”，描述者的情绪通常“严格控制，一点不泄露”[①]。这样的语言表现方式通常剔除个人情感色彩，取消语言的修辞性。有时，主持人内心即使有着极大的欢愉或愤怒，因其主持艺术风格的一贯表现，其情感也是克制的，甚至是隐匿的。

我们不妨拿一期节目文本稍作分析。央视《新闻 1 + 1》的一期节目关注了一个父亲虐待自己女儿的新闻事件。这个父亲用开水烫女儿头皮，逼迫女儿跪玻璃碴，用鱼线缝女儿的嘴唇，用竹签插女儿的手指，等等。这一新闻事件在社会上引起了强烈的反响，人们纷纷谴责这个丧失人性的父亲。白岩松作为主持人，同样也是一位父亲，他的心情应该是和大家一样的，但在主持节目过程中，白岩松保持着一贯的冷静，不带明显的感情色彩，通过对新闻事件的批判来引导观众思考。

白岩松：很多年前胡适说过一句话，看一个社会的文明程度看三点：第一个，这个社会如何对待孩子；第二个，如何对待女人；第三个，如何利用闲暇时间。结果这样一个虐童案，把这三条全占了，就是这个父亲，只要有闲暇时间，就在打女孩……

在这一段主持语中，并没有什么严厉指责和表达愤怒情绪的词语，但是我们依然可以感受到主持人对该起新闻事件尖锐的讽刺和批判。仅仅是克制地对事件进行讽刺和批判是不够的，能够在分析和批判中直指问题的核心，才是真正的论断卓越，这是白岩松的特点，也是壮丽型主持艺术风格的特点，即所谓高论宏裁，卓烁异彩者。在这期节目的最后，白岩松指出：

白岩松：增不增加虐童罪不重要，更重要的是它背后的一种思路，全社会怎么样把虐童当成是一个绝对不能够接受的底线，不可以被突破，这才是最重要的。其实话要说回来，这件事发生在贵州毕节；去年 11 月份的时候，那五个孩子死在垃圾箱里，也

① 刘恪. 现代小说语言美学[M]. 北京：商务印书馆，2013：430.

是在毕节。可能好多人会骂毕节，我说先别骂，这里还有更深的一种背景。贵州的毕节经济非常非常地欠发达，很多糟糕的事情背后真正的动因，是贫困，因此对于目前偌大的中国来说，还有很多的地方，必须通过解决贫困和发展去解决很多我们不愿意看到的事情。

白岩松从法律的角度对此事进行了解读，但是法律有时候往往只能解决事情本身，未必能够彻底消除一些根源性的问题。白岩松在这里指出了这起新闻事件背后的根源之一，贫穷与无知。“客观隐显”的语言表达特点，往往使用中性色彩词语，白岩松说“好多人会骂毕节，我说先别骂，这里还有更深的一种背景”看似冷静，不带丝毫感情，但是这种中性语言“反而使控制中的语言情感具有一种压抑中的反弹，冷漠中的一种批判性热情”①。情感是体验的基础，任何主持语言其实都带着情感，即使是“客观隐显”的语言，因为，“即使是再客观的文字表述，也会带有作者个人的情感倾向，差别仅在于这种情感的显与隐的方式不同，这一点从词语的褒义与贬义便可以看出来”②。壮丽型主持艺术风格因为议论的题目往往体制宏伟，其论断也常追求一种高瞻远瞩、深刻冷静的风格，内在情感的表达也就自然相对隐匿。这种“客观隐显”的情感语言表达方式，让人感觉主持人与事件保持一定的距离，达到一种“间离效果”。但是，我们要明白一点，“情感语言的间离效果，实际是用评议的方法破坏情感，是在一切表述因素完成以后读者才可以知道，才可以感受到效果”③。也就是说，尽管在节目中主持人并没有表现出多么强烈的个人情感，或是各种语言表达技巧，但观众在看完节目后，依然领会到了主持人在节目中所要传达的态度，这便是壮丽型风格“客观隐显”的语言特点，这样的语言特点在白岩松的众多节目中都可以感受到。

---

① 刘恪．现代小说语言美学[M]．北京：商务印书馆，2013：228.

② 刘恪．现代小说语言美学[M]．北京：商务印书馆，2013：227.

③ 刘恪．现代小说语言美学[M]．北京：商务印书馆，2013：264.

二、数字表述

如果说“客观隐显”是壮丽型主持风格的情感语言表达特点，那么“数据解读”则是白岩松主持风格中语言技巧表达的特点。对关键字的解读，特别是对数字的解读，是其主持语言中很明显的一个特点。数字语言有时候不仅可以替代一些词语，甚至还可以表达某种情绪、情感。数字在语言表达中，往往可以形成一种气势宏大的修辞。

在白岩松主持的一期《新闻 1 + 1》节目里（2016 年 01 月 14 日《“不敢腐了”之后怎么办?》），为观众报道的是中央反腐败的成果，节目中引用了大量的数据来说明问题。在节目中他的几段主持人串词含有大量的数据。

白岩松：你好，观众朋友，欢迎收看正在直播的《新闻 1 + 1》。今天是第十八届中纪委第六次全会闭幕的日子，这时候也恰逢 2016 年开始了十几天了，回头如果用数据去盘点一下，2015 年我们在反腐方面，我们有哪些数据是标志性的，它透露出了一种什么样的信号？我们不妨来看这些（一组数据，2015 年相继落马的“大老虎”）。……2015 年一共处理了 37 名中管干部。跟 2014 年相比较，有多大区别呢？2014 年是 38 名。透过这样一个数字，一个 37，一个 38，能够感受到力度不减的态势。好，我们就来关注一下今天闭幕的十八届中纪委第六次全会，透露了怎样一种信号，反腐的下一步向何处去？来，我们一起去关注。

节目进入小片，提到 2016 年的反腐，中纪委要做点什么，是否会有新的变化。介绍了中央反腐力度不减，加强制度建设、增设举报平台等多种反腐方面的变化。

白岩松:来,我们还是透过一些数据去了解一下2015年在反腐方面的一些变化。2015年全国共查处群众身边的“四风”和腐败问题80 516起,处理91 550人。

我们再来看,2015年,全国查处违反中央八项规定精神问题36 911起,处理人数49 508人。截至2015年11月底,国际追逃追赃工作追回863人,其中党员和国家工作人员196人。这不,这两天新闻大家应该还看到,红色通缉令这100多人名单当中又有一个相当于自首回到国内的,因此国际追逃追赃这一种行动也一直保持着相当高压的态势。好了,针对这种变化,我们连线我们熟悉的嘉宾,中国社会科学院中国廉政研究中心的副秘书长高波。

接着连线,提出问题,继而对“压倒性态势正在形成”“反腐三年”等一些词语加以解读,辅以专家的深度剖析,然后节目进入小片,最后是回顾近三年的中央反腐历程。

白岩松:接下来继续连线。我们靠什么反腐治腐呢?我们也注意到在这次全会提到2016年工作的时候,你看有这样的修订党内监督条例,研究修改行政监察法。要制定党内问责条例,把问责作为从严治党的重要抓手,你怎么看待2016年规定的这样几个工作,是不是从某种角度来说也是常态化监督,但从另一个方面也“治病救人”?

专家解读:制度不是万能的,但没有制度是万万不能的,立规矩很重要;要将以德治国和依法治国相结合。

白岩松:另外,也是能提早动用党纪的时候就不至于最后要动用国法,这也是一个挽救干部的内容因素。另外,疾病别变成慢性病,慢性病别变成癌症,是不是也是现在格外要去思考和将来制度建设上要去重点考虑的问题?

继续连线专家:

白岩松:对,你这个更早更小用得比较准。还有一个问题,这次习近平总书记特别谈到了"家风",其实的确,2015年查处的相关干部当中,近三分之二都有家属违规这种行为,你怎么看待提到的家风和在腐败背后所隐藏的近三分之二有家属的参与?

……

白岩松:最后我们来关注一下,如何从这个监察监督方面更加全覆盖,无死角。

……

白岩松:接下来我们继续连线高波秘书长。平常我们谈很多事的时候都在谈,既要有方向但同时也要有方法,因为有方法才能确保这样一个方向。从这次全会来看,非常强调的是不管巡视还是监察这样一种全覆盖,你觉得这样一种方法要走向的目标是什么?

……

白岩松:好,非常感谢秘书长带给我们的解析。其实还是要回到那句话,所有的方向是大家希望达到的这样一个目标。同时要把这种方法有一种更好的落实。

根据这期节目的文本我们可以看到,白岩松的主持语言通过大量的数字来说明问题。这些数字展现了中央反腐的力度和成效,随后在节目中白岩松就如何解读这些数字连线了嘉宾。这种对数据解读的语言表达技巧,在白岩松的节目中很常见。比如,在直播第十一届G20杭州峰会时,白岩松有一段这样的主持:

欧阳夏丹(连线):岩松你好,对于习主席刚刚的讲话,你最深的感受是什么?

白岩松:因为这标志着第十一届 G20 峰会正式开幕了,这“11”这个数字突然在整个习近平主席的讲话致辞当中,给了我巨大的提醒,我们不妨就用“11”这个数字,来解读今天的这个讲话的主要内容。首先 11 告诉我们,它整个数字是 1 加 1 大于 2 的,因为两个 1 居然构成了 11 这样一个数字。所以在整个的讲话当中,透露着在目前经济比较低迷的情况下,大家一定要合作,团结的力量是巨大的,……在习近平主席的讲话中,也特别谈到了同舟共济,我想这就是 11 标志着 1 加 1 大于 2,必须强调合作一个重要的原因。第二个,其实我们所有人都知道,11 这个数字是一支足球队的人数,不管你踢什么样的位置,不管你每一个人在这支球队当中踢得有多好,但是必须完成整个 11 个人的联动,而且还要包容,……所以在习近平主席的讲话中,特别强调了整个世界,尤其这个 G20 的引领人,应该具有像一个团队这样一种行动力。我们可以去想象这一支“足球队”,它意味着什么呢?整个 G20 在世界经济的总量当中,GDP 占到了百分之八十五以上,接近百分之九十,可以说起到的作用非常大。所以第二个 11 就要提醒我们,这些国家,尤其作为领头人这样一些国家,必须要像一支足球队,踢好这场比赛。我觉得第三个 11 给我们的重要启示,就是谈到了行动。为什么会说 11 想到行动呢?你看中国人一见面通常会说,你怎么来的,你坐几路车来的?我坐 11 路来的,意味着我腿儿着来的,就是行走来的。对了,习近平主席在今天的致辞中,特别谈到了不管是 G20,还是对于整个世界要改变让经济告别低迷的状态,特别强调了行动的能力。这也是 11 给我们的启示,……我觉得围绕 11 我们真的可以感受到很多很多的东西,也许是一种巧合,但是我觉得也是目前世界需要的一些东西。

在节目中，白岩松还联想到中国的筷子就是一个11，因此这个11是一个有中国特色的峰会；11还是中国的光棍节，11在中国有着很多的故事。数字本身是冰冷的，但是借用数字来陈述事实、说明问题的表达方式却是鲜活的、有力的。我们在这里挑选两期比较有代表性的节目文本进行了分析，当然不能说一两期节目提到了数字，便将之归为白岩松的语言特点，但是在文本分析中，我们会发现，白岩松特别擅长在节目中拿数字来陈述事实，对所报道的内容进行生动的解读。这固然有新闻专题节目特性的需要，但也可以说是白岩松主持风格中的一大亮点和特点。在主持语言中，数字表达更能体现客观性，但这并不是说主持人是没有情感的，因为在其客观语言的情感表达中，依然存在情感投射。“语言既要模仿客观事件，又要表现人类对事物态度和人类自身的情感与意志。语言与情感既有其矛盾性又是统一的。”①如果我们把数字看成是一种符号，是情感语言的一种表情方式，那么替代符号的表情方式“实际是一种隐喻，……这种表述使得情感更加隐忍、内敛，具有含蓄的力量”②。因此可以说，数字表述是壮丽型风格的语言除了“客观隐显”之外的另一种情感表达方式。

第二节 壮丽型主持语言中的人生体验特点

语言是内在体验的外显。语言的发生途径，“一个是经验的层面，这是贴近生活、贴近事物的一个层面，生活会有不同的经历，事物也会有不同时空的体验方式”；另一个层面是“幻想式的，完全是一种主观语言”。应该说，主持艺术语言更多来自经验的层面，是对人生的体验。壮丽型主持艺术风格的语言总是呈现出一种宏伟叙事、卓越论断的特点。语言与

① 刘恪．现代小说语言美学［M］．北京：商务印书馆，2013：254．
② 刘恪．现代小说语言美学［M］．北京：商务印书馆，2013：244．

风格是不分家的,语言是一个人思维、心灵和情感的显现,我们从一个人的语调中可以感觉到各种各样的情感。如果“我们由情感的性质说语调,我们便可以把语调分成:孤独忧郁的语调(郁达夫式),稳健沉郁的语调(叶圣陶式),严峻冷漠的语调(鲁迅式),达观嘲讽的语调(老舍式),热烈激越的语调(周文式)……”[①]在这些语调中,壮丽型风格的语调恐怕最接近鲁迅式的“严峻冷漠”。在风格修辞中,冷漠不是指麻木不仁,而是指“有一种愤怒激越而又哀怨同情的心理感情”[②]。在白岩松的主持语言中,可以感受到这样一种内在情感,一种“批评精神”。

这种批评是对生活的反思,对生命的拷问。然而,批评并不是冷酷无情,而是犹如鲁迅先生那种“永远对受压迫者同情,永远与强暴者抗战”[③]的批判精神,因为批评的初发心是出自爱,出自情感,出自对弱者的同情、对不公的批判。一个没有生命体验的人,不会具有这样的批判精神。

这里我们再来看一期节目文本。在白岩松主持的一期关于驴友迷路,社会动用大量公共资源将其解救的节目中,节目开场首先用一个网络热议的新闻话题,讲述了7个失联的驴友被社会动用大量的人力、物力、财力等资源千辛万苦解救后,却说了一句:“我们没有报警,你们为何上山搜救?”一石激起千层浪,这一句话在网络上引发了众多网友的激愤情绪,纷纷大骂驴友不知好歹。在节目中,白岩松没有去迎合大家的愤怒情绪,也没有去质疑网友的这种谩骂是否恰当,也没有直接指责驴友的行为,而是把事件中各个问题的界限梳理得清清楚楚。他首先还原了事件经过和这句话的语境,其次连线采访专家(北京大学城市与环境学院旅游研究与规划中心主任吴必虎),将相关的搜救失联驴友的事件进行比较,阐明搜救失联驴友耗费公共资源这一行为的性质到底是什么。在节目的最后,白岩松点出问题的根源:

① 刘恪.现代小说语言美学[M].北京:商务印书馆,2013:423.

② 刘恪.现代小说语言美学[M].北京:商务印书馆,2013:422.

③ 李长之.鲁迅批判[M]//李长之文集:第2卷.石家庄:河北教育出版社,2006:102.

中国人的探险意识需要提升，而接下来只有进一步细化这种法律，才可以厘清是谁的责任，那么免费救援的时代可能也就会结束。

这个总结看似简单，实则指向问题的核心，即法律法规的不健全、责任的不明晰，同时还呼吁推进相关法律法规的完善。在白岩松的主持语言中，往往不会有太多情绪的呈现。在他看似没有感情和态度的语言中，这些批评性话语其实隐藏着真挚而深切的情感。“欣赏与批评原是一回事，因为批评也无非是把最有价值的东西宣传出去”①，批评是忧国忧民的拳拳之心，是对他人命运的深切同情。李长之对批评精神有着精辟的解读：“伟大的批评家的精神，在不盲从。他何以不盲从？这是学识帮助他，勇气支持他，并且那为真理、为理性、为正义的种种责任主宰他、逼迫他。”②不盲从是批评精神中重要的一点，不被强大的舆论风波所裹挟，不丧失清醒的头脑，本该犀利的双眼不被蒙蔽，而学识渊博方能让一个主持人在批评时做到更加包容与客观，为真理、为正义方能让批评精神充满永恒的活力，而壮丽型主持艺术风格的宏伟叙事、卓越论断少不了这样一种批评精神。

在今天这个网络时代，人们的表达更加自由，有了更多的话语权，人人都可以评论，人人都可以批判，于是乎，人人似乎都可以成为批评家。然而，真正的批评家并不是人人都能当的，因为“批评精神”并不是人人都具有的。首先是其态度，真正的批评出发点出于同情和爱；其次为技术，批判的立论高、视角高；最后为知识，学识涵养、文化内涵都影响着一个人的批评水平。拥有批评精神的批评家应该如李长之所言：“伟大的批评家，眼光是锐利的，同时，感情是热烈的。因为锐利，他见到大处，他探到根本；因为热烈，他最不能忘怀的，乃是人类。他可以不顾一切，为的真

① 李长之．司马迁人格与风格[M]//李长之文集：第6卷．石家庄：河北教育出版社，2006：216.

② 李长之．论伟大的批评家和文学批评史[M]//李长之文集：第3卷．石家庄：河北教育出版社，2006：23.

理，为的工作，为的使命，这是艺术家的人格，同时也是批评家的人格。他的精神就可以鼓舞人，他的志愿乃在为人类的幸福而开辟一个新的道路，这是思想家的天职，同时却也是批评家的天职。”①以白岩松为例的具有壮丽型主持艺术风格的主持人应怀着这样一种批评精神做出卓越论断。

前面提到，语言是体验的呈现，艺术家对生命的体验往往会通过主持艺术语言呈现出来。生命体验终究是情感者的体验，在艺术创作中，没有情感就不能体验生命，更谈不上主持艺术风格的构建。即使是壮丽型主持艺术风格的主持人，其根本也是一个情感者。主持人白岩松在思想上是一个勇于批评的战士，然而在精神上却有着诗人的浪漫主义情怀和理想主义色彩。

《新闻 1 + 1》一期报道中国飞行员余旭因公牺牲的节目中（2016 年 11 月 14 日《新闻 1 + 1》播出的《余旭“刀尖上”的孔雀舞》），白岩松如是说：

> **白岩松**：您好，观众朋友，欢迎你收看《新闻 1 +1》。这两天很多人都在谈论一位女飞行员——余旭。在新闻标题当中，这两天我们也经常看到这个名字。当然，这种谈论是因为一个悲伤的消息，不过此时我们可以先不谈论这个悲伤的消息，让时光向前去流转。最早余旭和她的飞机出现在我们镜头当中，其实是在 2009 年的国庆大典上，当时她驾驶着飞机穿越了天安门的上空。而到 2012 年的时候她就已经上了新闻了，咱们一起看一下那段镜头。（切入小片，余旭在 2012 年 7 月 29 日独立驾驶歼 -10战机，这是中国空军第一批歼击机女飞行员驾驶我国自主研发的歼 -10 战机，并首次完成单飞）

在这一段节目的开场中，白岩松用冷静的语气、简练的语言为观众传递了三点信息：首先，这期节目是要悼念一位因公牺牲的国家空军女飞行

---

① 李长之. 论伟大的批评家和文学批评史[M]//李长之文集：第 3 卷. 石家庄：河北教育出版社，2006：23.

员;其次,节目并不准备过多地渲染悲伤情绪,围绕死亡谈死亡,而是更多地回顾余旭生前那些让人钦佩的飞行经历;最后,应该如何看待空军飞行员意外牺牲的问题,为接下来的嘉宾连线做铺垫。节目切入小片,介绍完余旭生前飞行的新闻画面,回到演播室。

白岩松:这些新闻、这些画面记录了她的路程。其实余旭非常非常地棒,因为你想想,歼-10是作为我国第三代战斗机,而且是咱们自主研发的,一共有4个女飞行员,余旭是第一个完成飞行的,因此这个第一的名衔就紧紧跟她联系在了一起。但是11月12号,这个刚刚30岁的姑娘,永远定格在天空中。

白岩松在这里运用了一种诗意的表达"永远定格在天空中"。这样的主持语言表达使得这期节目和主持人的主持风格呈现出一种诗意的艺术审美。"诗"是西方体验美学中一个重要的问题。

每一部真正的诗意作品都会在它所表现的那个现实片段上显出以前未被人看到过的生活的一种特性。它使事件或行为的一种因果连锁有形化,同时又让人二次体验在生活的关联中归于一事件及其个别部分的价值。事件就这样地被提高而显出它的重要意义。①

可见,诗意表达与生命体验有着密切的关系。美丽的生命定格在天空,这是一种生命的诗化,一种对死亡最美的描述。正如印度诗人泰戈尔著名的诗句:

生如夏花之绚烂,死如秋叶之静美(Let life be beautiful like summer flowers and death like autumn leaves)。

梁漱溟说泰戈尔的诗妙处在于,不形之于理智的文字而拿直觉的文

① 狄尔泰. 体验与诗[M]. 北京:生活·读书·新知三联书店,2003:164.

学表达出来，“他拿他那种特别精神的人格将其哲学观念都充满精神，注入情感，表在艺术；使人读了之后，非常有趣味，觉得世界真是好的，满宇宙高尚、优美、温和的空气；随着他而变了自己的心理，如同听了音乐一般。”①作为有风格的主持人，自然少不了这样一种诗意。诗意带人进入美妙的艺术情景，“永远定格在天空中”这样的表达是情感的外泄，也是主持艺术的诗意化。在主持艺术的创作中，如果没有生命体验，如何能进入诗意的审美，又如何进行高质量的主持艺术创作，更别谈主持艺术风格的构建了。生命体验让我们放下被现实桎梏的身躯，使自己的心灵通透起来；体验带我们进入一个奇妙的世界，构建一个更加完美和超脱的精神世界，寻求生命的意义。一个内心麻木冷漠的人，他的内心就如同一片枯竭、死寂的荒原，对生命没有感受力，在他身上感受不到温度、生机、灵气，对于这样的人是谈不上什么生命体验的，更别指望他创造出真正能打动人、具有生命张力的作品。“体验要注入生命，创造意义，使自己的生活变得透明起来”，因此，它“要求人们主动进入体验，也就是要求人们反思、体味自己的生活，寻找生活中有意义的情调，而不是在按钟点规定的劳作和空虚的休闲中消磨一生”②。

在节目中，白岩松还把空中飞行称之为“刀尖上的孔雀舞”。

白岩松：为什么叫刀尖上呢？因为大家把这空中飞行表演比作是刀尖上跳舞，而她还真的在生活中跳过舞。她在她的战友面前有一次跳了一个孔雀舞，一舞惊艳，从此“孔雀”这个绰号就被她战友叫开了。一方面有刚，一方面有生活中的美丽和柔，所以刚柔相济。

“刀尖上的孔雀舞”既是主持人对空中飞行高难度的诗意化表达，同时又是对生活中余旭的可爱柔美做了生动描述。这正是一次审美体验创作。在审美体验创作中，这称为“生成性语言”。“生成性语言是新的活

---

① 梁漱溟．东西文化及其哲学[M]．北京：商务印书馆，2010：207.

② 刘小枫．诗化哲学[M]．济南：山东文艺出版社，1986：182.

的语言，它直指体验的深层。它以新的意象、节奏、音响去打乱固有的语言模式，突破它、毁坏它，在这废墟上建起新的语言‘神殿’。”①生成性语言带人进入的既是艺术意境，也是生命意境。

在接下来的节目中，白岩松连线了有关嘉宾，进行直播访谈。这期节目连线的是余旭的前辈，歼-10战斗机首席试飞员徐勇凌。在余旭牺牲的消息遍布微博、微信、各大新闻网站时，大家都纷纷哀悼，沉浸在悲伤的情绪里，甚至有人提出质疑，余旭的牺牲该不该。就此问题白岩松作了很好的提问：作为一个专业人士，听到这样一个消息是怎样的一种心情，而作为一名专业飞行员，从专业的角度如何看待飞行员在训练中意外牺牲的事情。徐勇凌从国家专业空军战斗机飞行员的角度，回答了提问，并依据对其他国家和中国的战斗机飞行员意外牺牲的概率做了数据分析，解答了观众心中的疑惑。

节目在最后还把观众带向了有关人生意义和生命价值的探讨。小片中有一段对余旭的采访，余旭的回答很动人：

> 有时也会羡慕别的女孩子在外面享受自己的生活，而我们在艰苦地干自己的飞行事业。但是职业不同，追求不同，青春真的是无悔的。

对生命的追求不同，那么，我们终其一生追求的究竟是什么呢？宗白华说：

> 人与世界接触，因关系的层次不同，可有五种境界：(1)为满足生理的物质的需要，而有功利境界；(2)因人群共存互爱的关系，而有伦理境界；(3)因人群组合互制的关系，而有政治境界；(4)因穷研物理，追求智慧，而有学术境界；(5)因欲返本归真，冥合天人，而有宗教境界。功利境界主于利，伦理境界主于爱，政治境界主于权，学术境界主于真，宗教境界主于神。但介

① 王一川．审美体验论[M]．天津：百花文艺出版社，1992：283．

乎后二者的中间,以宇宙人生的具体为对象,赏玩它的色相、秩序、节奏、和谐,借以窥见自我的最深心灵反映……这就是“艺术境界”。①

这正是生命的最高境界——生命诗化。前面说过生命本身就是诗,就是美,艺术家的创作不过是对生命的谢恩。在艺术创作中,体验是生命诗化的途径,在主持艺术工作中,主持人通过积极的生命体验活动,也能让自己的主持艺术风格充满诗意。“当生命陷于颓废虚无境地时,只有通过艺术体验——实际上等于审美人生、新的人生——才能获得超越、自救。”②感受爱,感受恨,感受痛苦与快乐,正是生命存在的意义,也是艺术作品创作的源泉。“诗人只有处处深入生命内部、深入内心去体验,而且是反反复复体验,才有可能抓取那稍纵即逝的生命的意义,并且把它们熔铸为艺术的完美整体。艺术,实在是生命的结晶、生命的精华、生命的光芒。”③以白岩松为例的壮丽型主持艺术风格背后正是主持人内心的感情和生命体验的外显。

当然,艺术创作中的体验,是需要强烈的社会责任意识引导的。一个没有社会责任意识的主持人,其冷静就容易变成冷漠,其愤怒就容易变成偏激,其批判就容易变成仇恨。正如白岩松自己所说:“记者首先是人,面对一件事情,当然会有自己的判断、自己的情感,喜怒哀乐也会马上写在脸上,但紧接着,会让新闻人的角色占据上风。冷静客观是新闻人的重要素质,如果任凭情感泛滥,而不让理智赶紧把关,那感情之火往往会把客观这种素质烧掉,电视上的表达就会走向偏激,走向具有破坏性的一面。”④

---

① 宗白华. 美学散步[M]. 上海:上海人民出版社,1981:69-70.

② 王一川. 意义的瞬间生成[M]. 济南:山东文艺出版社,1988:51-52.

③ 王一川. 意义的瞬间生成[M]. 济南:山东文艺出版社,1988:112.

④ 白岩松. 痛并快乐着[M]. 北京:华艺出版社,2000:219-220.

第三节　壮丽型风格对观众的影响效果

一、壮丽型风格构建与生命体验

任何一种主持艺术风格的形成,或多或少都会受到主持人独特的生命体验的影响。白岩松是一位对生命有着丰富体验的主持人,他在他的自传中写下了许多他的生命体验。出生在内蒙古大草原的他,恰巧碰到一个特殊的年代,带着那个时代的烙印,白岩松对生命中痛苦和快乐的体验似乎比别人更为深刻。对于痛苦的体验他这样描述:“每一步走得都那么不容易,有时甚至有点坚持不下去的感觉,痛苦自然会在这样的过程中出现。然而坚持住了,痛苦过去,无论国家、民族还是个人,事业又向前迈进一步,快乐就在我们回首的时候,在看到一条前进轨迹的时候出现了。”[①]这样深刻的体验自然与白岩松特别的经历有关。

白岩松读大学的那个年代,国家还负责分配单位。白岩松的大学分配有一段曲折的经历。大学毕业之前,白岩松满以为自己是被分配在中国国际广播电台工作,然而一个月后,实习老师告诉他,计划有变,他的国际台之梦破碎了;后来他通过了中央人民广播电台的面试,以为可以留在北京,然而一个月后,回到北京报到的第一天,迎接他的是一个令他崩溃的消息,中央人民广播电台相关工作人员告知他,他的档案被退回学校,不打算接收他了。白岩松描述那段体验:“不知当时怎么想的,走出广电部的大门,我跑到了我一直喜欢的圆明园,整整划了一下午的船……一会想到寒冷处,一会陷入绝望境地,但不管怎样,最后在头脑中明白一点,前路的大门还没最后关死,即使只有一线光亮,我也要全力去争取。”后来,

① 白岩松. 痛并快乐着[M]. 北京:华艺出版社,2000:7.

白岩松赶在报到前的最后一天，用翔实的证明资料，洗刷了自己的“罪名”，被单位留了下来。正如季羡林所说：“人世间，波诡云谲，因果错综。只有能做到‘尽人事而听天命’，一个人才能永远保持心情的平衡。”[1]一个人，经历命运中的跌宕起伏越多，反倒越能体验到平静的意义。白岩松在那么年轻之时就已尝到了变动与不安的滋味，并在其中找到了保持平静的重要意义和价值。

在成为中央电视台主持人之前，白岩松有过几年让自己并不十分享受的电视报的编辑工作，但他坦言，人生中往往在之后回头的那刻，才能明白走过的那段路它的意义何在。多年后，白岩松回顾这段路时说：“这4年多的报纸生涯竟为今后的人生之路打下一个极好的基础，不说感谢已是一件不可能的事。”因为在新闻流程中，编辑是最为重要的一环，而这一切都为白岩松走上央视新闻主播台打下了坚实基础。1993年的一天，白岩松接到崔永元的电话，告诉他央视要办一个新节目，缺人，可否过去帮忙。当时在报社工作还算清闲的白岩松爽快答应了，没想到，这个不经意的电话改变了他的人生。生活有时候比戏剧更戏剧，这是因为戏剧编排还讲逻辑，而生活，从来不跟我们讲逻辑。或许命运喜欢捉弄那些对人生总是抱着强烈渴求的人，但命运也往往会把惊喜埋藏在他们的人生路上，垂青于他们，不过要看他们经不经得起捉弄和打击。这些独特的人生体验必然影响着他的主持艺术风格。正如白岩松所说，有些路，你只有走过之后，才能明白它的意义。每一段经历都带给他不同的体验，而这些体验又影响着他对今后人生的选择和判断。正是这些体验一点点地塑造着他的人格，进而影响着他的主持艺术风格。

此后，白岩松在其丰富的工作经历中，更是对人生有了种种他人难有的体验。白岩松在其《痛并快乐着》一书中，讲述了1996年5月跟随《新闻调查》摄制组去拍摄《淮河水》这期节目的经历，这是一期关于环境保护的节目。在这次采访经历中，白岩松有更深刻的体验：

---

① 季羡林. 季羡林谈人生[M]. 北京：当代中国出版社，2007：19.

当我们终于明白环境保护对于我们未来的重要性的同时，内心的环保也该格外注重。如果说，环境被污染破坏的是我们的生存环境，那人心的被污染，破坏的则是我们生存的理由。后者的污染危害远大于前者。因此，面对未来，我们不仅梦想青山绿水，更祈祷人心的清洁纯净，那样，我们才能真正地快乐和幸福，否则，前方没有天堂。①

《白岩松：行走在爱与恨之间》记录了他在日本采访的经历，在书中也讲述了他在那些采访经历中的体验。如他谈到乘坐日本东京地铁，有一种压抑感的体验：

很少有人聊天，因为那样会打扰别人，所以基本上大家都是沉默的，这会让你有某种压抑感，但是同时它也是一种秩序和尊重别人的表现。②

在谈到冲突与希望时，白岩松有这样的体验：

中日关系就像今天一样，复杂、矛盾……因为有历史的包袱在身，这两个近邻的关系并不轻松；因为彼此相连无法分离，友好相处又势在必行。但有一点是清楚的，未来不是属于今天的政治家们，它掌握在眼前这些孩子的手中，他们会比过去的一代、两代人更有自信，他们肯定有勇气去超越仇恨、超越历史。

白岩松是一位积极体验者、勤于体验者，他并不流于对采访经历表面经验的被动记忆和体会，总是在各种采访经历中积极地探寻更多采访之外的东西，那些来自内心深处的东西，通过体验追寻和探讨生命存在的意义与价值。生活中的白岩松喜欢音乐，尤其喜欢交响乐，音乐带他进入另一种境界：

---

① 白岩松．痛并快乐着[M]．北京：华艺出版社，2000：217.

② 白岩松．行走在爱与恨之间[M]．北京：北京联合出版社，2014：254.

那时候我记了数万字的笔记，每天晚上夜深人静的时候，就看那些老学者的背景资料，记录“路标”，整理问题。我一直是音乐爱好者，但古典音乐还时常找不到感觉。但是有一天，放进了一张梅塔指挥的柴可夫斯基《第六悲怆交响曲》，我依然把它当成背景音乐，自己在读在写，但是当第一乐章的转折出现的时候，我的笔往那儿一扔，眼泪哗地就下来了，生理反应。……那一瞬间的音乐忽然让我感觉，所有的老人（笔者注：指的是他的采访对象季羡林、启功、张岱年、胡绳、任继愈、张中行、汤一介等老学者）都回到了他们的青年时代，也曾春光灿烂、朝气蓬勃，那种极其美好的回忆在微弱的乐声中慢慢慢慢呈现出来。①

只有情感者才能体验到生命中这样动人的时刻，体验到那瞬间流泪的感动。无论是白岩松在采访中体验到心灵的污染带给人类的毁灭性危害，还是在日本之行体验到的压抑与希望，抑或是在音乐中体验到生命的另一种意境，这些都是他人生经历中的深刻体验。在狄尔泰的“体验论”中，“体验与生活彼此是不可分割的，体验着就是在生活着，生活着就是在体验着，不可能有那种专门拈出一个体验的动作去造作一个生活，也不可能有一个生活摆在那里，让人去体验。生活就意味着每一个人都在循环往复地体验着它。生活本身就是由命运、遭遇、诞生、死亡、变无、历史等要素组成的，而这些要素也构成着体验的要素。”②体验是寻求意义、指向意义的活动。我们通过白岩松的自传可以了解到他丰富的人生体验，虽不能也不必一一摘录他那繁盛的人生体验，但如果要用一个词来形容他的人生体验，那或许真的是一番“壮丽”。壮丽是一种胸襟、一种气度、一种高度、一种远见，这一切都与主持人个人的独特人生体验有着密切的联

---

① 白岩松. 白说[M]. 武汉：长江文艺出版社，2015：82.

② 狄尔泰. 诗化哲学[M]. 济南：山东文艺出版社，1986：179.

系。“无论谁，不平静，都不会幸福。”[①]在冷静中思辨，在思辨中体验，在体验中寻找幸福的模样。

前面提到，托尔斯泰认为艺术起源于一个人为了要把自己体验过的感情传达给别人，并用于某种外在的标志表达出来。一个拥有丰盛的生命体验的主持人，在主持艺术的创作中，就拥有了源源不断的创作源泉。英国文艺理论家特里·伊格尔顿认为，人生的意义在于两大选项“爱和幸福”[②]。他认为我们在人生中所有的追求，都是为了追寻爱，感受幸福，这是实现生命价值的意义。或许，壮丽型风格的主持人正是遭遇了命运中那种挠人心肝的不安、忧虑，因而对正义、公平、仁爱、平静更加执着与坚定，更加追求诸如生命等宏伟篇章的叙事和论断。

二、壮丽型风格对观众的影响效果

有一句话说，陪伴是最长情的告白。作为资深的媒体人、主持人，白岩松一直坚守在自己的岗位上，这应该也是对观众的一种陪伴了。白岩松这一代主持人，经历了中央电视台的飞跃发展时期，而这个时期伴随着国家、社会的大发展。在这十几年的发展中，白岩松等记者、主持人带领着观众见证了国家一件一件大事的发生，见证了历史的瞬间，从申奥直播，香港、澳门回归直播，1998 年特大洪水灾害抢险救援直播，到中国复关谈判直播，“非典”等大事件的直播报道，让观众感受到了国家的发展与变化。白岩松在喜爱他的观众眼中，是理智与客观的，是追求正义与仁爱的。虽然他所关注的话题通常并不轻松，但他总能以一种冷静的态度引导观众，让观众进入思辨境地。他即使是批判，也是充满诚意的。观看他的节目，观众会对某新闻事件产生更多的思考，可以更加客观、全面地

---

① 白岩松．白说[M]．武汉：长江文艺出版社，2015：23．

② 伊格尔顿．人生的意义[M]．朱新伟，译．南京：译林出版社，2012：96．

去了解、看待每一新闻事件。其实,观众对主持人主持艺术风格的接受与欣赏,也影响着电视台新闻公信力的建立。白岩松的风格按照《文心雕龙》所说“壮丽者,高论宏裁,卓烁异彩者也”是毫无夸饰的。拥有议论卓越、体制宏伟、文采突出的主持风格,白岩松在中国电视新闻节目主持界是首屈一指的。

第三章　典雅型风格——董卿论

第一节　典雅型风格的语言特点

“典雅”在这里,并不是我们通常理解的外貌形象的典雅。在修辞学中,典雅代表一种艺术风格,《文心雕龙》论述风格与个性时言:“典雅者,熔式经诰,方轨儒门者也。”周振甫译注:“典雅的,是从经书中熔化得来,同儒家著作并行的。”[①]从经书中熔化得来,我们可以理解为,前面提到体验的三种渠道中的第二和第三种渠道,即对他人体验的领悟,由观念推导和深化的体验。董卿是腹有诗书气自华的女子,她那丰盛的情感体验与她善于在文学作品中体验他人生命有着密切的关系。因此,从修辞学的角度,我们把她的主持艺术风格划为“典雅型”。

一、情感诗化

董卿是善于对生命进行体验的主持人,她的情感是丰盛的,而这种丰盛与她从小喜爱阅读文学作品有关。在她的主持语言中,充满诗意,她的

① 周振甫. 文心雕龙今译. 北京:中华书局,1986:257－258.

情感是被诗化的。情感诗化的人是热爱生命的。有时候会让人觉得,董卿是把生命当成诗一样来热爱的。所以当遇到真止适合她的节目时,这种诗心便开始流露。

在《中国诗词大会》第二季 2017 年 1 月 30 日的节目中,当评委和董卿聊到曹植的《七步诗》时,评委康震点评道:“这个‘煮豆燃豆萁,豆在釜中泣。本是同根生,相煎何太急?’写尽了一个文人在政治的重压下,特别是在自己的同胞兄长的重压之下,那种精神的压抑、委屈和不满。所以我们说他写的《洛神赋》,他写的《美女篇》等作品,都开创了一个新的诗歌的时代。”此时董卿立刻接上:“所以谢灵运评曹植,‘天下才有一石,曹子建独占八斗’。所以曹植也是既有颜值又有学识的一个典范。”可见董卿平日对诗词歌赋的储备。

如果仅仅是能脱口而出一些诗句,也不算什么诗心,能够透过诗歌对人生有理解、有思考、有体验才是真正的诗者。在节目中,一位选手遇到的题目是元稹悼念妻子韦丛的诗:“惟将终夜长开眼,报答平生未展眉。”评委康震点评道:“当李白说,‘君不见黄河之水天上来’的时候,我们感受到的是一个蓬勃的天才世界,而当元稹说‘曾经沧海难为水’的时候,给我们展现的是一个细腻的、深层的文人世界,是我们每个人都可以理解的世界。所以我就觉得中国古典诗词,真是一个巨大的宝库,我们需要一个怎样的精神慰藉,它就能给我们展开怎样的怀抱。”董卿对这句诗有自己的体会:“任何的精神需求都能在这里面找到慰藉,当然我觉得可能也因为韦丛作为一个家境优越的女子,嫁给他之后也没有享到任何的福分,反而吃了不少苦,受了不少累,又是那么地英年早逝,所以这个诗句真的是字字血泪。我觉得所有的女性看到这样的诗句的时候,都会怦然心动。”康震觉得这番体验很深刻,提议为这个“怦然心动”鼓掌。

在《中国诗词大会》第二季 2017 年 1 月 29 日的节目中,一位选手的填字题目答案为“待到重阳日,还来就菊花”。评委蒙曼点评道:“因为我觉得古人的生活有值得羡慕的(地方),在哪呢?古人生活不方便,你看干点什么事都得约,而且很长时间之前就得约,你想节日就是在这样的氛围里，就显得特别特别有意思。你比方说这个《过故人庄》，一看这是夏天的事，但是夏天好不容易聚到一块儿了，（那时）交通也没有现在这么方便，所以就约，我们下一次，什么时候再见呢？就得‘待到重阳日’了，这么艰难才走到一起，才凑到一起，那就不能只像我们现在这样吃吃喝喝了，就有好多助兴的东西，比方说这个菊花酒就出来了，这菊花石也出来了。所以我说为什么现在节庆的气氛越来越差，其实可能也是因为我们进步得太快了，那些最美的东西没有跟上来。你看，‘就菊花’这个就是一个让人特别期待的事情，我们去亲近故人、亲近菊花、亲近节日、亲近自然，这样的一个情绪。”蒙曼的点评非常到位，而董卿也提出了自己对诗的理解：“对，而且你看他这个字‘就’菊花，他没有说还来赏菊花，还来看菊花、对菊花，他用了一个‘就’菊花，这个字也是让人感觉有很多的亲近感在里边。”

在年少青春时，我们往往喜爱那浓烈绚烂的诗句，但随着年龄的增长，我们进入到生命更深的境地，便能体会到生命里那种静水流深的美好，也更能体会那些平淡却深沉的诗句背后所蕴含的力量。就像董卿所说：“《红楼梦》里诗词挺美的，那时觉得读来就像黛玉读《西厢记》一样，唇齿留香。那里面的诗词比较多一些，伤感、儿女情长、伤春悲秋，这种情怀多一些，可能是那个年龄段喜欢的。现在可能我就不会读《红楼梦》里的诗词，用木心的一句话讲，它就是水草，放在那片池塘里，美得让你忍不住想去触摸它，但它捞出来，就失去了生命力和光华。我觉得讲得非常深刻。真正的唐诗宋词，就不是水草了，是直上青天的参天大树，你永远可以从中获取力量，它们根基之深，超乎你的想象。我一直爱苏东坡，但随着年纪再长一些，也会爱杜甫、爱陆游，爱无奈过后的那种力量。”正如宗白华所说：“人到中年才能深切体会到人生的意义、责任和问题，反省到人生的究竟，所以哀乐之感得以深沉。”这一切，都需要有真诚的感情、强大的生命力，才能体验到宗白华所说的意境。

这种诗心、诗意、情感诗化的表达，在董卿的主持语言中，是自然而然流露的。在《中国诗词大会》第二季 2017 年 2 月 5 日这期节目中，其中一

位选手讲述了自己的父亲虽然双目失明,但是通过口口相传,教自己朗读诗词的故事,之后董卿说:

董　卿:我倒是很感动一点,他老父亲到现在,双目失明这么多年,依然还在看厚厚的盲文书,始终保持这样一个阅读的习惯,这个倒也是真的让人感动,我觉得他的这种学习的精神和态度会影响到自己的孩子,这也是一种传承。我突然想到阿根廷著名作家博尔赫斯,他是在双目失明之后,被任命为阿根廷国家图书馆的馆长,他写下了那首非常著名的诗,他说"上天给了我浩瀚的书海,和一双看不见的眼睛,即便如此,我依然暗暗设想,天堂就是图书馆的模样"。

要有着怎样丰富而深切的生命体验,才能脱口而出如此打动人心的话语?这样的话语如此熨帖地用在这样的主持场景中,让人不得不叹服董卿的主持魅力。"典雅型"风格就这样在充满诗情画意的语言中流露。

前面我们提到关于诗与体验的关系,从某种意义上说,艺术家或优秀的艺术创作者,总是能够让生命富有诗意,因为他们都具有诗者气质。"诗者,吟咏性情也",只有拥有丰富的性情,并借由诗艺(或诗意)表现出来,才能称之为诗者。德国哲学家狄尔泰在其《体验与诗》中论述道:

诗艺作品通过话语和话语的连接给出一现实事件的外表。故而诗艺作品必须应用所有的语言手段来产生印象和幻觉,而诗艺作品的第一种也是最有意义的美学价值即在于对语言的这种艺术处理。①

因此可以说,能够把情感诗化,是一个艺术创作者应该具有的能力。包括主持艺术在内的任何艺术,都不仅仅是反映,更重要的是造就一个有

① 狄尔泰. 体验与诗[M]. 胡其鼎,译. 北京:生活·读书·新知三联书店,2003:163.

意味的世界。这个世界充满了艺术家的个人体验和对生命的思索，诗的语言正是通过营造这样的世界，呈现人们在现实生活中不可见的东西。王一川谈到诗与体验的密切关系时指出西方的“诗言回忆”，中国的“诗言志”。诗作为回忆，并不是简单地追思什么，而是令人在这回忆中感受到具有震撼力的事物，进入自由的心灵空间。“当旧的生命活力正要离我们远走时，回忆便唤醒那潜隐于心灵深处的生命活力，使我们的生命与存在连成一个永远鲜活的整体。”①按照这句话来说，诗意表达是主持人唤醒人们心灵深处的生命活力。“诗言志”则是说“诗”是诗人内心“志”的表现，而诗人内心的“志”有着震撼心神的强烈魅力。“诗是一种与人的最高审美追求、神圣的生命活动、原始而隐秘的深层经验、极度的心神震荡以及身体的飞舞等具有密切关联的语言形式。”②主持人在主持艺术创作中，正是把自己对生命的理解、对生活的感受，借助诗意的语言，传递自己的情感，进而引起观众的共鸣。

二、心灵哲语

语言是体验的外化，在《中国诗词大会》和《朗读者》中，董卿的语言充满了她对人生的哲思，尤其是《朗读者》，大概是因为董卿自己担任了制作人的缘政，对于如何表达，表达什么，有了更多的主动权，因此节目中她的主持语言可以说是最大化地表现了她个人的审美情趣和生命体验。我们不妨抽取部分主持词进一步分析。

在《中国诗词大会》第二季2017年1月29日这期节目中，一位富有才华的独臂女孩讲述了自己独臂的人生感受，董卿现场说了这样一番话：

董　卿：其实我们每个人都不完整，有些是看得见的残缺，有些是看不见的。但是在你身上，最宝贵的是，你用你的乐

① 王一川．审美体验论［M］．天津：百花文艺出版社，1992：218－219．

② 王一川．审美体验论［M］．天津：百花文艺出版社，1992：221．

观、坚强、勇敢,去追求了一颗完整的心灵和完整的精神世界,这是值得钦佩的。欢迎你!

一个对生命没有理解、对精神没有追求的主持人,不可能说出这番深刻的语言。在《中国诗词大会》第二季 2017 年 1 月 30 日这期节目中,聊到爱美之心人皆有之时,董卿感叹:

董　卿:如果你只是有外在的,那是很容易消逝的,也是只能得到一时的喜爱,而无法得到一个真正的尊重。

美貌自然引来愉快的观感,但是真正动人的,依然是某种生命精神。董卿对容貌、对精神都有自己深刻的理解,才能说出这样充满哲思的话语。在《中国诗词大会》第二季 2017 年 1 月 31 日这期节目中,董卿和一位热爱诗词的农民大叔有这样一段交流:

董　卿:那边有一个老大爷,其实我注意他很久了,就是他坐在那,似乎跟所有人都不太一样,一个是年纪比较大,二一个呢,这个穿着打扮跟年轻人相比起来,也有一些不同,我们来认识一下好不好?大叔,给大家介绍一下你自己。别紧张大叔,慢慢说,说说来自哪儿。

选　手:我叫王海军,65 岁了,来自内蒙古太仆寺旗千斤镇七号村。现在石家庄跟儿女们一块儿住。

董　卿:欢迎您,那您平时是做什么?

选　手:我是农民,跟孩子们进了城以后,为了补贴点家用吧,修个自行车,摆了个地摊。

董　卿:那您怎么就会来到我们《中国诗词大会》了呢?

选　手:其实我要写诗词,(写诗词)实际是我的一个梦想。我 14 岁就开始劳动了,念了 4 年书,但是这个诗词我也特别爱好。3 年前,我写了有一千来首诗。

董　卿:那您平时白天修自行车,还有工夫写诗或者说是读诗吗?

选　手：我特别爱写诗，也好像有点灵感，没有人修车了就自己琢磨着写，写了那么多了，不知道好坏，我就创意了一下，弄了块小黑板，在我那个摊上挂着，每天把它（诗）换一下，主要目的是为了和大伙探讨探讨，向别人请教请教。大伙争论得很激烈，我说你要给我改一个字，我就给你买一瓶啤酒。结果啤酒也买了，字也改了，诗（的水平）也可以说上去了，把我弄得又高兴又激动。你看又参加了这次大会了，也写了一首诗，我给大家念念：“贫翁倾心踏诗波，一声召唤暖心窝。弘扬亘古诗韵琴，万众唱响国粹歌。”这是在我很激动的情况下写出来的。

董　卿：要是康老师也给您改一个字，改一个字一瓶啤酒，说好了。

选　手：太少了，多给点。

董　卿：谢谢，谢谢王大叔。我觉得真的挺好，一个只读过4年书的一位一辈子做农民的大叔，今天来到我们的现场。就是这一辈子，可能那诗啊，就像，就像那荒漠当中的一点绿色，始终带给他一些希望、一些渴求，所以用有限的水去浇灌它，慢慢，慢慢地也在破土，也在生长，一直到今天，能够坐到我们的现场。所以即便您答错了，那也是我们现场最美丽的一个错误。谢谢您。

董卿和农民大叔的交流是平等的，那是两个热爱诗歌的灵魂在自由地畅聊。董卿体验到了农民大叔生命中那动人的一面，才能够说出这样深切的一段话“可能那诗啊，就像，就像那荒漠当中的一点绿色，始终带给他一些希望、一些渴求，所以用有限的水去浇灌它，慢慢，慢慢地也在破土，也在生长，一直到今天，能够坐到我们的现场。所以即便您答错了，那也是我们现场最美丽的一个错误。”荒漠、绿色、希望、浇灌、破土、生长、美丽的错误，这都是心灵的声音、精神的世界。没有生命体验的人，如何能理解？从这一点来说，农民大叔和董卿都是有生命体验的人，所以他们能够平等地对话。世界名著《简·爱》中有一段经典的对白，简·爱对罗切斯特说：

> 你以为我贫穷、相貌平平就没有感情吗？我向你起誓，如果上帝赋予我财富和美貌，我会让你难以离开我，就像我现在难以离开你一样。可上帝没有这样安排，但我们的精神是平等的，就如你我走过坟墓，平等地站在上帝面前。

多么震撼人心的告白，读来不禁令人落泪。我们的身份、地位、财富与容貌各不同，但是我们的人格却可以有更高的追求，褪去所有外在的世俗标签，人与人之间的精神终究是可以平等的。而要追求这份平等，从自身，就必须打破狭隘和偏见，打破身份、地位、财富、肉体等所有外在的桎梏，努力去追求那精神上的高地，不以物役心。在体验美学中，正是要有这样的追求，才能体验到那生命深层的意境。主持人在主持艺术的创作中，只有保持这样的精神追求，才能进入更高境界的审美体验创作。董卿显然就是这样一位善于体验的主持人。在《中国诗词大会》第二季 2017 年 2 月 2 日的这期节目中，董卿和一位乡村教师的对话便是再一次的证明：

董　卿：我今天向大家介绍一位来自贵州务川的乡村老师，一位普普通通的中学的语文老师，陈泽兰，小陈老师。

选　手：两位老师好，董卿老师好，百人团的嘉宾们，大家好。我叫陈泽兰，来自贵州省遵义市务川仡佬族苗族自治县务川思源实验学校，我是一名中学语文老师。

董　卿：你作为语文老师，最喜欢教学生什么课呢？

选　手：诗词课，特别喜欢，诗词是我这一生中最大的爱。

董　卿：你会怎么来教他们呢？

选　手：喜欢教他们用民歌的方式唱。

董　卿：民歌的方式教他们，怎么教？

选　手:对,就是我唱上句,他们对下句。没有音乐课,我们这个就是音乐课。

董　卿:你试试看,你怎么唱上句,他们怎么唱下句?

选　手:东临碣石,以观沧海,水何澹澹,山高竦峙。(唱腔)

董　卿:我们可以想象,在一个偏远的学校里,老师虽然嗓音也不是很清亮,可是用这样的一种方式,在把她的知识,传递给那些贫困的孩子,你也是在农村长大的吗?

……

选　手:一共有5个班,我教的有250多个。

董　卿:两百多个学生,你是常住在学校里吗?

选手:24小时都在。因为我们学校比较特殊,它是一所爱心学校,都是招收县里面那些贫困山区的孩子。他们缺少父母的照顾,然后就全权地寄托在我们学校。学生们一个月回一次家,有的甚至一个学期才回一次家。他们来到学校,老师才是他们的家人。

此时现场气氛有些低沉,众人纷纷被感动落泪。作为主持人,一向敏感细腻的董卿听完之后,应该也是动情的,但是在理性的牵引下,她按下不表这份动情,而是转移了话题,让现场的气氛先缓一缓。

董　卿:对你到北京来,要参加这样一个比赛,他们是什么样的想法呀?

选　手:非常非常激动,因为他们觉得北京的那片天空,离他们实在是太高、太远了,简直就像做梦一样。但是我说,那个梦总有一天也会变成现实的。只要你肯努力,世上无难事,只要肯登攀。只要你肯努力踏出那一步,精彩的大门永远为你敞开,但是你来了之后,别忘了你的那片天、那个根,我们学习不仅是为了脱离贫困,还是为了更好地反馈贫困(回馈家乡)。

至此，董卿才开始表达自己对陈泽兰这样的乡村教师所面临处境的理解和体会。

董　卿：这些孩子的父母，为了改善生活，背井离乡，让自己的孩子能够不再挨饿，不再受冻，但是不缺吃不缺穿的童年和少年时期，却缺少了关爱。这个时候老师就变得格外的重要，给他们教育，给他们爱，让他们能够乐观、坚强、健康地成长。这已经不是一个家庭的未来，而是整个国家的未来。所以我觉得，我们应该谢谢小陈老师，谢谢千千万万个像你这样的乡村教师，甘为人梯，甘做铺路石，也让这些山里的孩子，未来有一天能够走出大山，去看一看这精彩的世界，谢谢你们。现在，不哭了吧，我们还给你准备了一份小小的惊喜，知道你很想念你的学生，我们来看看同学们有什么话跟老师说的。（播放小片，学生的问候）

其实这一段对话，涉及的是中国教育的两个大问题——“留守儿童”问题和“乡村教育”问题，这两个问题庞大且复杂。身在央视这样的国家级媒体平台，董卿应该是深有感触的。然而董卿并没有在《中国诗词大会》这样的文化情感类节目中去触及这样复杂的问题，而是直接将其提升到精神层面予以解读。对父母为了改善生活背井离乡的理解，对孩子因此缺失爱的心痛，对乡村教师付出爱的钦佩，这其中每一句话都怀着她对他人命运的深切同情与尊敬。这是一个对国家、对当下社会、对个人命运、对不同群体有着深切理解的主持人，才能发出的感慨。

第二节　典雅型主持语言中的人生体验特点

《朗读者》是中央电视台推出的大型文化情感类节目，董卿首次担当制作人。不同于央视日常的节目，《朗读者》由公司承担制作，于中央电视台综合频道（CCTV－1）与综艺频道（CCTV－3）黄金时间联合播出。它的节目定位是以个人成长、情感体验、背景故事与传世佳作相结合的方式，选用精美的文字，用最平实的情感读出文字背后的价值；节目旨在实现文化感染人、鼓舞人、教育人的传导作用，展现有血有肉的真实人物情感。这是一档文化情感类节目，在节目中，朗读只是一种形式，最终是要见人、见情。这就要求主持人有着丰富的人生体验，而董卿对这档节目的驾驭是成功的。

《朗读者》一播出，就引起了强烈的社会反响，人们深深被朗读者们那深切的人生体验和丰富情感所打动。第一期的《朗读者》开场词如下：

董　卿：今天，是《朗读者》节目第一次和观众见面，所以，我们第一期节目的主题词，也特意选择了——遇见。古往今来，有太多太多的文字，在描写着各种各样的遇见。“蒹葭苍苍，白露为霜，所谓伊人，在水一方。”这是撩动心弦的遇见；“这位妹妹，我曾经见过。”这是宝玉和黛玉之间，初初见面时欢喜的遇见；“幸会，今晚你好吗？”这是《罗马假日》里，安妮公主糊里糊涂的遇见；“遇到你之前，我没有想过结婚，遇到你之后，我结婚没有想过和别的人。”这是钱钟书和杨绛之间决定一生的遇见。所以说，遇见仿佛是一种神奇的安排，它是一切的开始。也希望从今天开始，《朗读者》和大家的遇见，能够让我们彼此之间，感受到更多的美好。

节目中间片花：

董　卿：朗读者第一季第一期，我们的主题词是“遇见”。因为从某种意义上来说，世间一切，都是遇见。就像冷遇见暖，就有了雨；春遇到冬，有了岁月；天遇见地，有了永恒；人遇见了人，有了生命。那么，《朗读者》遇见了你们，又会怎样呢？

节目开场和中间片花的主持语言，是超越生活进入生命深层的思考之语。如果说这些言语是之前准备好的，那么，和嘉宾的访谈，则更多是董卿有感而发的自然流露了。

朗读者濮存昕和董卿谈到遇见一位帮助过自己的人，生命中的贵人荣大夫。接下来董卿说：

董　卿：记住那些帮助过你的人，不要以为一切都是理所应当，而在你有能力的时候也记住，尽可能地去帮助别人，不要认为事不关己，这是做人的一个道理。我想今天通过您的朗读之后，大家可能会对此有更深刻的感受。

这一段话，是对帮助与被帮助的理解，一个对精神生活没有什么追求的人，纵欲享乐、浑浑噩噩的人，又怎么会懂？在精神追求的过程中，必然会遇到这样或那样的阻碍；没有追求的人，自然不会有那么多的煎熬和困阻。一个不乐意帮助别人、也不想接受帮助的人，对于爱自己、爱他人以及对爱的理解，对帮助和被帮助的体验，也就不那么深刻了。董卿的这番话实在是有着深刻体验之后的肺腑之言。

朗读者联想创始人柳传志谈自己的人生，因为高考的变故，遇见命运的转折。之后董卿说：

董　卿：这也是我们今天为什么要谈“遇见”这个主题词的一种用意，就是人生的不可预测，告诉我们可能在任何时候，都要抱着一份希望。

任何时候都要抱着一份希望，即使深陷绝望。生命本身就很奇妙，存在很多不可预测性，然而只有经得住这种意外打击的人，才能有最后的惊喜。所以，董卿说不失希望，也是对生活有所感悟和理解，才能脱口而出这样一番话。

朗读者“鲜花山谷”夫妇分享了彼此之间的“遇见”后：

董　卿：再一次谢谢你们来到我们的节目中，跟我们分享了动人的人生故事和动人的情诗。我觉得诗写得再好，可能也比不上两个人真真切切地过日子所留下的那些美好的记忆。我把我最喜爱的一句，沈从文的情诗，只有十个字，但是我觉得深深打动了我，送给你们。他说，"我们相爱一生，还是太短。"祝福你们。

在《中国诗词大会》和《朗读者》中，董卿一直在用自己的语言，告诉观众，我们热爱诗，不是要脱离生活，而是要让生活充满诗意，也就是我们前面提到过的生命诗化。

朗读者张梓琳介绍自己"遇见"女儿，成为妈妈后：

董　卿：多么温馨美好的画面，美丽的妈妈、健康的孩子，还有一只可爱的狗狗，很好。其实我觉得，如果美丽只是简单地用来做展示，也许它的意义不是那么大，但如果美丽能够转化成一种能力，去帮助更多人，甚至去让自己变得更好，那它就是很有价值和很有意义的事情了。

董卿在节目中时常强调，再美丽的容颜也会衰老，我们只有追求精神的充盈，才能让生命绽放美丽，因为肉体可以死亡，而精神却能永存。在第一期《朗读者》节目中，最打动人的恐怕就是我国著名翻译家许渊冲先生的"遇见"。许老先生在讲述自己翻译的一首诗——林徽因的《别丢掉》，当现场老先生朗诵起诗句时，不禁哽咽，泪流满面，之后许渊冲先生解释为何要翻译林徽因的这首诗：

许渊冲：我是感觉林徽因这个情感，很真、很美，所以就把这个诗翻成英文了。我就把这首诗，翻了写给她，当时我写信给她，不知道她已经有人了。（老先生的可爱、率真引起观众的会心大笑）

董　卿：所以您后来翻译了《别丢掉》也是白翻了。

许渊冲：也没有白翻，我寄给她了。50 年后她给我回信了？

董　卿:50 年后她才给您回信?

许渊冲:50 年后我得了大奖,报上登了,她在台湾了她已经,她在台湾看到这个消息,就回了我这 50 年前的信。在那时候我也结了婚,她也结了婚,但是回忆往事,现在,所以有时候生活,生活的每一天都能欣赏,有时候失败有失败的美。就像这个事情,我并没有成功,但是我回想当年,还是很美的。而我认为人生最大的乐趣,是创作美,发现美。

董　卿:许老先生,我之前是很佩服他。我今天在这样跟他面对面交流之后,我很喜爱他。我就觉得他怎么还能有这么充沛的情感,不仅仅是精力,是情感,在说到某一个动情处的时候,立刻就热泪盈眶。你知道热泪盈眶的是年轻人,或者说你心还很年轻的一种标志,就说明他的心还是那么的年轻。而且一说到翻译,他真的是乐在其中,你跟他说什么,他最后都跟你绕回去,绕到他想说的那件事情上,但是他真的很了不起。你想,翻唐诗宋词,我就问问你们,“床前明月光”都会背,怎么翻?哪个英文好点的,在底下跟我说你怎么翻。

许渊冲:这个不难翻的。(老先生像孩子一样抢答,现场观众一片笑声)

董卿说许老先生的心还那么年轻,其实说的就是一颗赤子之心。每个了不起的大家其实都怀揣着一颗赤子之心。在中国哲学中,老子最赞赏这颗赤子之心,他认为,一个人有了赤子之心,就有了自由的生命精神,便可与天地精神往来。老子所说的赤子之心,是生机勃勃的,也是柔软敏感的,是有德有礼的,更是纯净清朗的一颗心灵。艺术家或艺术创作者,没有一颗赤子之心,是不可能创造出打动人的艺术作品的。许渊冲老先生这样的大家有赤子之心,主持人董卿也不失这颗赤子之心。

朗读者李亚鹏讲述生命中的礼物，他的女儿李嫣的诞生，随后二人有一段对话：

董　卿：其实在对孩子的教育过程中，是不是也完成了一种自我救赎和成长的过程？

李亚鹏：必须的，这是我们人生第二次得到教育的一次机会，我觉得每一个父母都应该抓住这个机会。

董　卿：所以才有那句话，孩子是给父母的一份礼物。

董卿用了"救赎"与"成长"，这大概与董卿做了母亲，有深切体验有关系。孩子是纯净的，他们可以纠正大人许多的世俗观念，洗去父母心灵上的尘埃。

朗读者故宫博物院院长单霁翔，讲叙中国人留给世界的礼物：

董　卿：您真的走完了九千多间故宫所有的房间啊？

单霁翔：我们是按着图，一个房间一个房间走过去，走了5个多月。我们要调研，每个房间什么状况，每个房间将来怎么利用。那么，这些呢，我们进行了详细的一个勘察。

董　卿：故宫现在到底有多少文物藏品，您统计过吗？

单霁翔：当时2001年12月底，故宫博物院的文物藏品1 807 558件(套)。现在我们的文物藏品又增加了6万件左右。

……

董　卿：故宫现在应该是世界五大博物馆之一了，是吗？

单霁翔：所说的五大博物馆就是包括故宫博物院、英国的大英博物馆、法国的卢浮宫、美国的大都会、俄罗斯圣彼得堡的冬宫阿尔米塔什博物馆。联合国有五个常任理事国，正好一个国家一座。所以我开玩笑说，没有一个强大的博物馆，是不能进入联合国常任理事国的。

董　卿：这句话背后其实自有真意，因为没有一个强大的、自信的文化，你也不可能成为一个世界的强国。而且您还说过一句话,故宫所有的文物都是干净的。

一个优秀的主持人,其人生体验中的情感,不应仅仅是个人或他人生命中的爱恨情仇、喜怒哀乐,还应有家国情怀。只有对民族、国家的命运有深切理解,才能有一种大爱和大美的精神。在董卿的主持语言中,我们可以感受到她丰富的情感来源,这一切与她个人的生命体验有着密切的关系。在后一节中我们将做进一步分析和探讨。

第三节　典雅型风格对观众的影响效果

一、典雅型风格构建与生命体验

在艺术创作中,生命体验是创作源泉,一个创作者应该有丰富的生活经历,从生活中汲取创作灵感。即便生活经历不丰富,也还能够从那些伟大的文学作品中获取,阅读书籍就是阅读作家的人生体验。董卿可说是极其善于从文学作品中获取体验的主持人,这或许是受她生活经历的影响。在一次节目中,谈到父亲对她的教育,董卿不禁落泪,她用了“非常非常严厉”来形容父亲的教育。董卿的父母是传统知识分子,小时候,父亲并不许她参加学校的文艺活动,不许她照镜子,很多女孩子爱干的事似乎父亲都是反对的。董卿说:“我父母是比较传统的知识分子,他们很早就让我明白了一个道理,我们不能只靠吃饭活着,还有一些别的东西可以滋养我们。最早也有被逼迫的成分,父母给我开书单,这个假期必须读完。但慢慢地习惯就养成了。”①要读书,读好书,是父亲对她小时候最大的要求,而热爱艺术的董卿,在文学世界里汲取了丰盛的情感和人生体验。董卿谈到文学阅读时有这样的体验:

① 董卿:别因为节目火爆,就把人神化了[N]. 南方周末,2017-02-23.

小时候看《安娜·卡列尼娜》，我对一些细节很在意。安娜在火车上遇见渥伦斯基，当她下了火车，她老公来接她的时候，她就觉得她的耳朵突然变尖了。那个细节深深地刻在了我心里，你会知道人原来是这么复杂的一种动物，而这种如此微妙和复杂的情感，是可以通过文字表达出来的。我对人充满兴趣、充满关切，人的故事永远可以打动到我，这大概就是书本带给我的影响。

……

我对俄罗斯的艺术是情有独钟的，因为他们是一个充满苦难的民族，对苦难的描绘总是深刻而厚重。

……

阅读的乐趣就在于，它是一个广阔的世界，让你知道你的渺小，知道在历史长河中，或是站在全人类的角度看，很多东西是不必在意的，它让我们能变得更聪明一点。[①]

前面我们提到过，"体验"主要来源于三个渠道：第一，个人自己的体验；第二，对他人体验的领悟；第三，由观念推导和深化的体验。阅读经典的文学著作，应该算是第二和第三种。因为"小说家在作品里展现了最高的智慧；他用最恰当的语言，向世人表达他对人类最彻底的了解。把人性各式各样不同的方面，最巧妙地加以描绘，笔下闪耀着机智与幽默"[②]。作家把自己的人生体验融入到文学作品中，而阅读让我们从伟大的文学家身上获取那丰盛的情感和体验，这情感和体验滋养着我们的心灵，也成全着我们的艺术创作。董卿便是那最能投入文学世界，去体验作家感情与体验的主持人。她敏锐的感受力、细腻的情感、善于思考的心灵，无不与她热爱文学艺术密切相关。所以说，她在《中国诗词大会》中打动人心的

① 董卿：别因为节目火爆，就把人神化了[N]．南方周末，2017－02－23.

② 杨绛．有什么好？——读奥斯丁的《傲慢与偏见》[M]//杨绛全集：第2卷．北京：人民文学出版社，2014：259.

表达、在《朗读者》中超凡脱俗的表现，都是她独特的主持艺术风格的呈现，更是她精神气质的流露。

体验，无论是通过以上三种渠道的哪一种渠道进去，都必须从自我内在的感受出发，经过自我内化，才能被称之为体验。也就是刘小枫所说的“只有从自己的遭遇出发去领会一切事物，而这种领会只能是想象和感情的移入的把握，这样生活才会展现自己的奥秘。”从这一点来说，董卿实在是一位体验者，勤于体验，善于体验。这可以从她谈到自己对“人”和“文”的喜爱之中探知。

董　卿：因为我是对“人”，和对“文”向来特别感兴趣，而且加上人呢，我们做媒体人嘛，这是我们的一个优势。别的工作可能不会像我们这样，有机会接触到那么多不同的人，所以我在每每跟他们接触的过程当中，或被感动或被启发。我很喜欢真正地进入一种交谈的空间，比如说今天我们聊完了，如果我觉得这当中有些地方特别棒，我一定会转述给别人听，因为在转述的过程当中，我再次梳理，而且我把我的感悟、他的感悟，又叠加在一起给了别人，别人会有新的感悟。①

董卿这里所说的，在转述的过程中，再次梳理，把自己对他人的感悟所产生的体验，分享给更多的人，这其实就是我们所说的生命体验活动。生命体验在艺术创作中极为重要，董卿主持艺术风格的构建与她善于体验有着密切的关系，可以说，她从那些伟大的文学巨著中获取了不少的体验。董卿勤于对生命、对生活进行思考，进入一种深层的精神境地去捕捉生命的意义和价值，而丰富的情感、勤奋的思考，是获得体验的前提。董卿从未因为荣耀而停止过对生活的反思、对生命的体验，从她对主持艺术的思考就能看出。在谈到怎样才是一个好的主持人时，董卿说：

① 摘录自《环球人物》对董卿的访谈。

首先应该是真诚的。真诚地去感受自己、感受对方、感受这个世界。

……

第二点，你必须永远敏感，而敏感的前提是你相对比较纯净。越是纯净的人越会对周遭的事物有比较单纯的看法，能够触动到他的内心。

……

第三点，还应该是一个善于思考的人。可能我们很多主持人也是一台一台节目地做，为什么有些人在10台、20台、100台节目中就成长蜕变了，有些人可能还是在原地？那些成长的人往往是会思考的人，思考"我是谁""我能做什么""我想做什么""我未来的方向是什么"，可能这个很重要。

……

最后因为你是主持人，所以你还应该是一个善于表达的人。很多人会思考，也有思想，可能因为不善于表达，也不具备主持人的先天条件。①

这是董卿对主持艺术深刻的体验。没有长期的、艰苦的、大量的主持艺术实践，并且在实践中没有积极勤奋地去体悟，是很难有这样深切的体验的。"我是谁""我能做什么""我想做什么""我未来的方向是什么"，其实董卿这里所说的思考，正是生命体验活动。体验美学，所讨论的正是通过体验来追寻诸如"我是谁""我能做什么""我想做什么""我未来的方向是什么"这类关于生命意义和价值的哲学命题。

董卿所说的保持内心的真诚、敏感、纯净，正是获取生命体验的前提，看来董卿深得体验之要领。保持内心的澄澈与清明、情感的真诚，才能在体验中捕捉到生命的真谛和意义。在追求艺术的道路上皆应如此，只有这样才能保持永恒的创造力和生命力。就像宗白华所说，"精神上的真自

① 摘录自《文艺星青年》对董卿的访谈。

由、真解放，才能把我们的胸襟像一朵花似的展开，接受宇宙和人生的全景，了解它的意义，体会它的深沉的境地"[①]。心灵纯净、情感真挚、不贪慕虚荣、精神充盈，才能谈生命体验，才会有生命体验。艺术是体验的呈现，体验是追寻精神的高地。董卿正是在丰富的体验中领悟到了生命的意义和价值，我们才在她的主持中感受到了那份纯真、浪漫与美好。所有的体验都在一点点地影响着她的主持艺术风格的构建，让她最后自成一派。

然而，在体验中思考，在思考中体验，并非轻松的事情，不仅伤神费脑，有时候还需要极大的勇气。董卿是不怕吃苦的人，也是有勇气的人。如果说《中国诗词大会》是董卿爆红的预热，那么《朗读者》则是她多年来积蓄的所有力量的爆发。而此前，董卿经历了一年的沉积，在 2014 年，董卿离开舞台，以访问学者的身份赴美国南加州大学游学一年。

董　卿：大概在前两年，我突然有一天意识到，我没有那么兴奋了，我经常会变得不耐烦，对自己不耐烦，对他人不耐烦。我指的是在工作的过程当中，我突然意识到我也开始有了一些套路，就是以前我最不喜欢的凭经验去做事情，而不是凭激情去做事情。

王　宁：但那个时候你有想过说，我现在不做主持人了，我要做别的了？

董　卿：我只是心里有一个声音，它在提醒我，你敢不敢停下来，你敢不敢放下现在别人看起来一切都很完美的生活，你敢不敢去做一个了断，跟过去的某一个自己做一个了断？[②]

无论是在人生道路上，还是在追求艺术的道路上，我们总是会遇到阻碍和瓶颈。这个时候，停顿实在太需要了，这个停顿应该是对过去自己的梳理，也应该是对心灵的一次洗礼。只有在对生命有过深刻体验之后，才

---

① 宗白华. 美学散步[M]. 上海：上海人民出版社，1981：216.

② 摘录自中央电视台《面对面》对董卿的访谈。

会明白自己需要什么，内心的声音是什么，也才能更坚定地去坚持自己最初的梦想。

董　卿：该用什么方式让自己能有一个恒久的创造力呢？我觉得学习是唯一的途径。我一定要停下来，哪怕这个停止显得有点像急刹车，刹得人咣当一下，自己的脑门儿都磕个包出来，也必须要停下来。那段日子让我变得更勇敢。虽然去之前，我爹妈不同意，我对他们也信誓旦旦地说，我可以重新做一个学生，我可以素面朝天。但后来你会发现，换上学生的衣服，换上学生的书包，扔掉名牌包，扔掉所有化妆品，摒弃所有光环，这些都只是最表面的。真正的困难是，你要经受得住所有落差，在一个完全陌生的环境里学习如何变得强大。[①]

当我们听从了自己内心的那个声音去做一个决定时，往往会变得勇敢，然而，任何的突破和探索过程都是孤寂的、痛苦的，这个过程只有自己能体会。精神上的孤独、挣扎、煎熬与当初决绝地做的那个决定撕裂着，在这个撕裂的过程中，若能超越自我，便获得了新生。这种停顿与撕裂之后的新生，或许就是我们看到今天的董卿更加充满力量感的原因吧。

董卿的情感是丰富的，她坚韧、不服输，有着一股文人的执拗与傲骨。文人式的执拗或许外表是隐忍的，但内心却往往是刚烈炽热的，当遇到某种特殊情况时，会爆发出激烈的情感。董卿追求主持艺术的执拗，大概来源于隐藏在她骨子里的那份叛逆与反抗精神，董卿与父亲之间的感情便糅杂了这份特殊的情感。

董　卿：也有过跟我父亲争吵，甚至是推来推去的，我记得那时候还摔碗。

---

① 摘录自中央电视台《面对面》对董卿的访谈。

王　宁：你为什么摔碗呢？

董　卿：就因为他特别反感我参加学习之外的文艺活动。唱个歌、跳个舞，他觉得这些特别地让他接受不了。他认为没有必要浪费时间，我所应该做的就是好好读书。

王　宁：你爸爸的这种严苛会在你的血液当中，影响着你？

董　卿：会，绝对。①

任何一个艺术家或优秀的艺术创作者，除了自身顽强的生命意志、丰富的人生体验之外，成长环境的影响也是巨大的。董卿坦言父亲是一位特别刻苦和勤勉的人，他也是特别笃信靠努力可以改变命运的人，这些亦流淌在了她的血液当中，成了她的基因。她的天性当中有一部分比较好强、刻苦、勤奋努力的个性，加上后天的机遇，以及长期的积累和思考，才有了今天的爆发。所以，董卿认为《朗读者》从某种意义上说，不是过去一年准备的结果，也不是之前一年在美国学习的结果，它是二十年积淀的结果。

体验者是情感丰富者，一个情感丰富的人是有爱恨情仇，能够体会痛苦与快乐的人，他的生命中并不会只有一种单一的情感。董卿便是那情感丰富的人。她曾提到，因为期望呈现给观众的是最精彩的节目，所以自己把最美的一面呈现给了观众，最差的脾气却给了创作团队。然而，痛苦和不堪是艺术创作的必然。

董　卿：其实我很想听听张姐到这个年龄，再来重新对一些事情下定义，比如幸福。

张艾嘉：幸福是因为我相信他们每一个人，走过痛苦的那个时刻才发觉，自己的潜力是有多不可捉摸。我相信任何一个好的艺术家，绝对是一个懂得去享受痛苦的人。痛苦其实真的就是带你进步的一个路径。

① 摘录自中央电视台《面对面》对董卿的访谈。

董　卿：如果完全没有痛苦是不能忍受的，真的，如果这一辈子，你说我没有痛苦，这个日子白活了。①

痛苦并不能直接带来改变，但是可以在痛苦中激发生命的活力，所有内心经历过的挣扎，都有可能把内心以及精神上的强度激发出来，就看自己如何把握了。就像杨绛所说，在历练中提高修养，“修养不足就容易受物欲的引诱，名利心重就顾不到灵性良心了”②。而人世偏偏是个名利场，只有保持一颗纯净的心，才能从中挣脱出来，超越自我。“人寿几何，顽铁能炼成的精金，能有多少？但不同程度的锻炼，必有不同程度的成绩；不同程度的纵欲放肆，必积下不同程度的顽劣。”③无论是人生还是艺术创作，都是一个磨炼的过程，痛苦有时也是一种财富。艺术风格的构建是在无数的体验中生成的，这些体验可以说多一半是痛苦的经历，正如有批评家所说：“欣赏艺术，就是欣赏苦难的克服。”④

风格从来就不是一蹴而就的，是主持人经历漫长的摸索，受到各种因素的影响，尤其是受到个人生命体验的影响，而逐渐构建起来的。董卿的典雅型主持艺术风格带着她独有的特点，那种腹有诗书气自华的动人气质，那种阅尽千帆的优雅从容，大多源自她在阅读中的体验，而她自己对生命的体验，又影响着她对文学阅读的理解。善于阅读，在文学世界中寻求滋养心灵的养分，让董卿从骨子里散发着书香气；善于体验，让董卿的主持艺术散发着独特的魅力。那份诗意、浪漫、真挚从她的典雅型主持艺术风格中流淌而出。

二、典雅型风格对观众的影响效果

独具风格的艺术，一定具有持久的生命力，其风格是强烈且明显的。

① 摘录自中央电视台《朗读者》对张艾嘉的访谈。
② 杨绛．灵与肉的斗争和统一[M]//杨绛全集：第4卷．北京：人民文学出版社，2014：229．
③ 杨绛．受锻炼的是灵魂[M]//杨绛全集：第4卷．北京：人民文学出版社，2014：258．
④ 杨绛．艺术与克服苦难：读《红楼梦》偶记[M]//杨绛全集：第5卷．北京：人民文学出版社，2014：331．

我们常说,风格即人格,通过艺术创作者的作品,观者可以感受到创作者的精神气质。作为国家级媒体平台的主持人,董卿一直以来给大众的印象是温婉知性、美丽大方。每年的春晚或者其他的大型综艺晚会,都有她的身影。然而,温婉知性通常是一种外形上的表现,而非精神气质。温婉知性这种形象似乎是很多大型综艺晚会女主持人的共同点,放眼望去,大型综艺晚会女主持人似乎都是一个腔调,董卿在很多时候更像一个符号。但是,当艺术成为风格时,往往是因为其具有独一无二的个性特点。当某位主持人的主持成为一种艺术风格时,也就意味着他具有了独特的人格魅力和生命体验。主持艺术风格,打动人心的不会是主持人某种表面的形象包装,而一定是来自内在的某种精神气质,这种精神气质包含了主持人丰富的内在情感和对生命的体验。遗憾的是,多年来,受各种因素的影响,人们似乎在晚会和一些综艺节目中,不太能够看到董卿作为一个主持人更多的个人内在情感。但是,经过长时间的积累,董卿这两年终于爆发,让观众为之喝彩。在《中国诗词大会》《朗读者》节目中,她的个人审美、思想情感、生命体验得到释放,她的主持艺术风格也开始愈发突出。

我们回顾董卿从 1994 年开始在浙江电视台做主持人,到上海电视台,再到中央电视台,从《魅力 12》《欢乐中国行》到青歌赛,直至主持了十多年春晚,20 多年的磨砺终于让董卿一步步成为家喻户晓的主持人。而《中国诗词大会》和《朗读者》让人们看到了一个更加丰富和立体的她,我们看到她哭,看到她笑,听到她坦言会和父亲摔碗,听到她说自己的坏脾气全给了创作团队的愧疚。更重要的是,她用自己出色的表现,在两季的《中国诗词大会》中,唤醒了国人内心那沉睡已久的诗心;在《朗读者》中,唤醒了国人一直羞于表达的藏于内心的真挚情感,或是对爱情,或是对亲情,或是对友情,或是对这天地自然、宇宙众生的爱慕。

董　卿:如果说唤醒了观众的一种新的认知,就成功了一部分。所谓的知识点是没有太大用处的,我知道一百首诗、一千首诗,这些数字是没有意义的。有意义的是,你从中

> 认识到了什么，或是跟你的人生体验是否有所结合，帮助你成长，重新去审视周边。[①]

还有什么比点燃一个人内心的灯火，唤醒内心的美好情感更有价值的呢？只有当一个人内心蕴含着强大能量时，才能够做到这一点。她说在追求主持艺术的道路中，她也动摇过，也累到哭过，或者急到吼过，只是大家没有看到她很不堪的那种状态，她之所以没有放弃，是多少觉得自己还有一份责任。正是因为这一份责任心，让她有勇气去面对挑战。她说："所谓的勇气，是你在认清了生活的真相之后依然热爱它。所以，在所有这些让你焦虑、纠结、崩溃的事情背后，你还是要明白，最终的彼岸是什么？你想要达到的目的是什么？在拨开一切的乌云和荆棘之后是什么？如果你坚信这一点的话，可能你还是能获取一些力量的。"[②]从这一点而言，董卿是一个真正有艺术追求的人，她执着的追求也必然会影响和带动一群人。一位选手称赞董卿：

> 第一次跟您离这么近，"犹恐相逢是梦中"。古人说，"美人当以玉为骨，雪为肤，芙蓉为面，杨柳为姿"，更重要的是以诗词为心。我觉得您是我心目当中的标准的美人。您美得清新隽永。

真正能够影响和带动别人的人，一定是有着一颗赤子之心、不忘初心的人，并且拥有不断生长的能力。就像董卿喜欢的一句话，刻在英国科幻小说家亚瑟·查理斯·克拉克墓碑上的墓志铭："我从来没有长大，但我从未停止成长。"

---

① 摘录自《南方周末》对董卿的访谈。

② 摘录自《文艺星青年》对董卿的访谈。

第四章　精约型风格——崔永元论

崔永元虽然离开了中央电视台，但本书还是对他的主持艺术风格作为一种类型进行分析研究。虽然说，主持艺术风格也会随着时代的变化而变化、更替，在互联网新媒体大发展的时代，有新的主持人带着新的主持艺术风格涌现出来（比如谢娜这种演绎式的新奇型主持艺术风格和金星这类的果敢型主持艺术风格，在互联网发展时代背景下迅速走红），当然也就会有一些旧的主持艺术风格逐渐淡出观众的视野，但是有一点我们不能否认，真正优秀的主持人，那些影响时代、影响一代人的主持人，他们的精神永在、风格永存。有时，艺术风格的兴起也有轮回，即使没有，那些曾经名噪一时的主持人，他们的风格对新的、年轻一代的主持人也会有一定的借鉴作用。因此本书保留了对崔永元这位曾经在中国电视界独树一帜的优秀主持人的分析和研究。

第一节　精约型风格的语言特点

在修辞学中，精约是一种风格，这种风格在《文心雕龙》中有这样的定义："精约者，核字省句，剖析毫厘者也。"周振甫的译注为"精简的，是节省字句，剖析入微的。”[①]

崔永元在节目中的话语很少，少到可能一句提问就几个字，他的主持语言恐怕是本书所分析的主持人中最精简的。正如有一次他在《天天向上》接受汪涵的专访时说：“我的特点其实是话不多，我算过，有一次采访，我一共才说了 100 多个字。”虽然往往就几个字，却大有深意，往往机智幽默、引人深思，正所谓“核字省句，剖析毫厘也”。

说到语言特点，作家刘震云曾在评价崔永元时讲述过这样一个故事，说在他（刘震云）家门口，有一位祖籍安徽在北京做烧饼、卖杂碎汤的大哥，和全国观众一样非常喜欢崔永元。有一次和刘震云聊到崔永元，卖杂碎汤的大哥说，就是喜欢崔永元，还说了一句意味深长的话，“这个姓崔的，说话就是跟别人不一样”[②]。说话和别人不一样，就是语言有意思、有特点。语言是思维、情感、心灵的呈现，也是体验的外显。语言不仅仅是表达，还有着双重含义：一是“说明性含义”；二是“情感性含义”。[③]“我们想要增进自身理解语言和运用语言的能力，就不能专靠加强我们对语言的说明性含义的认识，还得依靠社会经验，在不同的情形里与不同的人打交道和阅读文学作品等方法，使自己对语言的情感性成分能有更加深切的了解。”[④]显然，崔永元深谙这一点，那么，他的主持语言有何特点呢？

一、换位投射

崔永元的语言很简练、很讨巧，在他的主持语言中具有“换位投射”的特点，即“将感情投射到客观对象上，如黄河、大山、天体、植物，这样情感便呈现为物态化。但这种物化是移情式的，或者也有直接把情感说出

① 周振甫. 文心雕龙今译[M]. 北京：中华书局，1986：257－258.
② 崔永元. 不过如此[M]. 北京：华艺出版社，2001：6.
③ 早川 S，早川 A. 语言学的邀请[M]. 柳之元，译. 北京：北京大学出版社，2015：92.
④ 早川 S，早川 A. 语言学的邀请[M]. 柳之元，译. 北京：北京大学出版社，2015：101.

来的，不过即使说出来也是对象化”[①]。比如，在《小崔说事》一期节目中，邀请的嘉宾是房地产商王健林，他曾经拥有一个足球俱乐部，后来撤资。请出嘉宾王健林时，崔永元拿足球说事。

崔永元：您看这个足球跟过去的足球不太一样。

王健林：对，不一样。

崔永元：过去黑白的，现在颜色多了。您觉得一个足球里，黑的多，还是白的多？（2009 年之前，中国足球在各地发生了假球丑闻事件，观众都清楚崔永元有意用黑白是非的概念来探王健林的态度）

王健林：看在什么地方了。

崔永元：就在足球上。

王健林：（迟疑了一下回答）黑白相间吧。

崔永元：但是咱们中超好像黑的比较多。

王健林没有接话，只是呵呵一笑。但是观众已经感觉到了崔永元与嘉宾的机智交锋。黑和白从字面理解好像只是在讨论足球的颜色在过去和现在有何不同的问题。但是黑和白在中国的语境中，还有是非对错之意，并且当时中国足球正经历假球丑闻事件，一个主持人如果无法对语言的情感性成分有更加深切的了解，是不可能提出这样机智的问题的。崔永元把情感投射到足球这样一个物体上，借此探知嘉宾的内心想法。这种语言特点在崔永元的节目中经常可见。比如在采访作家阿来的一期节目中，崔永元就巧妙地把情感转移到动植物身上，以探知作家阿来的内心世界。

崔永元：我们特想知道，每一个作家的童年是什么样的。如果他的童年都是一样的，我们就可以决定，我们以后是当作家还是不当作家。您的童年是什么样的？听说是放羊

① 刘恪．现代小说语言美学［M］．北京：商务印书馆，2013：425．

好像是。(观众笑)

阿　来:对,童年。现在很多人我很羡慕,受教育很好。我到十七八岁的时候,我还不知道作家是个什么东西。因为农村小孩,我们大概六七岁,就要帮家里干活,最要干的活就是放羊。那个时候我舅舅是一个独身,生产队有几百只羊,就是他放。那个时候我妈妈就会跟我说,你没事就去帮舅舅放羊。

……慢慢你就觉得,建立了跟草木、树木之间的联系,……小时候我们觉得很无聊,经常把一个蚂蚁的巢打开,就跟它们说话。

崔永元:我们很好奇,您跟它说什么,跟草、跟石头、跟树说什么?

阿　来:就问它你要干什么呀,我叫什么名字。(观众大笑)

崔永元:它怎么回答呢?(观众大笑)

阿　来:它不回答,但是你觉得它回答了。(观众会心一笑)

崔永元:哦(恍然大悟的样子),所以当您写小说的时候,就是把您自己的对话,加上它们的回答,凑到一起,就得了茅盾文学奖。(观众大笑)

这里面,崔永元提问的话很精练,却剖析入微。一问一答和阿来展开了一段机智幽默的对话,这是脱离了低级趣味,进入人生一种更高境地的对话。崔永元当然知道动植物不会说话,但是他就是故意这样问,用换位投射的语言表达方式代替观众发问,探寻一位作家的心路历程:小时候的阿来,在那个放羊的人生阶段,拥有怎样的心境?他是如何与自己的心灵对话的?阿来的那段经历有着怎样的一段生命体验?换位投射的语言表达方式是崔永元突出的语言特点,也是他所擅长的。

二、反讽语象

词语是语象的物质形式,语象是一种形式、一种经验、一种形象。在崔永元的主持语言中，总是会呈现这样一种反讽语象：

> 反讽语象制造的是诙谐幽默、讽刺批判。外指为语象的拼贴与租借，内指为一种思维与智慧，中国旧时称为谐趣，大体都在笑话中。今天的文风讲究的是冷幽默，不动声色，你笑我不笑，所谓无厘头式。有许多语象单从表面也看不出什么反讽，要借助语境理解，借助事件、人物前后的差异理解，因而许多反讽是结构性的，或者叙事态度上的。①

崔永元的主持语言诙谐幽默，单从他的语言表面也看不出什么反讽，只有进入到整个节目的语境中，借助事件、人物前后的差异理解，才能体会得到。

在《小崔说事》一期节目中，采访画家韩美林。崔永元为了勾起韩美林对一件往事的追忆，展开了如下对话：

崔永元：讲讲您高兴的事、快乐的事。听说有一次，反正我听说了挺高兴，说是哪年啊，2004 年还是哪年，您的脑袋被那个铁栏杆给夹住了。（观众大笑）

韩美林：那个事我干脆向大家讲一下。我是国家体操队的艺术顾问，……我怎么夹的脑袋呢？雅典奥运会上我们孩子都不行，都输了，……完了我着急了，就这次奥运会我没去。我买上票以后就赶快去，去看望他们，可是我看不到他们，我在主席台上，前面是意大利总统，后面是日本皇家，都是这样一些人。我看到，这儿是一个杠子，这杠子，大粗杠子，这么粗，中间一个空，看到以后我说李小鹏，我说张楠，看着挨个儿地叫，他们都过来了，高健也过来了，黄玉斌都过来，过来握手。那个时候我就把头（从杠子中间的空）塞过去了，不自觉地塞过去了，我就

① 刘恪．现代小说语言美学［M］．北京：商务印书馆，2013：511．

握手，握完了以后又叫李小鹏，李小鹏说“我都握了两次了，还要”。那会儿不知道怎么好了，大家说我们一定下一次怎么怎么怎样，那个时候他们说，他们感到不是韩美林来了，他们感到是祖国来了，因为(之前)没有人捧他们，没有人给他们鼓励。……所以我也忘了情了，结果把头塞进去了，没想到拽不回来了，拽不回来了，这个耳朵这一挡，怎么回来？回不来！回不来以后还是那个日本天皇家里，也不知道哪个家属搂住我，硬把我拉了出来。这(下巴脖子处)都破了，但是我感觉我挺高兴的，我给孩子们长了劲儿了。

崔永元的提问诙谐幽默，而且是冷幽默，在不动声色中用无厘头的提问引出了韩美林的精彩回忆。这样的提问，如果不进入语境，就体会不到反讽语象，也体会不出其主持语言中的智慧。我们说一个人脑袋被门夹了，通常带有夸张和戏谑的成分，这里，崔永元用一句“您的脑袋被……夹住了”的语言呈现出的反讽语象，赢得了观众的笑声和好奇心，并且成功挑起嘉宾回忆往事的表达欲望。这样一个提问，把韩美林真实、可爱的一面勾勒了出来。主持人把对方脑袋被栏杆夹住了的尴尬往事当乐事来问，可爱的老人把尴尬往事当成趣事来分享，观众看得是乐在其中，从中体会到的是一份个人与国家的深切感情。

反讽常用的方式有讽刺、反语、幽默、嘲弄、讽喻、挖苦、滑稽、曲解、自嘲、戏仿、玩笑、自我否定等。刘恪主张深度反讽，他认为“把反讽深藏在语象背后，引而不发，含而不露，使小说中有一种曲折的大智慧与大人生态度”①。拿他的话说，深度讽喻是用一种农民式的人生智慧对待尴尬。

① 刘恪. 现代小说语言美学[M]. 北京：商务印书馆，2013：511.

第二节　精约型主持语言中的人生体验特点

优秀的主持人不仅善于体验自己的生命，也善于激发嘉宾和观众的人生体验，崔永元便是极为擅长用语言去激发他人的生命体验的主持人。我们在崔永元主持的节目中可以强烈感受到这一点。

《小崔说事》有一期节目请来的访谈嘉宾是作家陈忠实。陈忠实说自己十分欣赏作家柳青并喜爱读他的《创业史》，他表示柳青的作品带给他巨大的艺术享受。在节目中，陈忠实提起了一段自己在农村生活的体验，感慨自己当年把村里的牲口以及土地分给村民时，与之前柳青召集村民把土地和牲口集中起来，这一分一合的反差，浓缩了历史的变革。陈忠实说自己在做完分土地工作的那天夜里，骑着自行车回家，路过一个开满荷花的池塘，月亮在头顶高悬，他想到自己当天在村子里的举动，和柳青20世纪50年代在长安县的用心，正好构成对比，感慨万千，于是他从自行车上下来，在荷塘边抽起了烟。回忆到这里时，陈忠实的心情有些沉静，仿佛一下子又置身于当时荷塘月色的环境中。崔永元抓住这一刻，与嘉宾展开了精彩的对话：

崔永元： 您当时有没有想过，如果柳青先生当时在荷塘的另一边出来说，陈忠实同志，你要干什么!？您会怎么回答他？

陈忠实： 这个问题我当时就产生了。我说柳青如果活着，我去见了柳青，我们该说什么？没法说了。生活的变迁，他和我应该是两代人。我们的精神历程、心理感受，截然不一样。时代给人精神和心理造成的，拿作家来说，就是新的体验。

崔永元： 从创作上来看，其实这种大起大落对创作有好处，容易让情感丰富、故事精彩，但是从心理承受的角度来讲，可能不是一件特别快乐的事情。

陈忠实：从我个人经历来说，我也有一个精神，我后来把这叫作剥离，不光是文学创作上的剥离，精神和心理上我也完成了一个剥离，跟柳青还有很多相似之处。

崔永元：剥离？剥离开，抽离出来？

陈忠实：为什么？你想从我懂事开始，从50年代上中学，一直接受的都是集体主义教育啊，柳青当年做的工作我年轻时候也做过，但到80年初叫我去实施把这个土地分开，这会儿且不说跟柳青那个相反，我自己心理上都形成这么一个对撞吧。所以这个体验，就完全属于我这个作家个人的。如果没有在农村，没有这个生活经历，那可能就没有我这种直接的心理体验，所以这个过程是一个很复杂的过程。我后来把这种精神历程，心理所经历的历程，叫作剥离。必须剥离旧有的那些理念，包括你生活经历中的一些固有的理念，形成新的思维。

这里面，崔永元的话依然简约至极，但是却成功地激发了嘉宾的人生体验。前面我们提到过体验的途径，来源于三个渠道：个人自己的体验；对他人体验的领悟；由观念推导和深化的体验。显然，崔永元是善于借助他人的生命体验去领悟的。生命体验是基于本体的存在有限性，通过生命体验进入一种更深层次的生命境界，寻找生命的价值和意义，从而超越生命本体存在的有限性。如何理解呢？比如陈忠实在那个夜晚、那种场景下，产生了一种特殊的生命体验，即他与柳青穿越时空的、假设性心理对话的一种复杂体验。这是陈忠实在体验中的瞬间感受，这个瞬间虽然是短暂的，但却永恒地存在于陈忠实的生命中。“人的瞬间体验总是由对过去的回忆和对未来的期待所充实。所以，生活的每一瞬间都依其在短瞬的连续中的地位而具有特殊的意义。短暂结构与生活范畴的这一关联使人成为历史的存在。人意识到自己的生活是历史，这使人能领会到一般的历史，并为之做出贡献。"[1]如果我们认识到这一点，那么我们就可以把握到生活中的这一瞬间。主持人通过同情（或移情）进入他人的生命体验，去领悟他人在生命体验中那个瞬间的感受。崔永元能够领悟陈忠实的人生体验，进入到他那个永恒的瞬间体验中，借用一个情感假设便把问题机智地抛了出来，引出了陈忠实精彩的一段讲述。

在节目中，崔永元和陈忠实还聊到了文学艺术创作，其实这正巧也是关于体验与艺术创作的话题。对于艺术创作者来说，丰富的生命体验是艺术创作的源泉。体验不仅仅是快乐的、幸福的，也有苦闷和煎熬，这些体验未必让人感到舒心，但在艺术创作中，悲伤的体验往往也是艺术作品生命力的一种表现。陈忠实就这个话题从文学的角度谈了体验与艺术创作的关系：

陈忠实：我说关于创作的概括和理解，作家这种创作活动，海明威给了一个最准确而又最生动的概括——寻找属于作家的句子。为什么这么说？寻找这个句子，海明威说寻找的句子不是我们一般概念上的句子，文字的那个句子，而是要寻找作家对社会、对人生的独立体验，而且是独特的体验，不仅独立，而且独特，而且表述出来后能引起更广泛读者心灵回应的这么一个句子。这个句子只能是作家的，不能是别人的。

崔永元：我们知道您在写这个书的时候，您的状态跟这个人物一起生离死别，一起喜怒哀乐，那是个什么状态？

陈忠实：这个说起来人物很多，我就说一个人物，那个记忆特别深刻，就是写到那个小娥，鹿三从背后捅了她一梭镖，小娥回过头叫了一声，"大呀"，然后就死掉了。写到这儿的时候，我当时眼睛就黑了。小娥喊出那一声'大呀'的时候，我那个文字写到这儿的时候，两眼全黑了（陈忠

---

① 刘小枫．诗化哲学［M］．济南：山东文艺出版社，1986：105．

实情绪有些激动，稍作停顿）。一个生命就这样结束了，而且是以亲情相屠这样一种残忍的形式。其他人物也有死亡的时候，生命终结，也有感伤，但没有达到小娥死的时候这样两眼发黑，这样一个状态。

崔永元：笔在您手里，您完全可以让她接着活啊。

陈忠实：那个时代，她的个性、她的人生历程，只能活到这儿。

这是一段精彩的对话，也可以说是主持人出色的主持艺术创作。精彩在于，作家陈忠实的情感体验能够引起观众的共鸣，而这样的分享正是基于主持人善于激发对方的体验。崔永元问到陈忠实在艺术创作中与书中人物一起生离死别，一起喜怒哀乐，那是个什么状态，这其实是试图通过提问激发嘉宾的生命体验，并带领观众一起进入嘉宾所体验到的那个世界，去感受那瞬间的痛苦、紧张、美妙、剧烈的生命体验——“小娥喊出那一声‘大呀’的时候，我那个文字写到这儿的时候，两眼全黑了。”这是深刻的体验，也是悲痛的体验。在艺术创作中，对苦痛的体验也有着积极的意义：

人因天禀生命力而具有无限开发的可能性，活的血性的感性、意志、直觉是本能的自由的生命显现。寻求浅薄的快乐，绝非人的神髓。充实的人生，固然伴有深切的满足之感，但也伴有深切的苦痛之感，人对于痛苦经验的深浅，乃表示他生命力充实的程度。坚强的本能、意志是人的理想的人格，这是毅然决然独步人生的道德。①

陈忠实先生的悲痛体验正是对上面这段体验论最好的诠释。崔永元“笔在您手里，您完全可以让她接着活啊”这些启发式的话语，有效地激发了受访者的体验。陈忠实所述的创作体验，也正是一次深刻的审美体验过程。

---

① 刘小枫. 诗化哲学[M]. 济南：山东文艺出版社，1986：128 – 129.

> 审美体验的一个重要特征，是伴随着紧张、剧烈的内部活动，甚至外部活动。我们的审美感知、审美想象、审美情感等都处于一种极度兴奋、高亢、热烈的状态，它们共同形成一股强大的生命之流，向我们奔涌而来，令我们热狂，使我们热血沸腾、心跳加速、浑身充满活力。这种情形虽然常常只有短暂的时间，甚至如苏东坡说的“稍纵即逝”，但却同样令我们愉悦、欣喜若狂。①

无论是在生活中还是在艺术创作中，体验都是不可或缺的。陈忠实无疑是善于体验者，任何了不起的艺术家都是善于对生命进行体验的人。

在主持节目时，崔永元的话确实不多，大多数时间和观众一样在倾听，但是在倾听的同时，崔永元也能够进入到嘉宾的生命体验中，因此问题提得很在“点”上，这个点即是时间点，也是两个对话者能够进入同一个生命体验中的那个点。透过节目文本分析，我们可以很强烈地感受到，主持人是否拥有丰富而深刻的生命体验，是否善于激发他人的生命体验，这直接影响到主持人的主持艺术创作，以及其主持艺术风格的构建。

在节目中，茅盾文学奖获得者阿来坦言，虽然自己只是中专文凭，但对阅读的痴迷、对文学艺术的热爱，使自己从小到大都甘之若饴。阿来讲述了自己青年时期看电影《望乡》的经历：

阿　来：我记得我上学的那个学校，和(距离)那个州府其实有八九公里。我们那个师范学校，我每次为了看好一点的电影，那个时候买不起两毛钱、一毛钱的公共汽车票，都是徒步去的，然后又徒步回来，而且也不敢在街上吃饭，背两个冷馒头，……居然就这种方式，我看《望乡》看过三遍。……现在大家都觉得看这样的电影无所谓，但是在80年代，那个真是就是那种对我们来讲……(《望

---

① 王一川．审美体验论[M]．天津：百花文艺出版社，1992：114．

乡》是一部日本影片,讲述的是日本贫苦妇女阿崎被骗卖到南洋当妓女的悲惨境遇)

崔永元:那个时候我们家长都不让我们看。他们说,不能看这个,但是他们老看。(观众大笑)

崔永元的话很简练,却引来观众会心的一笑。崔永元的这句话透着那个年代特殊的审美体验。崔永元和阿来的语言让我们看到了属于他们那个年代的体验,对美好事物的痴迷和向往,这是一种惊羡体验。"惊羡体验,是中国现代性体验的基本类型之一。惊羡,是个体对于外在事物或事件的内心震惊与羡慕相互交织的反响状态。在这里,震惊中交织着羡慕,羡慕则渗透在震惊中。"①语言总是带着它们自己那个时代的特殊审美体验。阿来的语言带着那个年代的烙印,有怨恨体验,也有惊羡体验。崔永元的主持语言也激发了观众对那个特殊年代的体验。但无论在哪个时代,艺术在语言中,都呈现着不同的生命体验,最终都要走向大地,走向大地上的人群。

第三节　精约型风格对观众的影响效果

一、精约型风格的构建与生命体验

以崔永元为代表的精约型主持艺术风格,其特点是在最精练的语言中流露出最深刻的人生体验。如果我们适当地了解一点崔永元的经历,或许更能理解他的这种风格。有些人,命运早早就钟情于他,给予他真挚的情感让他驰骋于体验的世界,让他从小就对生命有着专属于他的独特体验。假如生活不丰富,情感不丰富,那体验也就无从谈起。如果从生命体验角度来

① 王一川. 中国现代性体验的发生[M]. 北京:北京师范大学出版社,2001:260.

说，崔永元就是这样一个幸运的人，他的成长似乎总是和简单、有趣联系在一起。

据崔永元自述（自传《不过如此》），他出生在天津，成长于北京农村和城里，小时候的他怀有一个英雄梦。这和他出生的那个年代有关，宣扬英雄主义；英雄拯救国家、民族、人民；英雄总是在千钧一发之际出现，拯救困顿中的人们。英雄情结让人热血沸腾，英雄情结也注入了一个拥有丰富情感和敏感心灵的孩子心中。7 岁时，崔永元因为看了海军航空兵胡业桃挑电线救人英勇牺牲的故事后，便偷偷地去摸电门，结果从窗台上摔下来，半个膀子麻了许久；他还因为看了《地道战》，学着里面的英雄在寒冬里尝试顺着井壁撑到井底，幸好被大人及时发现救了上来。诸如此类淘气而惊险的"英雄"事迹在崔永元的童年有不少，不过命运似乎对这个淘气的孩子有些垂爱，并没有在危险发生时带走他，反倒让这些经历留给他不一样的体验。或许，这些是他最早对纯真、勇敢、正义等美好情感的体验吧。人们对英雄的崇拜，是因为英雄可以被杀害，但不会被打败，英雄有士可杀不可辱的气概，这种气概所呈现的是崇高的、伟大的人格。英雄往往有一种坚韧不拔、不屈不挠的精神力量，不过，英雄往往是独醒的，更是孤独的。

崔永元在农村上过 3 年小学，农村生活对他影响很大："3 年不长，打下了一个朴实的底子"，自嘲后来当了主持人"无论怎么打扮，都包不住一股土气，欣赏的人说，真诚，善良"。因为这一份体验，在崔永元的主持艺术风格中，我们能够感受到一份真诚与质朴。童年的崔永元疯狂痴迷小人书（连环画）。小人书是中国传统艺术，在那个娱乐生活单调的年代，小人书是当时许多青少年的重要读物。精练的文字、精美的图画，以及强烈的艺术表现力，给孩子的心灵带来极大触动，也给人留下无数美好的回忆。小人书往往赋予一个孩子丰富的想象力、敏锐的洞察力，孩子丰富的情感在小人书的世界里奔溢，这种情感是欢愉的，也是至纯至真的。心理学家在对精神分析与人格发展研究时认为，人格的发展受到青少年成长经历的影响很大，而“能促进人格成长的学习方式，会使人以热情、诚恳的态度来体验生命，即使过程是痛苦的。这种学习鼓励改变，因为改变激发成长，并且支持一个人为自己思考，从而成为更真挚的自己”①。可见，崔永元的“有趣”多少受到他小时候痴迷于小人书的美好世界的影响，进而也影响到他日后的主持艺术风格形态的构建。

在前面章节中，我们简要地讨论过诗与体验的关系。一个优秀的艺术创作者也是诗者，总是具有诗人的情怀，可以把自己的生命诗意化，并且把这种诗意呈现在自己的艺术作品中。崔永元喜欢诗，他喜欢的诗人不少，有应修人、海涅、北岛等。他爱诗，读诗，也写诗。

友谊在嫉妒下流血（节选）②

友谊，
在嫉妒下淌着鲜血，
多少高贵的理想，
就像泡沫一样。
……

崔永元把他对友情的体验通过凝练的诗句表达出来。在我们的生命中，友情有时候比爱情来得忠贞，是人生挫败时的避难所，遗憾的是，“利害是真正友情的试金石，经得住一试的未免太少了！”③正如崔永元的诗句，有些友情在试金石下如同泡沫，很快便消散在空气中。

乞丐和英雄（节选）④

伸出你肮脏无力的手，
乞讨吧，

① 沃德尔．内在生命：精神分析与人格发展［M］．林晴玉，吕熙宗，杨万峰，译．北京：中国轻工业出版社，2017：123.

② 崔永元．不过如此［M］．北京：华艺出版社，2001：55.

③ 李长之．司马迁人格与风格［M］//李长之文集：第 6 卷．石家庄：河北教育出版社，2006：267.

④ 崔永元．不过如此［M］．北京：华艺出版社，2001：56.

像个英雄，
在要命令。
他们并不可怜，
他们可敬。
他们可以在风雷中无声地逝去，
他们却在门洞里、屋檐下
和狗在一起
延续着
可以不必延续的生命。
他们
是英雄。……

诗是诗者对生活的观察、对生命的体验，诗（艺术作品）是诗人（艺术家）与其生命体验最深刻的关联。狄尔泰在其《体验与诗》中指出：

> 我们在这生活中找到了他的诗与之相连接的生活经历，找到了决定他的创作形式诸时期的他的生命状态的诸时期，而这些作品又让我们在他为此而找到的各种象征中把握他的生命状态和包含在其中的各种情绪的范围。①

对于艺术创作者来说，体验是从感性个体的内在感受出发，力图去把握生活的意义和价值。我们透过诗句，看到的正是诗人的生活、诗人的体验。在中国审美意境中，诗更多的是一种浪漫的、生生不息的生命意境，一种欣欣向荣、绵延不断的生命精神。然而，要想追求这样的精神，将生命诗意化，就要做到“精神上的真自由、真解放，才能把我们的胸襟像一朵花似的展开，接受宇宙和人生的全景，了解它的意义，体会它的深沉的境地”。崔永元的有趣、崔永元的诗意，都是在追求精神上的真自由、真解放。因此，他能够体验到生命那深沉的

① 狄尔泰．体验与诗[M]．胡其鼎，译．北京：生活·读书·新知三联书店，2003：363．

境地也就不足为奇了;他的主持艺术能够自成一派,形成自己独特的主持艺术风格,也是自然的了。

二、精约型风格对观众的影响效果

崔永元给观众最深刻的印象莫过于语言简练、幽默机智,而这份幽默与睿智背后是一份纯真与深沉。保有一份童真才有趣,情感深沉才能思想深刻。纯真与深刻并不矛盾,因为纯真,才能感受到深刻。有时候,越是纯真,越有力量。比如在采访韩美林的那期节目中,崔永元看着像孩子一样展示自己画的小动物的韩老先生,话锋一转,用孩子似的提问方式发出一个疑惑:

崔永元:可是韩老师,我有一个问题想问您。为什么有时候,人和人的时候,那么下得了手呢?

崔永元要问的是“文革”时期,韩美林遭“红卫兵”挑手筋的经历,但他并没有直接问,而是很简单地问为何人与人之间那么不同。一向不言苦的韩老先生顿了一下,回答到,人没有吃不了的苦,只有享不了的福。他并不喜欢回忆这些苦,只希望给大家讲一些快乐的事情,大家乐呵乐呵就好了。无论是什么样的话题,什么样的情绪,崔永元总是可以把问题问得很巧妙,他的问题总是很简单,有时候还带着孩子般的淘气,但是却总能带给观众一笑,更重要的是还能引发观众的深思。

在精约型主持艺术风格中,语言总是简练的,但是简练的语言却往往寓意深刻、睿智幽默。幽默是人类智慧的高级体现,机智的人也应该是幽默的人,是可以对酒当歌、笑对沧桑的人。想要拥有这种幽默机智,只有摆脱对权势名利的贪慕,摆脱对物质金钱的迷恋,在精神上追求真自由、真解放,才能从内心生出纯真,才能体验到生命中那些美好的事物。纯真能带给一个主持人最直接、最动人的智慧。

正如老子所言:"含德之厚,比于赤子。"[①]崔永元带给观众的是欢笑,但是这份欢笑背后自有深意,观众仔细咀嚼便能品出其中的味道,正因为这份需要仔细咀嚼的回甘,才让大家喜爱他的主持风格,甚至怀念他的主持。

① 陈鼓应. 老子注译及评价[M]. 北京:中华书局,1984:269.

第五章　果敢型风格——金星论

第一节　果敢型风格的语言特点

金星的主持艺术风格很突出，从她的主持语言中就能看出。金星的主持艺术风格与她个人的生命体验有着明显的关联。在《文心雕龙》中，刘勰说“仲宣躁锐，故颖出而才果”。周振甫译注“王璨急躁而勇锐，所以锋芒突出而果敢有力”①。金星也同样具有这样的风格。节目主持的语体风格是“事物的审美感受，又是语言形式的美感，我们可把文体、语体、风格诸要素作为一种审美的形式感”②。以金星为代表的果敢型主持艺术风格其主持语言特点极为突出，带给人的审美体验也是强烈的。那么，果敢型的主持艺术风格有哪些语言特点呢？

一、达观嘲讽

前面我们提到过，从一个人语言的语调中可以感觉到各种各样的情

① 周振甫. 文心雕龙今译[M]. 北京:中华书局,1986:259.
② 刘恪. 现代小说语言美学[M]. 北京:商务印书馆,2013:211.

感方式。“我们由情感的性质说语调,我们便可以把语调分成:孤独忧郁的语调(郁达夫式),稳健沉郁的语调(叶圣陶式),严峻冷漠的语调(鲁迅式),达观嘲讽的语调(老舍式),热烈激越的语调(周文式)。”达观嘲讽中嘲讽的真正用意是抱着一份达观的心态,对社会现象进行针砭。与壮丽型的批判、典雅型的柔婉、精约型的机智、远奥型的温润、新奇型的搞笑、显附型的熨帖、繁缛型的才情相比较,果敢型的主持语言特点最为突出,爱恨分明、直抒胸臆、一言不合就开骂。对社会不良风气,大有不骂不爽、一吐为快之感。金星是这个风格最典型的代表,金星的炽热、刚强、真实,化作一种无形的力量,在她的主持艺术风格中倾泻而出。

在《金星秀》的一期节目中,金星聊到关于中国人在国外假结婚拿绿卡或赴美产子等社会现象,其中讲述了自己的一个姐们儿,当年为了享受外国的优越生活,抛弃工作,抛弃中国男友,嫁给了英国商人移民伦敦。过了几年相夫教子的生活后,眼看着国内的朋友风生水起,她便也想回国发展。结果英国、中国两边跑,家里后院起了火,气急之下要离婚,找金星哭诉。金星讲述与她姐们儿的对话,语言犀利至极,可是观众听后却拍手称快。

金　星:我当时就说,现实点好么姐们儿,你现在连一份正式的工作和收入都没有,还离婚?到时候英国法院看你没有收入能力、抚养能力,直接把孩子判给你的男人!我看你还是别在国内瞎折腾,赶紧回家吧,赶紧回英国吧!结果你知道她说什么吗?

沈　楠(副主持):不知道。

金　星:她哭着跟我说:“金星,你知道吗?我那次专门带孩子看你们舞蹈团的演出,就是要告诉我的孩子,妈妈在中国的朋友都是这个级别的(金星作了一个抬高的手势,意思为很高的层次),所以妈妈在中国的生活也应该是这个级别的。”

金　星:我当时听了她这句话以后,我火大了,我当场就开骂了。我说你这个女人活得怎么这么浑?你在英国好好地相夫教子,干吗非要回到中国来捞一桶金呢?舞蹈你是跳不动了,娱乐圈你也混不进去了,谁要你啊?三十年河东,三十年河西,你已经不是当年那个风光的你了!

沈　楠(副主持):姐,说实话你这话有点狠。

金　星:没办法,恶人总得有人来做吧,不狠狠地骂,有些人一辈子都不清醒。她当初(因为)功利心移民英国,毁掉了爱情和事业,我不能眼睁睁地看着她,再因为功利心的驱使,毁掉她现在的家庭。

沈　楠(副主持):姐,那她后来清醒了吗?

金　星:清醒了。其实吧,在国内混了两年以后处处碰壁,她早就清楚,要想靠自己的力量,重新在中国搏出一片立足之地,已经不太可能了,只不过是碍于面子强撑着,后来她就回了伦敦。要说咱们中国女人还是很厉害的,一手安抚英国老公,一手赶走了西班牙"小三",跟着找了一个当地的舞蹈社工作,教一帮英国大妈跳舞,也算是发挥余热了。回头她还挺有成就感,把她那个教学视频给我寄过来,问我,"星儿,你看,这帮英国大妈跳得怎么样?"我看完以后说,"嗯,挺好的,跟咱们国内广场舞大妈水平一样的。"

金星把自己对朋友哀其不幸、怒其不争的情绪毫无保留地直接抒发了出来。三度开讽,一次比一次狠。第一次讽刺姐们儿被虚幻名利蒙蔽心智,活得一个浑样儿;第二次讽刺犯迷糊的人不骂不醒;第三次调侃英国大妈舞蹈水平并不比中国大妈广场舞水平高。对于这些嘲讽观众却并不反感,反倒觉得听来过瘾,认为金星骂得好骂得妙。这或许是因为在现实生活中,我们身边都有可能出现这样的好朋友,他们简单善良却容易犯糊涂，为了虚名、利益做出一些傻事。但是，往往只有真正的朋友才会急你所急，想你所想，不敷衍、不奉承，往往能够直击你犯下的错误，给予最严厉的提醒。当然，并不是所有人都接受这种训骂式的劝告，肤浅的人甚至会认为这是在羞辱他、挖苦他。

有些时候，嘲讽和挖苦并不是真正的取笑。杨绛评《傲慢与偏见》中的一段分析，或许可以帮助我们理解主持艺术中的"嘲讽"含义：

> 奥斯丁对她所挖苦取笑的人物没有恨，没有怒，也不是鄙夷不屑。她设身处地，对他们充分了解，完全体谅。她的笑不是针砭，不是鞭挞，也不是含泪同情，而是乖觉的领悟，有时竟是和读者相视目逆，会心微笑。①

金星对不良行为和风气的嘲讽，并不像有些主持人展现出一种高高在上的嘲讽、批评的姿态，而是把自身置入其中，即我们每个人都是芸芸众生中一员的姿态。金星之所以能够把握好这个度，多少与她个人的人生遭遇和生命体验有关。丰富的人生体验通过理性的反思，便让人容易透过生活表象把握到问题的本质。金星这种直抒胸臆的讽刺并不是如同对待敌人般的真痛恨，也不是为了显示自己高人一等的聪明，而是在对生命的深切体验之后，用一种炽热的、直接的，甚至是激烈的表达方式把体验呈现出来，这种方式归根结底是善意的、友爱的。

二、情感凝练

前面在主持语言特点与体验中我们提到，透过主持人的主持语言特点，多少可以探知其生命体验。"因为语言一旦进入表述系统，我们便视为一个认知结构。任何语言我们不可单纯地看待它，语言的背后是思维、情感、事物，而且它们与语言不是一对一的呼应关系，而是极为复杂地交

① 杨绛. 有什么好？——读奥斯丁的《傲慢与偏见》[M]//杨绛全集：第2卷. 北京：人民文学出版社，2014：247.

织在一起。”[①]看《金星秀》，除了感受金星直抒胸臆的犀利嘲讽之外，许多观众都喜欢听她的“金句”，这些句子凝练着金星的情感，凝练着她的人生体验。

(1)人不犯我，我不犯人；人若犯我，礼让三分；人若再犯，斩草除根。

(2)真正的性感不卑不亢，也不张扬卖弄，而是尊重一种自然存在，去释放它正常的光亮。

(3)女人可以狠，但不能毒。

(4)我不想改变世界，也不想被世界改变。

(5)只有付出到头的舞者才配谢幕。

(6)站在山顶，感谢那些曾经的善意与恶意。

(7)我不跟符号说话，也不跟官衔说话，我只跟“人”说话。

(8)这社会上说真话的人不多，但好在喜欢听真话的人还挺多，因为，听真话痛快。

(9)我对事情尖锐，对人柔和着呢。

(10)力量不是凭空而来，而是命运千锤百炼着我。[②]

这些句子或许听上去有些犀利，有些嘲讽，但却都是金星的人生体验。这些话语之所以受到一些观众的认可和追捧，是因为它们引起了大家的情感共鸣，这些话语道出了一些生活哲理。金星是有着强烈表达欲望的主持人，她热切渴望借助脱口秀这种形式来分享她独特的生命体验。诚如金星自己所说：“我留在这儿，想见证这个民族是怎样变化的，我想知道我在这个变化中能做什么。我慢慢感觉到我自己身上出现的一种使命感：代表一个声音，一个态度。”[③]正是这样一种强烈的使命感，才让她在节目中急切地想要表达，通过热烈的语言表达出她对生命丰富而深刻的

① 刘恪．现代小说语言美学[M]．北京：商务印书馆，2013：238.

② 金星．掷地有声[M]．长沙：湖南人民出版社，2015．另有部分摘自《金星秀》节目。

③ 金星．掷地有声[M]．长沙：湖南人民出版社，2015：290.

体验，她所体验到的苦痛、丑陋、快乐与美好。"金句"正是金星浓烈情感和深刻体验的凝练。

三、副语言

运用副语言加强自己的风格构建，是金星擅长的。金星在其脱口秀节目中，穿着各色漂亮的旗袍亮相；加上她是舞蹈家，善于运用眼神、手势等肢体语言，使人眼前一亮。旗袍服饰等副语言增强和烘托了她的主持艺术风格。副语言运用得当会给主持艺术增光添彩，不过，副语言的运用，需要"注意传承性，体现民族性"，"防止一讲共通性就全盘西化，丢掉我们民族的特点，在表达时一感慨也耸肩膀，这不符合我们民族的表达习惯，应注意吸收民族的精华，将其继承下来，在副语言的表达中体现出民族性格、民族审美意识和追求"①。旗袍是中国传统服饰，也代表了中国传统的审美品位。从某种意义上说，传统的回归传递给人的是一种精神上的回归。旗袍是一种外在表象，也是一种回归生命本源的象征，带给观众踏实感、力量感，当然也呈现出一种主持艺术的美感。

第二节　果敢型主持语言中的人生体验特点

金星是善于对自我生命进行体验的人，却似乎并不十分善于激发他人的人生体验，这或许是因为她自身的生命体验太过深刻、丰盛，以致在节目中，她常常会因为表达自我而忘了给嘉宾留出更多的空间。因此，金星在《金星秀》（即在个人脱口秀）环节中是充满魅力、光芒四射的，但是在《金星时间》（即嘉宾访谈）中，就显示出了作为专业主持人的些许不足。对嘉宾的提问往往问得不够深入，在刚要问到点儿上，可以深入的时

① 姚喜双．播音学概论[M]．北京：北京广播学院出版社，1998：75－76．

候，或者正好可以启发嘉宾的内在情感体验的时候却戛然而止；对受访嘉宾的内心世界挖掘得不够深，有时候甚至问得有些随性，这和金星不曾受过与记者、主持人相关的专业训练有关。

如果在生活中，不善于启发他人体验，或许是一种好的表现，懂得保持距离，尊重他人，不过分探秘他人内在情感和个人生活，但是作为专业主持人，在面对嘉宾时，懂得激发和探寻对方的内在精神世界，却是很有必要的。当然，金星个人的生命体验是丰盛的，这丰盛让她在节目中能有足够多的体验分享给观众，观众能从她的体验中获得对生活、对生命更深刻的理解，进而喜爱金星本人。金星的这个不足，并不影响观众对她的喜爱，实在是因为她的主持艺术风格太突出、太成功了。在脱口秀的个人展现部分，金星的魅力是强大的，她的语言有锋芒、有趣味，针砭时弊毫不嘴软，敢爱敢恨、敢骂敢说，这样真挚、炽热的个性，深得大众喜爱，也足以让观众忽略她作为专业主持人访谈能力的不足。金星天生就是一个脱口秀的好主持人，因为在脱口秀中，她那些丰盛的生命体验足够精彩，足以打动观众、吸引观众。我们不妨透过金星在主持中的语言，来了解一下她独特的人生体验。

金星曾经说 1967 年 8 月 13 日，是她父母给她的第一个生日；1995 年 4 月 5 日，她又把自己生了一遍（做了变性手术）。如同李安在少年派的生命里安插了一只老虎一样，金星把那次手术称为她生命中出现的一只老虎，而她驯服了那只老虎。如今老虎离去，她的生命也从此升华。那次手术的成功率为百分之五十，金星把自己交给了命运，等着命运的安排。关于这一段经历，金星曾经在《金星秀》节目中采访嘉宾俞飞鸿时有过分享：

俞飞鸿：你是我知道的人里头，最勇敢的一个。你这种勇气、勇敢是哪来的，是你天生的吗？就比如说，你要做女人这件事情，说你差点残废了。

金　星：对了，而且我当时做手术的时候，我不打麻药的（其中的喉结处理部分）。

俞飞鸿：那你怎么忍受的啊？

金　星：男生不是有喉结吗？做这块的时候，医生说，"我不敢保证，你要打麻药的话，你可能恢复过来声音就变哑了"。我说"不行，我的声音特别重要"。他说"要不给你缝细点，像女性？"我说"不许改变我的声音，这个声音属于金星"。他说"那还有一个选择，不打麻药"。我说"不打麻药"。

俞飞鸿：我说你那种疼痛感，你能形容一下那是一种什么样的（感觉），你还能忍受着。

金　星：疼痛那个时候是不重要的。什么战胜了疼痛呢？你对生命的一个信念，战胜了所有的一切，这是我最后一搏。

俞飞鸿：所以你哪怕就说"我可能在这个手术台上再也醒不来，我都要做这件事"。

金　星：对，因为这是我一直想要做的一件事情……那个瞬间也痛，但是那个信念超过了那个痛。而且当时那个喉结手术，把那个软骨割出来了以后，我说"医生，放在我手里边"，我捏住我这个软骨，抓住它，（就像）抓住我的生命。然后他在一针一针缝上去的时候，我在坚持，我说这是我选择的生命。

……

俞飞鸿：你身上哪来的这股勇气？天生的吗？

金　星：相信，相信。别人说的命运真是，她受了很多痛，受了很多痛苦，有人说这是上帝的错误。现在我觉得都不是，都是礼物。

俞飞鸿：还有一个我特别难以置信的事，就是说当时你做了16个小时手术，那个腿，就是做完的时候其他都好了，腿站不起来了，就是已经被判为残废了（二级残废），这个也是难以置信的事。

金　星：当时我，万念俱灰，两天，就两天时间。

俞飞鸿：因为你是跳舞的，对不对，这个腿对你来说是特别重要的。

金　星：那两天，我在想，我选择我的生活选择错了？这是生命对我的惩罚？我就认了，认栽了，我怎么这么倒霉呢，本来是个舞蹈演员，为了做女人，把这条腿给卖了，以后再也跳不了舞了。看着窗外，我想跳楼，但那楼才二层楼，跳下去也没用，我想怎么办呢？两天以后，我就给我自己全梳理清楚了。我觉得其实是我先向生命讨了一份礼物，哪那么容易你想要就给你，凭什么呀？这个礼物那么容易的话，谁都可以要了。我就仰头看着天花板，想透过天花板跟老天爷对话，我说是不是你在考验我，我值不值得拥有这个礼物，把我腿拿走了？我说，好，我一定从你手中，把我腿夺回来！

俞飞鸿：你值得拥有这个礼物。

这一期节目的对话很精彩，本来是金星要采访俞飞鸿，结果俞飞鸿反客为主，反被俞飞鸿采访起来了。从这一点也可以看出金星并不十分善于去探寻他人的体验，而是容易沉浸在自我的生命体验中。同时，从这一段对话中我们也可以看出，金星强大的生命力实在太吸引人，吸引着俞飞鸿，吸引着世人，让俞飞鸿忍不住要去发问。所以我们说，金星是善于体验的人，一个有着丰富生命体验的人，这些体验让她闪耀着生命的光芒，形成了自己独树一帜的主持艺术风格。

金星在节目中讲述了自己那段特别的生命体验。手术带来的肉体痛苦不说，还差点带来精神上的毁灭性打击，肉体和精神的极度痛苦与绝望，常人难以承受，只有精神力量极强的人才能够战胜所有困难。金星后来在其自传中提到了那次经历带给她的深刻生命体验：

我觉得宇宙之间有种力量特别奇妙，我只能把它描述为人的意念。有这样一种意念在，你就永远不会绝望。每一次灾难都像是给人生的某个阶段盖了层顶,你得不断向上,拱破了这层顶,就到了另一个层面。你可以觉得医疗事故让你跳不了舞了,怎么那么冤那么不幸啊;也可以认为那是因为你问老天讨了那么大的一份礼物,所以它必须安排你承受一些磨炼,就像是和生命讨价还价,我能承受多少磨难,就可以问老天要多少人生。再接着向上拱,你就会发现,那既不是惩罚也不是礼物,而是命该如此,所有的一切都在成就一个特殊的金星。①

人要有意念,面对生命要有勇气去挑战,这应该也是生命的价值和意义所在吧。这样的体验读来令人感动并深受鼓舞,我们不也正是在对磨难的一次次克服中,才逐渐成就了更美好的自己吗?虽然,金星经历的重大手术并非每个人都会经历,但是,金星在这次手术中所体验到的生命的意义和价值,足以鼓励我们去面对自我人生中的种种不幸。

前面提到过,在体验美学中,体验是一种高峰的、神秘的、生命深层次的体会。但是,体验在生命中绝不会仅有一次,而是多次的。每一次的体验所获得的对生命意义和价值的认知,将沉淀在生命里;一次次生命体验的叠加,呈现为一种螺旋式上升的状态,冲向生命更高的境界。生命体验带领我们一步步突破自身局限,重新建构一个更丰富和美好的精神世界,并且“在我们人身上,精神生活并非纯粹的自我展开,而是在种种强大的阻碍中前行,它并非愉快的思维游戏中的轻松创造,而是劳动,艰辛但却富有成果的劳动,形成一种真实中的劳动”②,诚如金星所说的拱破一层又一层的顶。在生命中,那个被一直在调整和建立的精神世界,通过一次又一次深刻的生命体验变得越来越深远、宽阔。西方体验美学的根本宗旨,正是通过体验来寻求人生的终极意义和生命的价值。体验,“就是人生终极意义的瞬间生成”③。

---

① 金星. 掷地有声[M]. 长沙:湖南人民出版社,2015:177.

② 倭铿. 人生的意义与价值[M]. 周新建,周洁,译. 南京:译林出版社,2013:67.

③ 王一川. 审美体验论[M]. 天津:百花文艺出版社,1992:365.

金星在节目中说自己是“死”过的人，体验过死亡，不怕了。死，并不是通常意义上的生命本体的终结，而是对生命精神的描述。明白了死，便对生有了理解，德国哲学家海德格尔提出“向死存在”，但“向死存在的意思并不是指‘实现’死亡”[①]，“向死存在，就是先行到这样一种存在者的能在中去：这种存在者的存在方式就是先行本身。在先行者把这种能在揭露出来之际，此在就是它最极端的可能性而向其自身开展出自身。把自身筹划到最本己的能在上去，这却是说：能够在如此揭露出来的存在者的存在中领会知己本身：生存”[②]。也就说，我们知道自己存在，是因为我们可以领会死亡，知道死亡的存在，才真切地体味到我们生命此在的存在。“死是存在的最本己的可能性。向这种可能性存在，就为此在开展出它的最本己的能在，而在这种能在中，一切都为的是此在的存在”[③]。体验过死亡（或理解为绝望）的滋味，对生命的“此在存在”会有更深刻的体会，这便是通过生命体验来理解向死而生的内涵和意义之所在。

正因为对生命中的生与死有了更加深刻的理解，金星的生命气质才显现出一种独特的魅力，这魅力来源于她强大的生命力，这份力量也影响着她主持艺术风格的构成。勇敢，无所畏惧，能够面对人生的惨痛，使得金星的生命是炽热的、刚烈的。如此这般，在节目中说一说真话，对现实予以批判嘲讽，又有何畏惧？也许用浮士德的话来形容金星的生命，形容果敢型主持艺术风格最合适不过：

> 我有勇气到世界上闯荡，把人间苦乐一概承担。不怕和风暴搏斗，便是破釜沉舟也不慌张。

---

① 海德格尔．存在与时间[M]．陈嘉映，王庆节，译．北京：生活·读书·新知三联书店，2014：300.
② 海德格尔．存在与时间[M]．陈嘉映，王庆节，译．北京：生活·读书·新知三联书店，2014：301.
③ 海德格尔．存在与时间[M]．陈嘉映，王庆节，译．北京：生活·读书·新知三联书店，2014：302.

第三节 果敢型风格对观众的影响效果

一、果敢型风格构建与生命体验

果敢型风格的主持人往往呈现出一种力量感,这种力量最直接地来自他们深刻的生命体验,这强大的光芒借由一次次的生命体验迸发而出,感染着观众,但这光芒却是从黑暗深处发出的。

金星当过售货员、保姆、服装批发老板、餐厅服务员,挨打受罚,饥寒交迫,背井离乡,被人误解,被人羞辱,被人中伤,种种人生糟糕的境况金星都遭遇过。

回看金星的人生也是颇具传奇色彩的。金星出生在沈阳,出生时是个男孩。9 岁到部队做了舞蹈演员,艰苦的舞蹈训练让他幼小的心灵明白了什么叫坚持。

受恩师帮助,金星被送到了北京解放军艺术学院继续进修,可以说舞蹈生涯对金星果敢型主持艺术风格的构建也是有影响的。舞蹈和生命体验有着密切的关系。"人类最早的艺术可以说是舞,最原始的体验也可以说是舞……舞蹈史家萨克斯指出:'在舞蹈的沉迷之中,人们跨过了现实世界与另一个世界的鸿沟,走向了魔鬼、精灵和上帝的世界。'正是舞蹈的这种无形的、完整的、神秘的力的世界可以使人于瞬间摆脱形而上学、传统价值观、上帝偶像的限制,即超越此在的颓废与虚无境遇,而回归到永恒的生命本身。"①生命因舞动而鲜活,舞蹈舞动着生命。金星的主持,即便她的手势都有着舞蹈的韵味。如她自己所言:"这舞步,如同生命一样热烈。"

---

① 王一川. 意义的瞬间生成[M]. 济南:山东文艺出版社,1988:232.

如果说9岁进部队跳舞是金星人生中的第一个重要转折，那么19岁被公派去美国学习和28岁把自己变成女人，则是她生命之舞中不可或缺的两段转场。在美国，金星饱尝生活的艰辛，也正是生活的种种挫折让她对生命有了更加深刻的体验。国外的生活让金星卧薪尝胆，也使她眼界大开，精神自由。怀着对祖国的一份惦念和热爱，金星从美国回到国内发展。回国发展最初波折不断，最惊心动魄的一次应该是金星把自己从男儿的身体里抽离出来，彻底蜕变成一个女人，变成她从小就想要成为的女人。这样特别的人生体验，所造就的金星的主持艺术风格必然是热烈的、直接的和刚强的。

二、果敢型风格对观众的影响效果

金星对观众最大的影响，大概就是她生命中的那份炽烈和勇气，这种强大的感染力，让人相信生命的存在，有更多值得我们去追求的意义和价值。金星的果敢型主持艺术风格对于观众的影响，最重要的意义恐怕莫过于此。

在金星的微博里，许多观众和粉丝留言表达对她的喜爱，喜爱她的勇敢与担当、爱憎分明、有情有义，这些都是在脱口秀节目中，金星分享她的人生体验带给观众的感受。人生体验无不和一个人的生活经历密切相关，因为“人类的全部创造都是来自内在生命及其与外部世界的关系”①。正是因为对生命有着炽热的爱，对生命有着信仰，生命才带给我们无限可能。

随着互联网的发展，金星的主持艺术风格迅速受到了观众的追捧和喜爱，尤其是受到了当下年轻人的喜爱。人们对她的主持艺术风格的接受，也是对她人格魅力的欣赏，这种喜爱和欣赏超越了年龄，超越了性别，是金星与观众内在情感的深切共鸣。

① 刘小枫．诗化哲学［M］．济南：山东文艺出版社，1986：160．

第六章　远奥型风格——孟非论

第一节　远奥型风格的语言特点

相比其他主持人，孟非的观众群跨度极大，几乎不分年龄性别。孟非就像是家常豆腐，老少咸宜，男女皆爱，这与他的主持艺术风格有关。孟非的主持风格是亲和的、温润的、接地气的。本书在风格划定中，按照民族艺术研究传统，参照刘勰八体说，孟非的主持艺术风格符合其中的"远奥"一体。《文心雕龙》中所言"远奥者，馥采典文，经理玄宗者也"，周振甫译注为"深隐的，是文采不显，文辞有法度，以道家学说为主的"①。有文采却不显露，说话体贴有法度，自然亲和如道家，这大概就是孟非最突出的风格。那么，以孟非为例的远奥型主持艺术风格有何语言特点呢？

一、情感制造

孟非拥有丰富的一线记者采访经历，曾主持过《南京零距离》这样的

① 周振甫．文心雕龙今译[M]．北京：中华书局，1986：257－258．

民生新闻节目。孟非想百姓之所想、急百姓之所急，深受观众喜爱，直到后来成为江苏卫视大型生活服务类节目《非诚勿扰》的主持人，其亲切温润的主持风格受到更多观众的喜爱。然而不管是《南京零距离》这样的民生新闻节目，还是《非诚勿扰》这样的生活服务类节目，孟非的主持风格其实没有改变，在节目中，他一直秉持着一种为普通老百姓、相亲男女嘉宾真诚服务的态度。因此，在他的节目中，我们常常可以听到他晓之以理、动之以情的话语，而这种话语的表达很大一部分来自情感制造的技巧。比如，《非诚勿扰》中的一期节目，嘉宾主持人黄菡女士告别节目组，孟非的主持如下：

孟　非：刚才那个音乐，大家听过这歌吗？《可惜不是你》。我曾经听过6年前《非诚勿扰》第一支送男嘉宾走的时候单独离场的音乐，我曾经在微博上说过，在好多节目里也说过，可能我老了以后，最听不了的就是这首歌。你想我万一，我60多岁，白发苍苍的时候，突然在一个熟悉的街角，听到从一扇窗户里传来《可惜不是你》的时候，真是老泪纵横的时候。今天……要告诉大家，今天现场的观众，黄菡老师陪我们这个节目走过了6年，今天是她在节目里录制最后一期了。

这里，孟非用情感制造的方式，用想象语言营造了一个美好的未来光景，把大家带入其中进行体验，这正是主持艺术的一次审美体验创作。我们前面提到过，艺术正是在实践生活中体味万物的形象，深入生命节奏的核心，表达出人生最深的意趣；艺术是艺术创作者所体验到的境界与意义。“真正的艺术家，应当具有这种体验的能力，去创造与发现‘兴象’，在深深的感动与冷静的思考以后，再把它们创造出来。”主持人孟非借由想象语言进行审美体验创作，让大家不仅感伤黄菡女士的离场，更体验到一种美好的未来光景。“想象语言是一种内心影像的外在的感性显现，它实际上是一种心理语言，只不过要借助图像，借助有些形而上的观念展示出来。因而想象语言展示的实际是一种心理力量和精神指向……”①在主持艺术中,想象语言借助主持艺术表现出来,其目的是带领观众进入一种情境。关于情境,冯友兰这样解释:“境即是其所表示之某性,情即其激动人心,所发生与某种境相应之某种情。”②境中生情,情中有境,好的主持艺术作品,正是让观众通过主持人的描述产生一种与之描述的境相呼应的情。在这一段主持中,孟非预设了一个未来,制造了一个感伤而美好的情感氛围,在那个未来里,已经步履蹒跚的朋友回想“过去”,也就是今天所经历的种种,目的是让观众进入一种奇妙的体验,体会到人生的某种意义,如在蹉跎岁月中,友情的珍贵、记忆的珍贵。

远奥型主持语言的修辞方式通常为“软语”。软语是一种通俗易懂的大众语言,“他的魅力是相当突出的。温言软语,淡淡的伤感,既杂哀愁,又带潇洒,显示出一种贴近大众情绪的旨趣。”③这样的语言表达方式,在孟非亲和自然的主持艺术风格中是常见的,这里就不一一展开进行文本分析了。

优秀的主持人往往善于通过情感烘托营造某种情境,这也是主持艺术创作中内部技巧的一个独到作用。主持人运用情感制造方式,把人物、事件、情节、场景、景物、情绪等在脑海中进行画面重现,这些画面饱含了主持人的体验。播音员主持人“不但感受到了内中的形象‘景’,而且体验到了内中的神采‘情’,从而达到情景交融的目的”④。当这种体验通过主持艺术表现出来时,就能进一步引起观众的共鸣,完成节目主持艺术的审美体验创作。

---

① 刘恪. 现代小说语言美学[M]. 北京:商务印书馆,2013:298.

② 冯友兰. 新理学[M]. 北京:北京大学出版社,2014:243.

③ 王一川. 修辞论美学:文化语境中的20世纪中国文艺[M]. 北京:中国人民大学出版社,2009:308.

④ 姚喜双. 播音学概论[M]. 北京:北京广播学院出版社,1998:139.

二、隐在表现

所谓隐在表现即“一个人的情感是可控的，一个文本的情绪有放纵奔腾，也有隐含曲折。偏重于写实的、叙事的作家的情感大都隐含于字里行间，情感的物化痕迹没有浪漫型的作家那么外露、那么直接”①。前面说，远奥型风格是“馥采典文，经理玄宗者也”，即“深隐的，是文采不显，文辞有法度，以道家学说为主的”，因而，其语言往往分寸有度，不犀利激烈，不直接外露，这也正是隐在表现的特点。我们不妨看一期节目文本。在《非诚勿扰》一期节目中，一位长时间站在舞台上，没有男嘉宾愿意和她牵手的女嘉宾，因为再一次被心动男生拒绝而突然情绪失控，激动地在台上痛哭了起来，场面十分尴尬。孟非此时并没有像有的主持人那样站在道德高地对女嘉宾进行指责或批评，表现出一副恨铁不成钢的样子，而是有意让现场节奏放缓，留出了一点时间让失态的女嘉宾平复心情，随后关切地说：

孟　非：边上的女嘉宾，有面巾纸吗？

我想问一下，在台上最后没有被男嘉宾选的情况很多，为什么9号你的反应那么大，能说说吗？

女嘉宾：我已经32岁了。我以前都在挑，然后我一直就特别骄傲地觉得这个世界上，都是应该我在挑。可是我站在这个舞台上，每一次我都是很努力地去告白，我不知道自己是哪里错了，也许我真的可能太强势了。但是我真的好希望有一个人把我牵下去，快点把我牵下去。昨天有人在网上跟我说，他说像你这样的女人，可能会在台上站很久，也不会有人牵你的，我跟你打个赌。……

---

① 刘恪．现代小说语言美学[M]．北京：商务印书馆，2013：427．

女嘉宾的情绪非常激动，也很失态，而孟非并没有像有些人那样表现出嫌弃的情绪，而是用朴实的语言，很有分寸地表达了自己的观点。

孟　非：我觉得每一个人都应该调整好心态在台上，不管结过婚没有，不管年龄是二十几还是三十几，不要有一种错觉，永远是我们在选择男人，其实这个舞台是一个相互选择的舞台。有的时候女嘉宾待得时间长了，为他而来的男人多了之后，倒真的会有一种错觉，有一种优越感在膨胀。当她真的决定，要觉得，哎呀，我来了一段时间了，我决定要跟谁走的时候，会发现原来我留灯，也有男人是不要我的。

这段语言真是文采不显，文辞有法度，亲切自然，却很好地安慰和鼓励了女嘉宾，也提醒了其他人如何辩证地看待相亲的问题。孟非没有用哀其不幸怒其不争的姿态教育嘉宾，也没有像有些主持人那样，为了煽情演出一副极度关切的样子凸显自己的善良，而是用平实、平静的语言，告诉女嘉宾在爱情的选择上，互相选择是正常的、平等的，最重要的是调整自己的心态。在女嘉宾痛哭流涕、心情悲伤的时候，孟非用充满善意的言语启发女嘉宾，学会在悲伤中承受生命的不如意，特别是面对婚姻这道坎，爱的选择是互相的，不需要自责也不能自傲。这样的主持语言，没有生命体验，对生活没有感受，没有一颗悲悯和同情之心的主持人，是根本说不出来的。

第二节　远奥型主持语言中的人生体验特点

丰富的生命体验可以让主持人对他人有更多的理解和包容，能让主持人更好地把握主持艺术创作。在《非诚勿扰》的一期节目中，有一位男嘉宾年纪轻轻便拥有了几家公司，算是成功人士。但是成功的背后，他却先后经历了被妻子抛弃、儿子患癌症、照顾家庭的母亲也身患癌症等一系列生活的打击。这一切足以毁掉一个人对生活的信心，然而经历种种磨难，男嘉宾却勇敢地从阴影中走了出来，不仅事业逐渐有了起色，还有勇气站在相亲的舞台上。在节目中，当谈到母亲患病时，男嘉宾忍不住哽咽，此时孟非这样说：

孟　非：从他刚才的回答里面可以看得出来，是一个很踏实、很实在的人，尤其是说那个四家公司都不大，这句话上。这个男嘉宾身上有一种男人经历过事情的那种，给人感觉积淀下来的那种，感觉到那种东西。就像我们以前也来过很多的男生，一张嘴，我在哪个哪个世界名校念过书，在世界上前500强企业干过，一看都是世界顶级的。他越这么说吧，你就觉得，哎呀，不过如此，可能没什么。但是呢，经历过事儿的人，把自己经历的事情轻描淡写地说出来，你反而觉得他可能有很强大的力量在内心。这就是人低调能够获得的东西。

对生活有深刻体验的人才能体会和理解孟非所说的这段话。人们常说，人生如歌，人生如诗，如果我们把生命理解成是一件艺术品，那么生命呈现的美应该是多样的。错彩镂金、雕绘满眼是一种美；初发芙蓉、自然可爱又是另一种美。甚至宗白华提到"'初发芙蓉'比之于'错彩镂金'是一种更高的美的境界"①。这种境界大概便是绚烂至极归于平淡，平平淡淡才是真的生命境界。一个对生命没有深切体验的人，是达不到这样的境界的，也是不能体会这一境界的。面对男嘉宾轻描淡写的话语，孟非却能体会其清淡背后的深刻，指出男嘉宾是经历过事儿的人。孟非之所以能说出这一番话，不得不说他也是一个对生命、对生活有体验的人，才能对男嘉宾的遭遇产生共鸣和同情。这种共鸣的产

① 宗白华. 美学散步[M]. 上海：上海人民出版社，1981：35.

生，是建立在体验基础上的一种直觉，“人因天禀生命力而具有无限开发的可能性，活的血性的感性、意志、直觉是本能的自由的生命显现”①。这种直觉源自经历过事儿的人的一种强大的内心力量，是在生命体验中所捕获到的感悟。我们前面也提到过在生命体验中，“人对于痛苦经验的深浅，乃表示他生命力充实的程度。坚强的本能、意志是人的理想的人格”。生命伴随着复杂而深刻的情绪，欢愉或痛苦的体验让生命变得充盈。孟非曾经有过艰难的经历，能够体会嘉宾的遭遇，并且产生同情。没有生命体验，没有经历过生命拷问的人，是很难形成这种高岸深谷、静水流深的远奥型主持艺术风格的；即使有，也只是形式上的、浅层次的，与那种来自生命深层次的体验不同。那么，孟非这种在节目中表现出来的亲和、友善、悲悯、同情的主持特点，与他的生命体验有着怎样的关联呢？

第三节　远奥型风格对观众的影响效果

一、远奥型风格构建与生命体验

大多数人不可能天生就占尽天时地利人和，一步一步顺遂地往上，幸运地迈向成功，他们总是要先饱尝生活的艰辛，接受各种磨炼，才能够品尝到生活的甘甜。不过，我们发现，似乎越是那种从底层奋斗出来的人，越具有强大的生命力，那种坚韧、隐忍的生命精神助力他们打败挫折，一步步地成为更加优秀的自己，甚至创造出伟大的业绩。有时候真是接受的锤炼有多大，成就便有多大。这大概就是生命奇特的地方，它要考验天生就拥有强大精神力量的人，直到把他们内心的那份力量激发出来，再引

① 刘小枫．诗化哲学[M]．济南：山东文艺出版社，1986：128－129．

领他们去创造生命的奇迹。孟非在节目中表现出的亲和、沉稳，与他的生命体验也有着密切的关系。

孟非出生在重庆，自幼跟随父母到南京生活，然而重庆对孟非的影响却是深远的。古人云"仁者乐山，智者乐水"，重庆有山有水，被山水环绕，当地人的性格中似乎既有一份大山般的质朴善良，又不失江水般的随性豁达。正如孟非自己说的："在重庆生活的12年，积累了我人生最初也是最真的情谊，……如果我的性格中还有善良的成分，我相信一定是重庆这座城市给我的。"①如果说汲取精神力量可以通过多种途径，那么从乡土、乡情中汲取的能量是最朴实也是最有力的，这些乡土气息、草根气息影响着孟非日后的主持艺术风格构建。

在南京的日子，遭遇家庭的变故、高考的失败，孟非走入人生低谷。生活就是这样，总是喜欢将那些渴求美好的人先恶狠狠地、重重地摔在地上，大笑着看他接下来怎么办。如果爬得起来，也许就会把他推向生命顶峰；当然，很多人干脆自暴自弃，爬不起来，或者懒得起来。高考失败，孟非决定南下深圳闯一片天地，无果，又回到南京。之后孟非应聘进了江苏省广播电视厅的下属单位报纸印刷厂，当了一名印刷工人。印刷工的艰辛对于一个刚刚20岁的年轻人来说并不那么容易承受，生活里似乎永远是最累的活儿、洗不干净的手和黑乎乎的指甲。当然，淳朴工友之间的情谊，给了孟非许多温暖。关于当年印刷工生活的感悟，他说："在印刷厂我体会到了很多东西，其中很重要的一点就是劳动人民淳朴的友爱。"②正是这样独特的生命体验，让孟非在节目中无论面对什么身份的嘉宾，都能保持他最大的尊重、理解和同情。人们总是在人生的艰难磨炼中体验到坚持、坚守的可贵。《尼布尔的祈祷文》中有一段话：

> 请给我平静，去接受我无法改变的；请给我勇气，去改变我能够改变的；请给我智慧，去分辨这两者。

---

① 孟非．随遇而安[M]．杭州：浙江文艺出版社，2011：3.

② 孟非．随遇而安[M]．杭州：浙江文艺出版社，2011：65.

在人生中我们总会遇到困境，如何让自己保持平和的心态、付出努力、坚持到底，这需要极大的勇气和智慧，需要我们用一生去感悟、体验。人生总有些阶段，需要人学会默默承受，承受生命不能承受之重，但足够坚持的人值得拥有更好的未来。自己的一场工伤，与厂领导彻底闹翻，让孟非在印刷厂的日子走到了头，孟非再次面临失业。无奈之下，孟非进了江苏电视台当临时工打杂，接电话、整理设备、给电池充电、扛摄像机，到后来有机会做摄像。再后来学会了剪辑、采访，直到2002年，遇到生命中的伯乐，走上新闻主播台的位子，主持民生新闻节目，正式成为《南京零距离》的主持人，孟非从此告别低谷。再后来，孟非成为江苏卫视王牌节目《非诚勿扰》的主持人，慢慢走向他人生的巅峰。

孟非坦言自己没有上过正规大学，不是播音主持专业出身。但是，这并不能阻碍他成为出类拔萃的主持人，这得益于他对生命有着丰富的体验。在通往艺术的道路上，专业的理论知识学习是一条道路；然而，生命体验是另一条通往艺术巅峰的道路。赫尔曼·黑塞在《纳尔齐斯与歌尔德蒙》中写道："歌尔德蒙，我从你这儿学到了许多。我开始懂得什么是艺术了。从前我觉得，与思想与科学比起来，它不是什么值得认真对待的事。……如今我才看出，通向认识有许多道路，精神并非唯一的一条路，或许也不是最好的路。……我看见你走在一条相反的道路上，一条通过感官的道路上，也同样能深刻地认识存在的奥秘，并且能比大多数思想家更加生动得多地把它表现出来。"①我们通过黑塞的这段描述可以感受到，在艺术的创作道路上，生命体验是多么重要。孟子曰："天将降大任于斯人也，必先苦其心志，劳其筋骨，饿其体肤，空乏其身，行拂乱其所为，所以动心忍性，增益其所不能。"②人的一生需要磨炼，人在各种经历中，体验着生命存在的价值和意义。杨绛说："人有优良的品质，又有许多劣根性杂糅在一起，好比一块顽铁得火里烧，水里淬，一而再，再而三，又烧又

---

① 黑塞. 纳尔齐斯与歌尔德蒙[M]. 杨武能，译. 上海：上海译文出版社，1984：299.

② 杨伯峻. 孟子译注[M]. 北京：中华书局，1960：276.

淬，再加千锤百炼，才能把顽铁炼成可铸宝剑的钢材。黄金也需要经过烧炼，去掉杂质，才成纯金。人也一样，我们从忧患中学得智慧，苦痛中练出美德。”①在磨炼中，激发出宝贵的生命精神，提炼出坚强的意志，那些深切的体验必然会影响一个人的个性生成，也影响其艺术创作风格的构建。孟非年轻时的失意、挫折，在做民生新闻节目时对百姓生活的深入了解，让他的生命呈现出一种亲和、自然、温润、笃实的精神气质。从大地的泥土中生长而出的事物，往往更具持久的生命力，那是一种根深蒂固、源远流长的生命力，这就好比主持人，从生活中走来，才能贴近生活，贴近百姓。孟非的远奥型主持艺术风格，情感深隐，高岸深谷，静水流深，文采不显却有法度。其自然亲和的特点，可以说受到了他那些深切的生命体验的密切影响。

二、远奥型风格对观众的影响效果

孟非对观众的影响，莫过于让观众体会到，一个人该以何种姿态示人，那种姿态应是不卑不亢、谦恭温和、真挚淳朴的，甚至可以把自己的姿态再摆低一点，那是一种气度。

《非诚勿扰》一期节目中，一位来自天津的男嘉宾提到自己很喜欢读一本书叫《厚黑学》，他表示这本书让他学到了很多为人处世的方法，于是有了孟非和男嘉宾的以下对话：

孟　非：我倒是想说你那个《厚黑学》那本书，你看过那本书是吧？

男嘉宾：看得不多。

孟　非：市面上有很多关于《厚黑学》名称的书，其实都不是《厚黑学》。李宗吾先生那本原著，有很多种版本。我问你有没有看过李宗吾先生自己写的那一本原版的？

① 杨绛．人需要锻炼[M]//杨绛全集：第4卷．北京：人民文学出版社，2014：253.

男嘉宾：我看的那一本有古代的故事，还有现代的故事穿插在一起。

孟　非：那就不是。现在出版界非常混乱，就一本原著，它能延伸出好多垃圾。我的意思是，如果你没有看过李宗吾的那本《厚黑学》，我建议你也不要看，更不要看那种垃圾地弄出来好多种的那种书。我想你看过其他《厚黑学》的读物也大概明白，这是中国人一种处世的哲学，一种处世的方式，是李宗吾他认为的，归纳起来，但凡你要想成事，但凡你要想成功，就两件事：脸皮特别厚，心肠特别黑。我们不认为这是一种好的，我们中国人应该学习的处世方式。

有的时候年轻人啊，看书要带着批判的精神看。我17岁那一年，在成都新华书店，买不起(《厚黑学》这本书)，我就站在新华书店两天，把这本书看完的。当时我那么年轻的时候，我就觉得这种处世之道，是不值得提倡的。

孟非用很平实的语言道出了他的态度：不管是为了什么样的目的，厚脸皮去利用、黑心肠去算计都是不可取的，人与人之间的交往还有更重要的东西在，那就是真挚的情感。在这期节目中，一位女嘉宾和这位男嘉宾就推理类电影进行了交流，男嘉宾做了推荐，孟非也表达了自己的观点：

男嘉宾：比较经典的像《致命ID》，像莱昂纳多演的《禁闭岛》，《狙击电话亭》这一类电影都是属于就是说导演抓住你的心，然后让你跟着这个剧情，好像你就是主人公一样。

孟　非：你都能看懂吗，这些电影？

男嘉宾：能看懂啊。

孟　非：我之所这么问的原因，是因为这些电影，我大多数看不懂。真的，我就看好多那种推理的电影，看到最后，我脑子一盆糨糊。所以我看电影，我的智力只能满足我能看得懂《蝙蝠侠》那一类的，我特别爱看。凡是那种悬疑、推理……我看得这都什么啊，这都。

孟非没有把自己当成高高在上的名主持，而是和大家一样，普通人一个。孟非的这段话带给观众一阵笑声。梁漱溟说："高明的人通达无碍。"往往那些豁达的人，都可高可低，既有低入尘埃的气度，也有通达思想高地的能力。亲和是一种智慧，是流淌在智者身体里的血液，使人不管身居什么位置，都能保持一份真挚和豁达。

喜爱孟非的观众在网络上总结了孟非主持节目时说的一些人生感悟：

(1)命运给我生命中一个低谷，我会用它来创造巅峰。

(2)很多人都是活在别人的眼中的，但是也有很多人是活在自己的世界里，这都是不同的生活方式。

(3)有时候容易受骗是一种善良的表现。

(4)不把过去的伤痛彻底厘清，将永远生活在抑郁氛围中。

(5)当你的能力不够巨大时，过早狂妄会付出惨痛代价。

(6)更重要的是，我们一直可能活在一个不属于我们自己的世界中，用那个世界的套子和模式来自我暗示"我们应该如此这般"。现在我们把这个不属于我们自己的莫须有的帽子摘掉，我们没有了压迫，我们可以自由呼吸，我们开始知道自己是谁，我们拥有了真实的力量。

(7)我们每个人一生中发展的局限和性格有关，我们的停滞不前和性格有关，我们所犯的人生错误和性格有关，重复的人生代价和性格有关，我们无法突破的自我瓶颈和性格有关，我们自以为是地认为我们全部都知道了其实什么都不知道和性格有关。

在网络上，总有观众表达对孟非的喜爱：

很喜欢他的主持风格，平民化的主持让人感到很亲切，同时他的经典语录总是让我们感到很受教，而且让人听了总是感觉很舒服。

……

孟非的语言虽然没有多少华丽的辞藻，每一句都是那样真实，看到他那些坎坷的经历，才理解了为什么他会随时迸发出那么多的精彩语录，这就是有故事有阅历的人！

……

其实他博览群书，很有文学功底。为什么他这么受人喜爱，就是因为他读的书多却又不像很多读书人一样不食人间烟火。

根据以上摘录可以看出，孟非是一个有着丰富生命体验的人，这些体验大多是他在艰难困境中的人生体会和感悟。当孟非把对生命的体验通过主持艺术地表达出来时，总是能够引起观众的情感共鸣，孟非带给观众真实、质朴、深沉的情感力量，鼓舞并影响着观众，因为人对于美好、痛苦、快乐、忧伤的情感感受是共通的。

第七章　新奇型风格——谢娜论

第一节　新奇型风格的语言特点

对于谢娜的主持，观众一直褒贬不一，但是，她在质疑声中不断磨合、调整，形成了自己特有的主持艺术风格。一直以来的质疑和谢娜剑走偏锋的主持风格不无关系，她的无厘头搞怪、演绎式搞笑，并不是所有人都能接受的。当任何艺术形成自己独特的风格时，它便有了明晰的、值得欣赏的部分，必然有其存在的价值，主持风格亦同理。本书把谢娜的风格划定为“新奇型”，是按照传统美学中风格的划分标准。《文心雕龙》言：“新奇者，摈古竞今，危侧趣诡者也”，周振甫译注“新奇的，是抛弃古旧的，追求新颖的，未免走着危险和诡异的路子的”①。那么，作为新奇型主持艺术风格，其主持语言有哪些特点呢？

一、显在表现

显在表现和隐在表现有相反之意。显在表现在文学语言中指的是

① 周振甫．文心雕龙今译［M］．北京：中华书局，1986：257－258．

“一种激情性写作，展示出视听的辉煌。情感有一种不可遏制的奔涌喷发”[①]。它带着一种浪漫主义色彩，常使用夸张、比喻、象征等修辞。

在2005年，《快乐大本营》主要的主持人是何炅和李维嘉，谢娜则是以嘉宾主持的身份在节目中出现。在2005年5月14日这期《快乐大本营》节目中，谢娜在节目的开场扮演了一个吉祥物的角色，唱着《快乐大本营》主题曲出现，装扮奇特浮夸，模样搞怪，与当时荧屏中主持人的形象相比是相当前卫和怪异的。于是在节目中，何炅和维嘉作出一副嫌弃状，问谢娜为何会出现在这个舞台上：

谢　娜：因为这次这个活动必须要选一个吉祥物，吉祥物必须(具备)几个标准，一是年龄必须18岁，她还要才貌双全，还要十八般武艺样样精通，最重要的是全世界选了以后就选上了我。

何　炅：是是是，一般需要十全十美，我们娜娜也有十全八美。

谢　娜：那我差哪两美？

何　炅：就是内在美和外在美。

谢　娜：那我究竟哪儿美啊？

何　炅：你也知道你不美啊？就是说我们这十期都有她啊？

维　嘉：对啊，她要成为这十期的嘉宾主持。

何　炅：人生真是不幸啊！

……

维　嘉：娜娜，你刚才说到，有一些梦想是用钱都买不到的。那我就纳闷了，什么梦想是用钱都实现不了的呢？

谢　娜：维嘉，你太俗。有一些梦想是用钱完全不可能实现的。

何　炅：比如说？

谢　娜：比如说一个人很有钱，穷得只剩下钱了，但是，他有一个愿望，用他所有的钱来请娜娜吃一顿饭。你说我会愿意吗？

① 刘恪．现代小说语言美学[M]．北京：商务印书馆，2013：423．

何　灵：你呢？

谢　娜：我愿意。

维　嘉：你才俗呢！

谢娜的语言表达方式很没有逻辑，她不按正常主持人说话的套路走，而是追求新颖，这在当时来说真是“摈古竞今，危侧趣诡者也”。一直以来，谢娜的主持并不以逻辑严密、条理清晰见长，甚至在节目中的表达有时还语无伦次，特别是在碰到相对复杂的活动流程时，她似乎难以驾驭，需要老搭档何炅默契帮衬。不过，谢娜的这个不足因她另外的一些特长得以弥补和掩盖，久而久之，观众渐渐接受并喜爱上了她的这种风格，观众并不指望从谢娜这里获取什么逻辑严密、内容翔实的知识性信息，只是渴望从她这里寻求轻松、简单与快乐。谢娜在节目中真实、随性，她努力用自己的主持给观众带来快乐，回报观众对她的喜爱。

2007 年 7 月 7 日《快乐大本营》以“爱我中华”为主题，何炅在节目中一贯担任介绍主题，或者补充他人没有表达清楚主题的重任：

何　炅：我是觉得，这么一个伟大的主题，被海涛说得非常的浅显，但是我也感觉到，在他的这个年纪，18 岁，这也是他发自内心的一个感受。……今天，“爱我中华”的主题到底到了我们《快乐大本营》会怎么样为大家呈现呢？我们选取了一个很特别的角度，我们从中国和世界的关系入手。因为大家知道，2008 年奥运会，我们中国会迎来很多不同国家的朋友，而且中国会更被世界关注，所以今天我们就要了解一些在中国的外国人，或者是喜欢国外文化的中国人，他们的故事。

大概何炅这一段开场有些正式和冗长，谢娜听着听着便开始走神，在镜头前发起呆来。何炅发现谢娜走神，用手触碰谢娜以示提醒，谢娜如梦初醒，对着镜头来了一个萌笑。对于一档综艺节目来说，无伤大雅的一个细节被保留，或许更可以让观众看到谢娜的淘气与可爱——开小差在谢娜身上或许算是一种神游吧。这是显在表现的特点，情感随性，不掩饰。

在2009年4月4日《快乐大本营》一期主题为“青春梦想号”的节目中，主持人和女嘉宾模特春晓有一番互动。

何　灵：我们不妨问一下娜娜，刚才春晓说到哪儿了？

谢　娜：她说到，就是作为一个“摸抖”(model，模特)，很会摆pose，是吧，这都是我们应该学的。

维　嘉：她没有讲到这儿。

何　灵：是，台本上有这一点，她还没有讲到这一点。

谢娜因为走神，所以才被何炅点名要她继续说流程，谢娜走神的尴尬再次被何炅顺势漂亮地化解了。新奇型主持艺术风格的显在表现，在于他们情感的解放、自由。在舞台上的谢娜，情感的流露是直接的，有时为了节目效果，甚至是浮夸的。

谢　娜：我觉得好可怜，我们快乐家族“收视天团”的这种时尚的重任，竟然落在我一个人身上，虽然我可以承受得住。

何　灵：其实我们也没指望你。

谢　娜：可是我压力很大。

何　灵：春晓你就随便看一下好不好？

谢　娜：我是这样的，我现在要做的一个动作就是化腐朽为神奇，就是让一个so so(很一般)的东西，在我身上变得很昂贵。

维　嘉：so so和昂贵不匹配。

谢　娜：在我的世界里是配的。

谢　娜：你们谁有什么包啊？(向现场观众借包)

谢　娜：刚才这位“售票员”给了我她的包，我就把它整个变成一个国际名牌。

谢娜开始耍起宝来，完全不顾及自己的形象，做了几组浮夸的造型，最后一个类似卓别林的浮夸动作逗得观众哈哈大笑。在接下来的对话中，谢娜更是用浮夸的表演将欢乐进行到底。

春　晓：比如像我这种什么都无所谓，然后我也觉得穿什么我都能够有自信，我就随便穿，其实这就是时尚。就是因为你不可能做到所有人都会喜欢你，你也不可能做到你一出来，让所有人都觉得"啊，好看！"所以你干脆就谁也别管，就顾自己就好了。

谢　娜：可是我就尽量在做到，出来让大家都觉得好看，而且我做到了。

何　灵：你刚才接"我做到了"这句频率之快，透着你的心绪。

前面提到过，显在表现常常带着饱满的激情，有一种浪漫主义色彩，通常喜欢使用夸张、比喻、象征等修辞。这些特点在谢娜的主持语言中非常明显。谢娜夸张或者浮夸的表现有自己的特点，并不让人厌烦，但有些主持人以为浮夸搞怪就能吸引别人，结果却适得其反，令人厌恶。这其中的区别就在于，夸张搞怪的目的何在，是为了让自己看起来很不一样，博人眼球，为自己走红？还是只把这种表现当成一种职业技巧，去服务节目内容、服务作品、服务观众？从体验美学的角度来说，显在表现的语言特点背后，应该蕴藏着主持人的深切人生体验（这在后面新奇型风格构建中会提到）。这里借用"显在表现"概念，意在说明它是一种情感的外显，而且必须是一种真挚的情感外显。无论是在主持艺术中，还是在其他艺术中，真挚而饱满的情感都是十分重要的，"麻木的人内心空空如也，没有灵魂，呆痴地承受生活，盲目地顺应生活，所有人之为人的价值、意义、超越等问题，在麻木的人那里，都是不存在的"①。一个感情淡漠、虚伪世故的人，一心为了博人眼球、表现自我，而不是服务节目、服务大众，为了搞怪而搞怪，自然就让人厌恶了，构建主持艺术风格更无从谈起。

---

① 刘小枫．诗化哲学[M]．济南：山东文艺出版社，1986：182．

二、滑稽反讽

前面我们提到过在文学语言美学中，反讽语象是语言的形象，滑稽反讽是其中的另一种语象。滑稽反讽指的是主人公通常：

> 佯装无知乐于接受教育，使对方谈话言不及义，闹出许多笑话。这有一点类似滑稽剧、情景喜剧，揭露的是某种貌似争取的东西，而实质是荒谬的。它又称为苏格拉底式的反讽。①

新奇型主持艺术风格是最具这种语言特点的，用夸张、自嘲的方式博得观众一笑。聚光灯下的主持人要牺牲自我形象，自嘲自黑，并不容易，需要勇气。主持人如果把握不好分寸，就会丑化自己在观众心中的印象，带来负面效果。新奇型主持艺术风格的主持人很擅长通过自嘲自黑的方式达到欢乐他人的效果，这一点谢娜在节目中表现得淋漓尽致。

在2007年1月27日《快乐大本营》一期主题为“网络红人馆”的节目中，谢娜就敢拿自己的智商自嘲。

谢　娜： 漫画动了，成什么了？

何　炅： 动画啊。我真的觉得，娜娜，跟你合作之后，我觉得我整个智商都被拉下来了。

在这一期节目中，谢娜还因为头上戴了比较夸张的头饰，被一位男嘉宾问了一个尴尬的问题。

男嘉宾： 挂上这些东西，你觉得很有意思吗？

谢　娜： 因为我智商低呀。

在这一期节目中，还有一位智商145，美貌与智慧并重的网络红人。

---

① 刘恪．现代小说语言美学［M］．北京：商务印书馆，2013：508．

谢　娜：我觉得我自己也是美貌与智慧并重。

何　炅：你智商多少？

谢　娜：45。

不惧自黑，敢于把自己摆在很低的位置，让谢娜化解了许多尴尬；观众当然不会真的以为谢娜智商有问题，反倒会觉得谢娜简单率真。当然，这种自嘲自黑也是需要把握分寸的，没有对生命的深切尊重与同情，这种自黑很容易不经意间伤害到一些无辜的弱势群体。

在2007年7月7日《快乐大本营》一期主题为“爱我中华”的节目中，谢娜和一位嘉宾（女模特）PK走秀。谢娜走秀时，现场音乐伴奏老师故意用了猪八戒背媳妇的音乐，谢娜立刻配合走出一副夸张滑稽的模样，引得观众捧腹大笑。尽管样子搞怪，谈不上什么优雅，但是这种自黑的方式展现了谢娜真实生动的一面，带给人强烈的喜剧效果。有些人认为喜剧就是傻乎乎地逗观众笑，但“柏拉图却以为可供照鉴，有教育意义”[①]。喜剧就像一面镜子，它可以“照出丑人丑事，可充针砭，可当鞭挞，都有警戒的作用”[②]。真正的喜剧有着深刻的内涵，想要达到深刻，需要对生命有深切的体验，才能在艺术作品中表达出来。

有时候自吹自擂也是一种自黑，也能制造一种滑稽反讽的语象。在2009年4月4日《快乐大本营》一期主题为“青春梦想号”的节目中，五位主持人讨论小时候的梦想：

维　嘉：我小时候很想当售票员。（其他几位主持人都纷纷表示小时候对售票员的工作很向往）

谢　娜：哦，没有没有，因为在我懂事的时候，我都已经坐地铁和打车了，因为我不太了解那个公车。（熟悉谢娜的人都知道她家在四川山城的一个小县城）

维　嘉：打啥车啊你？（现场观众爆笑）

①② 杨绛．有什么好？——读奥斯丁的《傲慢与偏见》[M]//杨绛全集：第2卷．北京：人民文学出版社，2014：247．

海　涛：村子里哪有打车的？

何　炅：真的是。

海　涛：我小时候以为我长大会当书法家。（谢娜做了一个夸张的动作，假装擦掉额头上的唾沫）

谢　娜：海涛，你不要说爆破音好不好。

维　嘉：说实话，你们看过海涛的字没有？非常棒。

谢　娜：我的字才写得好。我的字写得就像男人的字一样，很利落、刚强有力，一看就这个人站得正，行得直，站得正，行处端……（又开始说不清话了）

何　炅：我小时候的梦想就是卖臭干子（臭豆腐）。

谢　娜：真的，我的梦想就比你们棒多了，当女警察。真的，这个梦想在我《娜写年华》的第二篇就可以看到。趁机宣传一下，我里面写了，我小时候愿望，第一女警察，第二侠女。现在侠女的愿望没有完成，但是，女警察也没有。

维　嘉：现在我觉得你可以成为一名男警察。

谢　娜：你们不觉得我很有正义感吗？

何　炅：啊？

谢娜自我"夸赞"，何炅及时"拆穿"，具有逗哏捧哏的喜剧效果。滑稽反讽是新奇型主持艺术风格的语言特点之一，谢娜在节目中，乐于给别人带来欢乐，哪怕是唱歌走调、破音，在游戏体验时摔倒在地出丑，故意地矫揉造作，只要观众觉得开心，她都可以放下包袱、不顾形象地去做，这是她的可贵之处，也是可爱之处。

主持人使用滑稽反讽时，对于分寸的把握需要智慧，否则不仅不会给人带来快乐，反而容易让人产生不适。谢娜在主持中，常常会自嘲自己智商低，外表丑、土、傻，这些听上去并不是什么好词，但每次谢娜在节目中把这些词用在自己身上时，都是合时宜、合情景的，并且因为有搭档何炅的默契配合而相得益彰。值得注意的是，谢娜几乎没有将贬义词用在嘉宾、观众身上，也不随意嘲笑或点评别人。这和当下有些网络主持人随意评点、贬低、取笑嘉宾和他人以博取关注度形成鲜明对比。

三、演绎表达

在谢娜的主持语言中，演绎表达是她主持艺术风格中的一大亮点。对于主持艺术风格，谢娜是有思考的，在其第二次离开《快乐大本营》时，她坦言在拍戏期间还在思考“如果我以后还可以再主持的话，其实完全可以把表演的成分带进去，非常谢娜风格的主持”。演绎表达很容易吸引观众的目光，带观众进入某种情景。这种表演式的主持，能让观众很享受。当然，主持人自己也应该享受这种异于常规主持的表现形式。这种演绎式的主持特点与谢娜的表演体验有密切联系。在谈到自己刚到北京打拼的艰难，生活拮据，在剧组为了避免不必要的尴尬，拍完戏吃饭时，她总是一个人躲到麦当劳，要一杯饮料坐在靠窗的位置休息，“在那里看着来来往往的人，观察别人的家人，看每个人脸上不同的笑容和洋溢的快乐，就觉得自己也感受到了快乐”①。观察生活，观察人物，在观察中捕捉他人的表情，感受别人的情感，这对艺术创作者而言其实是一种很好的训练。这种对细微表情和动作的观察积累，在谢娜日后的节目主持中发挥了很重要的作用，也形成了她独有的主持方式，即演绎式表达。在《偶像来了》某期节目中，谢娜模仿几位女明星，就展现了她善于观察的能力，并将表演融入其主持中，制造了很好的娱乐效果。

谢　娜：我模仿一下大家好不好，我先模仿那个岗岗（杨钰莹）。青霞姐，我们觉得你就像是画上的人，霎时间就飘下来了，让我们觉得难以置信，真的谢谢你。

宁　静：连嘴型都像。

杨钰莹：好像好像，看那个侧面，我就真的好像看到了自己。真

① 谢娜．娜写年华[M]．长春：北方妇女儿童出版社，2012：40.

的像，真的像。

谢　娜：涵哥。翻炒是情感的升温，糖醋是情感的蜜意，做一碗面条何尝不是一种柔情。

汪　涵：我手没这样，没这样。你这是岗岗和我的结合。

谢　娜：接下来谁啊？

汪　涵：静静(宁静)。

谢　娜：为什么每次，我在哪个组，哪个组就倒霉啊？节目组针对我，我们是人气组。

张含韵：她好厉害啊，那么多词都能记得，噌一下就出来。

谢　娜：接下来谁？娜扎。娜扎和青霞姐是一组的。(模仿娜扎哭腔)我觉得，我说什么都是错的。(模仿林青霞安慰娜扎)哦，娜扎，我真的好心疼，我好像看到了我的女儿。娜扎没关系，我们会保护你。(模仿娜扎)朋友都叫我不要看，可是，我还是忍不住去看。

下一个谁啊？茵茵吧(朱茵)。大家，你们到哪里了？我现在还在内蒙古，八件行李丢了七件。你们到哪里了？大家好，现在是凌晨两点钟，我还没有回家。

蔡少芬：好像。

朱　茵：我真的是这样的吗？

谢　娜：我的普通话真的一点都不普通。

杨钰莹：音质学得太像了。

宁　静：你学含韵。

谢　娜：含韵好学。哎呀大家不好说我，我要减肥。(随即谢娜学张含韵，要减肥的话音一落，却拿起一片面包往嘴里塞，引得众人大笑)

学娜比(欧阳娜娜)。娜比，你为什么漱口了还吃东西？我在长身体啊。何老师太熟了，怎么这么不好学。她笑死我了。

谢　娜:(学)娘娘啊。

蔡少芬:学好一点。

谢　娜:拖着大长裙。啊,坐这个车啊,要不要那么夸张?评委,我这里有冬瓜有南瓜,这里啥瓜都有啊。

蔡少芬:我哪有这个样子,我打死你。

汪　涵:你学到娘娘怎么一股宁乡口音啊。

谢娜这一段对各位明星的模仿惟妙惟肖,在网络上也引起了网友的热议和追捧。在这一段模仿中,谢娜把嘉宾们的语言和神情特点抓得很准,通过演绎表现出来。演绎表达需要技巧,涉及主持人对喜剧节奏的把控,这一点谢娜是有专业素养的。她曾提到:"这些年演了300多场话剧,赖声川老师给我的机会,一个是《暗恋桃花源》,一个是《十三角关系》,让我没有在北京完成我的艺术院校梦想的一个人,通过赖老师的话剧,学到了很多喜剧节奏,这个是我觉得非常珍贵的经验。喜剧节奏,对于主持也是很重要的。"可见,演绎表达这种方式是谢娜喜欢并擅长的,所以在节目中,她可以做到张弛有度,不墨守成规,没有明星包袱,如同一个邻家女孩在舞台上尽情地释放自己的天性。

在2010年6月26日《快乐大本营》一期主题为"他们夏了夏天"的节目中,谢娜扮演了玛丽莲·梦露,她在舞台上非常忙碌,表演浮夸搞笑。谢娜穿着梦露式的碎花裙,手里提着一个老式电风扇出场,模仿梦露裙子被吹起的画面。

何　炅:梦娜小姐,请问你最喜欢夏天的什么?

谢　娜:我最喜欢夏天的碎花裙。

何　炅:最不喜欢夏天的什么呢?

谢　娜:假发,因为夏天戴着有点热。

何　炅:那请您给夏天做个20秒的总结好吗?

谢　娜:好。我爱夏天,因为我可以穿上我的碎花裙和碎花裤,我还可以戴上我的假发,只是有点热。夏天我最讨厌的就是，蚊子，因为我露得比较多，蚊子咬的地方也比较多。希望每个人在夏天，感受到夏天的快乐，再一次爱大家。

在2014年4月26日，《快乐大本营》邀请了出演《大丈夫》的女演员李小冉做客节目。当大家谈到对李小冉的喜爱时，谢娜模仿李维嘉。

何　炅：昨天娜娜其实是客气一下，她本来想说闺蜜嘛，跟小冉去聊一聊。因为知道维嘉、吴昕、海涛都很喜欢看《大丈夫》，她就跟维嘉说，我们要去小冉的房间跟她聊天，要不要去。

维　嘉：而且那时候车门都已经关了，就是已经不打算回去了。我说好啊。（维嘉做了一个拉开车的手势。谢娜立刻学维嘉当时的表现）

谢　娜：你知道，维嘉是这样的。维嘉说，哎呀好困，要回家。我说我们要去找李小冉。（维嘉说）是顾晓珺吗？是顾晓珺吗？我有话要跟她说。

谢娜的模仿夸张、搞笑，为观众再现了李维嘉当时要见偶像的激动样子，令观众捧腹大笑。这些无厘头式的表演、演绎式的表达，让观众感受到一个不一般的女主持人。演绎表达需要主持人做一个用心人、有心人，把自己放下，用心去感受他人的感受，才能发现和捕捉嘉宾（他人）的特点，并且通过适当的模仿表演出来。当然，谢娜主持艺术风格的构建还得益于湖南卫视懂得给主持人的主持艺术风格留有发展和成长的空间。相比于其他媒体平台，这一点实属难得，这也是谢娜能够在湖南卫视慢慢建立起自己独特主持艺术风格的一个很重要原因。

关于演绎表达，这里需补充说明一点，无论是表演艺术还是主持艺术，都有表演的成分。生命体验是表演艺术创作和主持艺术创作的重要源泉。而这二者不同的是：演员在生活中如果体验过亲人离世的悲伤情感，或者爱情背叛的伤痛欲绝、友情伤害的愤怒痛苦，那么他可以把这种体验储存在自己的记忆中，在表演艺术创作中予以真实呈现，进而用这种真实的情感打动观众；而主持和表演不同，主持人还承载着沟通、宣传、传播的重要作用，一个主持人如果同样体验过亲人离世的悲伤情感，或者爱情背叛的伤痛欲绝、友情伤害的愤怒痛苦，那么他在主持艺术创作中，由于职业要求以及节目宣传的社会责任，却不能将这种体验在节目中直接随意地宣泄，这些情感需要主持人经过内在过滤，通过理性的牵引，提炼出坚强、美好、正能量的东西，然后再呈现给观众。此外，在面对嘉宾时，若对方也有过类似的情感体验，那么主持人则可以很好地和嘉宾进行深层次的交流，引导嘉宾的情感，把握节目的节奏，这是生命体验对主持艺术创作很重要的一点。

第二节　新奇型主持语言中的人生体验特点

"艺术是一种精神产品，是心灵化的东西。艺术沟通依赖于艺术家和读者具有体验心灵的能力。"①节目主持艺术的创作前提是主持人具有一定的"体验"能力。前面也解释过，这种体验不是我们通常意义上所理解的某种经历、经验，而是通过这些经历、经验所体验到的某种生命价值和意义，艺术创作者再把这种印象、情感、感觉、经验进行内在加工，呈现在主持艺术创作中。透过主持人的主持语言，我们可以窥探其一些独特的人生体验。

谢娜主持语言中的搞怪逗乐、自嘲自黑，从某种角度说，也是对生活不如意之事的一种释怀。自嘲自黑需要勇气，我们能够在谢娜身上感受到这种勇气，甚至是一种男儿的豪气。这股豪气让她在生活中没有一般女生的娇羞柔弱，反倒多了一股飒爽。或许正是因为少了生活中世俗观

① 王一川．审美体验论[M]．天津：百花文艺出版社，1992：130．

念的牵绊，她才能像个男儿一样去为生活、为理想奋斗，向命运宣战。一个敢于挑战命运的人，在舞台上扮丑、自嘲、自黑又算什么呢？

自嘲自黑是幽默的一种，而且是很高级的一种。幽默不仅仅是一种语言表现，也是一种人格体现。李长之认为幽默是人生和文艺里很重要的一个成分，幽默包括智慧和超脱，而且还有一点悲悯和温暖。“凡是‘化不开’的人物不会懂幽默。”“所以懂幽默的人或者在某一刹那而处在幽默空气的人，他一定持有一种超功利的态度。”①只有超功利的人，才能理解纯粹的幽默精神。谢娜应该是具有这种纯粹精神的人。幽默很多时候是灵光一现，借由灵感而出，这种灵感“不是由外而来的，却是自内而生的”②。一个主持人若能够积极地体验生活，去体会生命中的喜怒哀乐，捕获生命意义的瞬间，那么其在进行艺术创作时，那些体验自然就会生发成灵感，为艺术创作服务。虽然谢娜时常自嘲自己土、丑、傻，这股幽默精神让她毫无尘土气，反倒让她的精神迸发出一种光芒，这种光芒可以温暖亲情、友情和爱情，让人们看到更多美好的存在。人们都说，谢娜是可爱的，但是，真正的可爱不是表面的某些行为举止，而是一种内在的精神内涵，这种精神包括对人生百态的理解、对情感的体验。仅从这一点来说，谢娜是一个深于情者。

2014 年 4 月 26 日《快乐大本营》的节目嘉宾是女演员李小冉，也是谢娜的好朋友。谢娜对与李小冉之间友情的回忆，让人体会到她对情谊的珍视。

谢　娜：十年前，我们在一起的时候，我那个时候是什么状态，就是一身的缺点，要不然不会我对着镜子我都觉得自己好丑。

……

---

① 李长之. 司马迁之人格与风格[M]//李长之文集：第 6 卷. 石家庄：河北教育出版社，2006：427.

② 李长之. 道教徒李白及其痛苦[M]//李长之文集：第 6 卷. 石家庄：河北教育出版社，2006：19.

何　灵：小冉哪一件事情做得最让你感动？

谢　娜：有一个心痛的，有一个感动的。心痛的是，有几年，小冉和我完全失去了联系，然后我试着打过她的电话，打不通。到后来突然有一天我知道，她没有跟我们联系的这几年，是她非常非常困难的几年。

何　灵：其实那个时候的小冉是最需要我们，最需要朋友的。但是因为她觉得当时她自己的状况没有办法保护好自己的朋友，也没有办法给朋友一个很舒心很温暖的笑容，所以她干脆就把所有的朋友从自己的生活当中屏蔽掉，……她把我们的感受，看得很重要。所以自己（谢娜）恨，没有参与到她（李小冉）难的那一段，但是与此同时又觉得，另外一种温暖，另外一种被保护。

谢　娜：那是我心痛。小冉让我感动的是，就是我结婚。我知道小冉那段时间很辛苦，甚至她的状态不适合参加这样一个喜庆的场合。我觉得她是很不适合的，但是我还是弱弱地去问她。因为我觉得她是我十年前，什么都没有，就是照顾我，然后就是不嫌弃我，很爱我的这么一个朋友。（谢娜说到这里哽咽了）然后我就弱弱地去问她，我要结婚了，你要不要来当伴娘啊？她说我一定要去啊。我说你可以吗？她说“我要去”，但是她说，“那天其实是没有时间的，但是我想办法赶过来，但是当天我就要赶走”。

……

李小冉：当时我记得我走的时候，在车上发短信。这个短信其实我觉得最最难过的一句话就是，“我们都回不到从前了”（大屏幕出现了当时这条短信的内容，观众不禁为之动容）

……

谢　娜：我记得我回了一个短信，这里有吗？我说“我们回得去，我们可以把不好的都忘掉，只要我们向前看，只要我们一直在一起，我们还是可以像以前一样无忧无虑。小冉你一定会幸福的，我爱你”。

谢娜为圆演员梦曾有多年“北漂”奋斗经历，在漂泊中对亲情、友情、爱情有着深刻的体验。当谢娜说出“我觉得她是我十年前，什么都没有，就是照顾我，然后就是不嫌弃我，很爱我的这么一个朋友”时，这是她在生命体验中对友情最深切的体会和表白。只有同样无私的人，才能对等地理解友情，珍视友情。一个能够给予他人快乐的人，并不是他的生命体验中没有痛苦，没有忧伤，没有眼泪，恰恰相反，有时候正是痛彻心扉之后，才能够明白笑的意义。这强烈的体验正来自我们的内在。如果说肉体是我们的外在，内在则是我们的心灵或精神。哲学家倭铿认为，“内在是生活真正的承载体，内在可以统御外在，可以赋予外在灵魂，……一个精神王国，它以自身的真善美为人造就了一个涵括广阔世界的内在统一体，让人一同领受它的全部内涵和美好”①。这是一种内在的精神世界、精神生活，这种精神生活的主要载体为艺术和科学，而体验的作用就是唤醒我们内在的精神世界。在艺术创作中，“体验是人在‘实践’中，在‘身体力行’中产生的心理、生理等方面的综合感受，它是劳苦、悲痛、快乐、绝望、希望等的综合体”②。体验是艺术创作者深刻的内心感受。在生活中体验，“体验的生活方式就是‘求放心’的生活态度，就是‘依明觉’的生活态度。它要求人们返归本心，认真体会什么是幸运与苦难、黑暗与混乱、价值与意义，并在内心反复琢磨关心自己的灵魂的去向”③。即使是综艺节目主持人，也应该积极地进入生命体验活动。体验是用一颗善于感受的心，体察生命中的不易和美好。没有深刻的生命体验的喜剧，就如同低级无趣

① 倭铿．人生的意义与价值[M]．周新建，周洁，译．南京：译林出版社，2013：10．
② 王一川．审美体验论[M]．天津：百花文艺出版社，1992：166．
③ 刘小枫．诗化哲学[M]．济南：山东文艺出版社，1986：182．

的搞笑,最后会变成矫揉造作的作秀,不仅不能得到认可,反而将招来观众的厌烦。

第三节　新奇型风格对观众的影响效果

一、新奇型风格构建与生命体验

前面谈及主持艺术风格与生命体验的关系时提到:第一,播音主持艺术风格的构建需要一个漫长的探索过程;第二,播音主持艺术风格的构建并不能靠模仿而得,一定是独具个人特色的;第三,最为重要的,也是根源性的问题,播音主持艺术风格的构建需要靠体验完成,通过内在的生命精神的活动,对人生意义进行反思并探寻生命的价值,进而得到体验。只有勤于对人生百态进行积极的思索,在痛苦或快乐中感受生命的价值和意义,才能从中得到创作的灵感,并逐步构建自己独特的主持艺术风格。谢娜主持艺术风格的形成与成功,并不能归因于她表面的嘻嘻哈哈、逗笑搞怪,而是与她独特的人生体验有着密切的关联。

谢娜曾经为了自己的演员梦,16 岁便去往北京,在北京奋斗了十年,世间百态让小小年纪的她体验到了人情冷暖。一心在演艺圈发展的谢娜,后来却阴差阳错得到一个机会,成了湖南卫视《快乐大本营》的主持人,而取得主持人职位的过程却是一波三折。最早因为她标新立异的主持表现,正如她的风格"新奇的,抛弃古旧的,追求新颖的,未免走着危险和诡异的路子的",所以当时她的主持风格并没有得到台领导和观众的认可,后来经过了漫长的磨合和探索才逐渐构建而成。

起起伏伏的这些年,有幸运,也有不幸,但谢娜就像一个不倒翁,被打倒又弹起来,始终保持着积极、乐观、坚强的心态,坚持在理想的路上。谢娜说,天才是永远不会被平凡的人所理解的。"别人笑我太疯癫,我笑他人看不穿”，这听上去有些玩笑的意味，但确实有些道理。一些天资独特的人，总是要遭遇到生活里那些缺乏情感和想象力的世俗之人的嘲讽和轻视，但是，真正的天才正是在遭受到无数次的打击，甚至是暴击后，才逐渐释放出自己强大的光芒。谢娜独特的主持艺术风格与她个人的生命体验关联密切，可以说，她的人生体验深深影响着她在节目中的表现，以及她主持艺术风格的构建。

有艺术天赋的人爱做梦，梦想是美妙的，是让人可以付诸生命的热情去追逐的。谢娜自小就是一个爱做梦的女孩。小时候想当警察，因为警察是正义威武的化身；想当运动员，因为运动员可以为国争光；后来因为自己爱唱、爱跳、爱说笑的性格，被人推荐去考表演，进入影视院校学习，本来以为可以在影视圈成为大明星，不想却在主持界成为熠熠生辉的主持人。这一切就像一场梦一样美妙，梦想有时候或许不是拿来实现的，它只是让一路坚持追梦的人变得越来越美好，即使最后心里的那个梦想没有实现，但是上天一定会回报给他另一个美好的样子。在追梦的路上，谢娜有这样的体验：

> 天上偶尔会掉馅饼，不过一开始肯定是你抱着石头傻啃的时候，旁边的人看不过去了，给你扔了一疙瘩金子。
>
> 很多事情不怕你不去做，最怕的是你不去想。只要你有想法，愿意去为了这个想法而实施行动，可能结果不一定会是你最开始想要的，但是一定会是最好的。①

没有哪个有所成就的人是一帆风顺的，相反，成就越是大的人，往往经历的磨炼越多。谢娜在艺校读专科时，因为普通话不好而遭到嘲笑，于是便每天刻苦训练普通话，与学校山后的放牛娃对话，让放牛娃听自己的发音。关于那段经历，谢娜有这样的体验：

---

① 谢娜. 娜写年华[M]. 长春：北方妇女儿童出版社，2012：25.

> 一个人只要想做成一件事情就一定能够做成，不同的只不过是时间的长短，同时如果身边有一个人一直鼓励你，陪着你一起从不好走到好，绝对会缩短你成功的时间。虽然说我的成功是我自己努力得来的，但是在那个没有人愿意和我对话的日子里，确实是放牛娃给了我敢于大声说话的机会，因为你不说出来，就不知道自己到底说得好不好。就像《勇往直前》里面说的，你不勇往直前，就永远不知道你会到达哪里。[①]

那些开朗乐观的人并不是没有体验过苦痛，相反，他们对苦痛的体验比普通人往往更加深刻，但他们却能够在每一次挫折中，磨炼意志，激发精神。谢娜在十几岁的花样年华里，遭遇了家庭变故，生活陷入窘境，但父亲的隐忍、坚持、豁达给她带来了正能量，是她保持快乐本色的力量源泉。因为家庭的变故，谢娜半工半读完成学业后，决定到北京追逐梦想。因为要参加北京的全国影视推新人比赛，父亲把她送到成都，却因为没钱舍不得开房间，自己一个人偷偷在车站录像厅花 5 元钱坐了一晚上。“无论自己发生了多大的事情，转身面对他人，都永远是一副轻松自在的表情，痛苦自己一个人承担，快乐让每个人分享，这就是爸爸带给我的。”[②]父亲这种坚强乐观的心态深深影响着谢娜。当家庭遭遇不公对待时，谢娜的父亲没钱请律师打官司，就自己买法律书，用了 3 年的时间打赢了官司，赢回了尊严。谢娜坦言：“我觉得很震撼，觉得爸爸很伟大。从那天起，我就把裁决书复印了带在身边激励自己，有困难的时候看看它，想到爸爸拿起第一本法律书的时候，一切从头开始的艰难，就觉得没什么是可以难倒我的。”人生的意义就在于面对挫折、打击时，要奋起反抗，超越自我，这些经历让谢娜对生命有了更加深刻的体验。人生的走运和倒霉是轮回的，保持平和健康的心态很重要。“它能够让我们头脑清醒，理解福祸的辩证关系：走运时，要想到倒霉，不要得意过了头；倒霉时，要想到走

① 谢娜．娜写年华［M］．长春：北方妇女儿童出版社，2012：37.

② 谢娜．娜写年华［M］．长春：北方妇女儿童出版社，2012：53.

运,不必垂头丧气。心态始终保持平衡,情绪始终保持稳定,此亦长寿之道也。"[①]明白世事无常,人生需要磨砺,便能保持积极乐观的心态。

谢娜在北京拍戏时,有一次,她被通知去北京郊区的怀柔领演戏的酬劳,可是从她住的地方到怀柔要8块钱的路费,身无分文的她,在5平方米的出租屋里翻天覆地地找,试图找到一张钞票。找了一个多小时,就在她要绝望时,居然从一个牛仔裤的裤兜里找到了一张皱巴巴的20元钞票。当时她觉得自己是多么的幸福,多么的富有。有的人也许会为没有钱而烦恼哭泣,可是有的人却是努力想办法去解决问题,在问题得到解决时自得其乐,谢娜便是后者。在这样窘迫的生活中,谢娜把积极乐观的精神发挥到了极致,去对抗生活的碾压。这段经历带给她这样的体验:"其实人就是这样,你要把事情想得好了,它就是天堂,可是你非要认为它是地狱,那你肯定不好过了,心理暗示是大于现实状况的。"在这个世界上,有的人历经沧桑后,被生活击倒,从此内心变得悲观、阴暗,此后每件事他总是习惯性地先看到不好的一面,把事情想得消极甚至阴暗,这种阴暗的心理久而久之腐蚀着他的心灵,直到他失去人的灵性与生命的活力;而真正优秀、美好的人,历经世事沧桑却依然可以保持一颗纯净的心灵,发现生活中积极美好的一面。前者即使拥有再多幸福,他也感知不到,也不懂享用;而后者即使在拥有最少的时候,他也能使自己成为世界上最幸福的人,拥有爱别人、爱自己的能量。

谢娜在《快乐大本营》主持人岗位上经历了三进三出。谢娜一开始的主持身份是嘉宾主持,在结束嘉宾主持的任务后,她第一次离开了主持的舞台。此后谢娜有了第二次进入《快乐大本营》主持的机会,但后来,却被淘汰。2005年8月13日《快乐大本营》的节目内容是"谢娜拉票会",节目组根据观众的投票决定主持人的去留。也是在这一期节目中,谢娜自己和《快乐大本营》团队都提到了其主持风格的问题。在拉票感言中谢娜提到:"我担心我没有足够的经验,也担心我的风格不是每个人

① 季羡林. 季羡林谈人生[M]. 北京:当代中国出版社,2007:16.

都喜欢。”在亲友拉票队里，谢娜的一位老师对谢娜有这样的描述：

> 我认识谢娜的时候是1995年，第二届全国推新人大赛。以前她在主持这个节目当中，我也接受不了她那种感觉，她那种疯疯癫癫的感觉，呀呀呀，呀呀耶耶，我接受不了，但是现在我可以接受了。她代表的是一种时尚，她代表的是跟其他主持人完全不一样的风格，恰恰能够给观众留下一个更好的印象。

谢娜的老师形容这种风格“疯疯癫癫”。带点浮夸的表演式主持，在20年前的中国主持界来说，的确是新鲜的，所谓“摈古竞今，危侧趣诡者也”。也因为这种铤而走险的新奇，谢娜在投票中被淘汰。刚有点希望却再次被命运重重摔入谷底的谢娜，对于那段经历的体验极为深刻：“刚起来一点，就掉到了谷底，那种感觉就好像本来挺暖和的天，突然有人哗啦冲你头上浇了一盆冷水，让人措手不及。我觉得自己挺坚强的，好像已经到绝境了，但是我依然能够快乐面对生活，我觉得自己需要给自己找点乐趣。”在生命中体验大起大落的激荡，体会有失有得的奇妙，在体验中，谢娜捕获到了生命最有意义、最美好的一面。

被淘汰之后，谢娜第三次回到《快乐大本营》时，只能坐在舞台一侧当评审嘉宾，看着何炅、吴昕、海涛在台上主持节目。谢娜要在自己觉得合适的时候冲上去表现自己，但这需要她能够找准笑点，否则即使冲上去表现一番，最后也会被无情剪掉。坐冷板凳对于任何一个有表达欲望的主持人来说都不好受，那种感觉带给人心理上的伤害是很难消除的。谢娜自己也坦言：“坐在沙发上看主持的心情我到现在都记得，最难受的状态。”①凡所经历的世事，你愿意去捕捉什么，留住什么，取决于自己本身。对于谢娜来说，在失意的那段时间，她体验到的是更加积极的东西。“那段时间让我知道了什么是观众喜欢的东西、好玩的东西，什么是随意的玩笑和轻松的插科打诨。”②因为得到越来越多观众的认可与喜爱，谢娜终

①② 谢娜．娜写年华［M］．长春：北方妇女儿童出版社，2012：95．

于从舞台旁边再一次站在了舞台中央,从此成为《快乐大本营》中一位耀眼的主持人。生活就是这样,在你以为失去了一切的时候,它一定会甩给你一些东西,而这些东西对于正在寻找成功之路的你来说也许至关重要,就看你有没有一双慧眼看到它了。不自暴自弃,学会忍耐、包容,做好该做的准备,等待机会的来临,这对于有梦想却深陷低谷的人来说十分重要,是一种可贵的人生体验。

正是因为被打击得多了,才能理解默默承受、努力坚持的意义,才能在被打击与被否定中去思考人生的意义和自我存在的价值。命运反复无常,有的人被击倒,有的人却越挫越勇。谢娜就是那种越挫越勇的人,在舞台上的她是那样的勇敢洒脱,这正是不轻易放弃、不服输的精神表现。谢娜对那段低谷岁月的体会是:“好像总是不断地出现希望,然后又变成失望,反反复复,被打击多了,反倒就看得开了,就常常安慰自己肯定是自己还有哪些地方做得不够好吧……既然这样,我还是一步一步踏踏实实地做吧。”①历练可以让我们的内心变得更加笃定、柔软,而不是变得更加强硬、冷漠。前面提到过,在体验美学中,“人对于痛苦经验的深浅,乃表示他生命力充实的程度”,但是,倭铿指出,挫折和痛苦本身并不具备美好的性质,它们只是能够进一步激发我们内在的精神活力。“世界充满了痛苦,生活充满了逆境,这是无法逃避的,但不能因此而肯定其绝对的价值。中国人素来重视痛苦和逆境对人格生成的意义(孟子、司马迁),但这并不等于说痛苦和逆境就是应该予以承认的价值。……承受苦难、隐忍痛苦只能是为了最终消除苦难,为别人减轻痛苦。”②在体验中,我们承受痛苦,在痛苦中激发出一种强大的内在精神力量,可以体验到别人无法体验到的某种境界,在痛苦中更加深刻体验生命的意义和价值。在电影《孔子》中,饰演孔子的周润发与饰演卫国君夫人南子的周迅有一场对手戏,两人从《诗经》谈起,谈到国家,谈到作为一个人的精神追求,南子最后轻

---

① 谢娜. 娜写年华[M]. 长春:北方妇女儿童出版社,2012:175.

② 刘小枫. 诗化哲学[M]. 济南:山东文艺出版社,1986:144.

轻地说了一句:“世人也许很容易了解夫子的痛苦,但未必能体会夫子在痛苦中所领悟到的境界。”就这一句话,触动孔子的心弦,令孔子眼睛湿润。一位是灵动通透,一位是高岸深谷,却都能通达生命的同一高度,产生共鸣。常人也是如此,往往能够理解别人所遭遇的困苦,却不能体验他人在困苦中所体验到的某种境界。这种境界可能是通过深沉厚重体现出来,也可能是通过纯真灵动体现出来,或许谢娜就是第二种,把困苦转化成最简单直白的快乐,传递出来,感染他人。

新奇型主持艺术风格的主持人是理想主义者,这从谢娜对待友情的态度上可以感受到。谢娜说:“友情和利益哪个比较重要?我想我会选择友情。利益是一时的,友情却是一辈子的。”[①]对于友情和利益,有的人选择利益当先,先维护好自己的利益再顾及友情,而真挚无私的人往往注重感情,懂得付出的意义,当利益和友情冲突时,甚至不惜牺牲自己的利益去维护朋友。想要成为一名出色的艺术创作者,则需要一颗超功利的心,只有这样才能创作出真正的艺术,成为真正的艺术者,因为艺术本身是超功利的。在主持艺术中也同理,优秀的主持人会懂得珍惜、欣赏与发现,从真挚的情感中汲取能量,为艺术创作提供源泉。谢娜对于友情是这样理解的:“大约是惺惺相惜吧,我自己是一个经历了很多磨难的人,总是不被人理解,所以我的朋友圈中也差不多都是那种为了自己梦想坚持不懈而努力的人。我对这样的人也都非常尊敬,一个人心中有大爱,能承受天下之大不韪,放得下天下,这样的人必定也是值得交往的一生的知己。”[②]这是对友情的深刻体验,这段话让我们感受到谢娜的一股侠义之情。谢娜在自传中,写了不少帮助过她的朋友,在她“北漂”的艰难日子里,友情带给她的温暖,她深深记在心里。有时候,我们被挫折折磨得绝望透顶时,友情的鼓励让我们有了更多勇气去接受挑战。只有懂得感恩、不自私的人,才能享用这种情感,受惠

---

① 谢娜. 娜写年华[M]. 长春:北方妇女儿童出版社,2012:104.

② 谢娜. 娜写年华[M]. 长春:北方妇女儿童出版社,2012:124.

于这种情感。珍贵的情感可以让我们的内心变得柔软、强大，一个内心柔软而强大的人才能坚持到最后。谢娜在经历了起起落落之后感慨道："我觉得感情很重要的是懂得爱和珍惜，一起去面对和度过困难，任何困难都是对感情和对人的历练。经历过困难后我觉得感情会变得比较深。每个人需要谢谢的是磨难以及给你磨难的人。或许，就像我，我如果不经过考学的失败，演小丫鬟，到没有工作的磨难，也不会有今天工作上的成绩。"[①]我们说体验是情感的体验，谢娜不愧为体验者。我们常常以为，嘻嘻哈哈、搞怪浮夸是肤浅的，但是，在主持艺术中，它也许是另一种深沉的表现。如果卓别林没有对社会底层生活的体验，那么他也不能将那么深切的欢乐带给观众，可是我们往往看到的是他滑稽搞笑的表面，难以体会他在痛苦中所体会到的深层境界。

一路走来的各种经历让谢娜对人生、对生命有了自己独特的体验。

谢　娜：在那些日子，我知道，求人也没有用，撒娇更不可能有用，你所有东西必须要靠自己。（考学中戏和北影失败以后）我知道我家里的情况，不可能再负担我几年的学费、生活费，不可能，所以我当时在第一次失败后，坚决地决定，再也不去做这件事情（继续考中戏、北影），（放弃考学）这跟我的性格是相违背的，（于是）我就开始在北京，我说我要用实践来弥补我没有上学的这些遗憾，我就开始只要有工作我就接，各种各样的形态太多了。

"所有东西必须要靠自己"，正是因为有了这样深刻的体验，从中所获得的强大的精神力量让谢娜鼓起勇气去面对各种艰难和阻碍，直到成就了优秀的自己。这些深刻的体验也影响着谢娜的主持艺术风格构建。我们在节目中看到她的搞笑，是她生活中积极乐观的一面，她的坚韧拼搏一面体现在每次节目中的游戏体验部分。《快乐大本营》前制片人罗昕

① 谢娜. 娜写年华[M]. 长春:北方妇女儿童出版社,2012:137.

介绍说："谢娜每一次游戏，都是带头冲到前面，给嘉宾做讲解、做示范，把自己最好的状态呈现出来，让嘉宾放心，你们可以来玩，是很安全的，很好玩儿的。这个对现场情绪的调动起到了非常大的作用。"

谢娜是情感者，且情感浓烈。情感过于浓烈者，不得不通过某种外在表现来宣泄内心炽热而真挚的情感。谢娜懂得爱，更懂得爱别人，她爱别人最直接的方式就是用快乐感染别人，哪怕自嘲自黑，所以她也能得到别人的爱。从这一点来说，她的可爱十分难得。董卿在《朗读者》中赞扬已经96岁高龄的翻译家许渊冲老先生很可爱。可爱，是真挚的情感、纯澈的心性，是一种可贵的生命精神，是老子所言的"专气致柔如婴儿，涤除玄鉴犹赤子"。

二、新奇型风格对观众的影响效果

谢娜从《快乐大本营》到《百变大咖秀》《娜就这么说》《偶滴歌神啊》《偶像来了》《我们来了》《神奇的孩子》《向往的生活》，其新奇型主持艺术风格越来越凸显，就像一颗珍珠，被打磨得愈加圆润有光泽。节目中的谢娜极大地释放自己的激情，用快乐感染观众。多年的付出也让她有所收获，那就是观众对她坚定的支持和鼓励。她哭，观众便心疼；她笑，观众便安心。观众喜爱她、关注她，称她为"太阳女神"。可以说，谢娜在《快乐大本营》中找到了最适合自己的位置和表达方式，她的主持艺术风格在合适的舞台上有了成长的沃土。当然，有观众肯定，就会有观众否定。因为，每种主持艺术风格都有其独特性，也有其局限性。当谢娜离开适合她的节目或者环境，她的这种风格就未必能得到观众的喜爱，甚至还会引来质疑。

2014年谢娜与朱军主持第十届中国电视金鹰艺术节开幕式文艺晚会，在这次大型综艺晚会的直播主持中，谢娜显得有些力不从心，难以把控，和朱军几乎对不上话，甚至好像很难清楚完整地说完一句话，一度被朱军救场。二位表面上看起来很热乎的交流，其实透着尴尬，观众看得也尴尬。也正是因为这次主持,有些业内人士以及网友表现出了失望情绪,对谢娜的主持能力提出了质疑,大量批评谢娜不会主持、主持功底差、没文化的声音在网上出现,批评的声音也很严厉。有网友在微博留言:“看了几眼金鹰节晚会,真为谢娜尴尬,连一句完整的话都说不好。真心诚意心平气和地建议谢娜平时别只顾在微博自拍修图自称女神了,没事多看看书总没坏处的。观众有时候是喜欢看小丑嘻哈疯癫、神经兮兮地卖蠢,但也要看场合啊,颁奖礼这样大场合能少来就少来吧!你自己无知没关系,可别把观众当傻子啊!”

之后,谢娜发了一条微博,捧着自己的自传回应“听网友的话多读书”,用自己一贯无厘头的玩笑方式化解了这场风波。如果从主持艺术风格的角度来分析,批评谢娜不会主持、主持功底差,或许是有些偏颇的。前面提到,任何一种受欢迎的主持艺术风格都有它的局限性,每一种主持艺术风格都有适合它表现的舞台,也有它并不擅长的领域。谢娜的主持艺术风格在这类大型直播综艺晚会中并不适合,或者说,她的风格在这种大型直播综艺晚会中,没有得到很好的释放和发挥,相反还放大了她的不足。这其中或许也有晚会组对主持人的设计、角色分工考虑得不够细致等问题。现在存在一种现象,活动方总认为只要是有名气,便有收视率,恨不得什么节目、什么活动都让有名气的主持人上,殊不知这未必会带来预期效果,相反可能会放大主持人某些方面的不足,给节目带来适得其反的后果。从另一个角度看,不加选择地去接各种节目的主持活动,这是不是也算是主持人不够爱惜羽毛的表现呢?毕竟主持艺术不是表演艺术,表演艺术的创作需要演员不断打破自我,塑造各种新的艺术形象,而主持艺术的创作由于其特殊性,需要主持人对自己的主持艺术风格有所认识和保护,新的尝试应该建立在对主持人的主持艺术风格的研究上,然后进行贴合度高的安排和设计。

前面提到过的《纳尔齐斯与歌尔德蒙》,讲述了两位个性格迥异的青年:纳尔齐斯崇尚理智,克制欲望,是一个生活于知识中的人物,一生醉心于追逐高深严谨的理论知识,是一个了不起的艺术理论家;而歌尔德蒙是一个感情丰富，用自己的情感去体验生活、感受生命的人，经历半生浪迹天涯后，成为一名优秀的雕塑艺术家。这部小说探讨的正是在艺术创作中知识与体验的关系，作者认为，在通往艺术创作的道路上，知识理论可以通往艺术殿堂，而体验实践也同样可以到达艺术殿堂。在大型直播综艺晚会中，或许的确需要一位不仅面容姣好，而且更有扎实学识理论基础的女主持人，在舞台上把控全场。如果说，这类学识型主持人是通过知识与理论的修炼到达主持艺术巅峰的，那么谢娜显然是歌尔德蒙类的“体验派”，即用生命去体验，通过体验来理解主持艺术，在实践中形成自己独特的主持艺术风格，从而走上主持艺术的巅峰。

在观众的脑海中，谢娜就是一个活泼泼的、清楚的影子，这种活泼泼乍看起来似乎没有壮丽型主持艺术风格那般宏伟叙事、论断卓越，不如远奥型主持艺术风格那般静水流深，也不如典雅型主持艺术风格那般文雅柔婉；没有果敢型主持艺术风格那般犀利大胆，不如繁缛型主持艺术风格那般才情满腹，也没有显附型主持艺术风格那般周全熨帖，但是谢娜的这份新奇却是独特的、难以取代的。谢娜的朋友评价她：

李冰冰：我从来没见过她流泪，就感觉这女孩儿一天没愁事儿，就是开开心心、高高兴兴，永远都是傻呵呵地笑。每个人内心可能都有自己最脆弱的地方，看到她那样的时候，觉得心里还是蛮心疼的。

周　迅：其实她是一个很细腻、挺脆弱的一个人，其实挺敏感的。所以一般都说，就是带给别人很多欢乐的人，自己都有很多难受的事情，是埋在心里。我觉得这句话也是对的。

朱　茵：我觉得她很可爱，她是值得去被爱的，就是因为她的工作需要，用到这种劲儿，有一种像我们一般女性拥有的脆弱的心、敏感的心，我是那天看到的。

对于观众来说，他们未必需要懂得什么是主持艺术，节目主持艺术究竟是一种怎样的创作，但是，这并不妨碍观众接受和喜爱一种主持艺术风格。朱光潜先生说，不懂得黑格尔、叔本华和尼采的普罗大众也能欣赏莎士比亚或是易卜生，因为“艺术的目的是融合情感，不在设立界限，所以最简朴的小百姓所能了解的艺术才是最高的艺术”①。从这一点来说，谢娜的主持艺术是成功的。简单、善良、可爱、快乐、勇敢是人性中共通的美好情感，因而像谢娜这种风格的主持人，尽管她的语言浅显，甚至有时凌乱，但依然可以得到大众的喜爱。有时候语言未必需要多么文雅高深，往往越是简单，越有力量。

谢娜带给观众最大的影响应该就是天性的解放，她对爱的炽热、对情的深切、对乐的追逐、对痛的反抗都颇为极致。这一切通过谢娜的主持艺术风格流淌而出，深入观众心间。谢娜内心饱满而炽热的情感，经由强烈的社会责任感和理性牵引，通过节目向观众传递着真诚、善良、勇敢等美好的正能量。

当观众感到疲倦时，看谢娜的主持，总能从中得到片刻的轻松和欢乐；普通观众可以跟着她一起哭，更多的是一起笑，观众的情感通过她的主持得到释放。而情绪的释放和天性的解放是我们平日紧张压抑的生活所需要的，更是我们的心灵所寻求的。谢娜常常被人调侃为疯疯癫癫，其实现实生活中的我们有时也需要这样的恣意和疯癫。殊不知，“疯子”也有其可贵的价值。李长之对疯子、狂人的价值论述道：

> 我们在通常生活里，被压抑、被幽闭的已经太多。我们的生命力，我们的生命上之根本的机能和要求，本来是像汩汩的泉水似的，便也终不能一涌而出，却是日渐削减地为我们的理智、知识、机械生活、人事周旋，所毫无价值地雕琢殆尽了。可有一个地方能够为我们稍微慰藉的吗？也许有。这就是梦境了，在梦境里，我们或者可以有真情的笑，或者可以有感激的哭。——在

① 朱光潜. 文艺心理学[M]. 北京：中华书局，2012：212.

那一刹那，那算是活的自我！①

可以尽情地哭、开怀地笑，活出真我，恐怕是“疯子”最令我们喜爱和羡慕的地方了，这应该也是以谢娜为例的新奇型主持艺术风格最为可贵之处。

① 李长之. 道教徒李白及其痛苦[M]//李长之文集:第6卷. 石家庄:河北教育出版社,2006:5.

第八章　显附型风格——何炅论

第一节　显附型风格的语言特点

风格之美也是人格之美，刘勰在《文心雕龙》中论述性格与风格的八体时，提及其中的“显附”体，曰：“显附者，辞直义畅，切理厌心者也。”周振甫译注：“明显的，是语言质直，意义畅达，话说得合情合理使人满意的。”①主持人何炅就颇有此种风格。何炅的主持语言合乎情理、顺应人心、行云流水。在这方面，恐怕国内其他主持人无人企及。主持语言“意义畅达，合情合理，使人满意”是他的强项，也是他的风格。何以见得？

庄子言：“天地有大美而不言，四时有明法而不议，万物有成理而不说。”②天地有大美却不言说，四时有分明的规律却不议论，万物有生成的条理却不说话，这是天地、自然、宇宙万物之大美。而一个人甘愿默默为他人做嫁衣，成全他人，这也是一种大美精神。如果从美学的角度来欣赏显附型主持艺术风格，那么它就具有一种大美精神。所谓君子有成人之美：天地之宽，宽不过人心之宽；天地之美，美不过成人之美。在何炅的主

① 周振甫．文心雕龙今译［M］．北京：中华书局，1986：257－258．

② 陈鼓应．庄子今注今译［M］．北京：中华书局，1983：601．

持中，他总是通过语言表现出谦逊、承让的精神，心中装着他人，给予对方最大的表现空间和最多的表现机会，即使偶尔表现自己，最终也是为了衬托他人。这是一种主持艺术风格，也是一种人格魅力。那么，以何炅为例的显附型主持艺术风格的语言有哪些特点呢？

一、补充说明

风格独特的主持人往往具有突出的语言特点，在日常生活中，每一个人也都会有自己的语言特点。在以何炅为例的显附型主持艺术风格中，突出的外显标记就是他的补充说明性的主持语言。在任何时候，只要需要，观众都可以听到何炅最恰当的补充性话语。

2007 年 7 月 7 日《快乐大本营》播出了一期主题为“爱我中华”的节目，五位主持人演唱着歌曲《爱我中华》出场，何炅在开场介绍了节目的主题。

何　炅：我们今天的主题名字就叫作“爱我中华”。名字叫作“爱我中华”是非常非常重要的，为什么呢？海涛来告诉大家。

海　涛：改革开放以来，生活安逸，大家都奔了小康，天天开心、快快乐乐的，还有我们《快乐大本营》看。开心，就爱我中华，谢谢。

何　炅：我是觉得，这么一个伟大的主题，被海涛说得非常的浅显，但是我也感觉到，在他的这个年纪，18 岁，这也是他发自内心的一个感受。事实上，我们用一期非常非常激昂、非常向上的节目，来带给大家快乐。请注意，我们的主题还是没变，还是非常快乐的。今天，“爱我中华”的主题到底到了我们《快乐大本营》会怎么样为大家呈现呢？我们选取了一个很特别的角度，我们从中国和世界的关系入手。因为大家知道,2008 年奥运会,我们中国会迎来很多不同国家的朋友,而且中国会更被世界关注,所以今天我们就要了解一些在中国的外国人,或者是喜欢国外文化的中国人,他们的故事。

维　嘉:是的,那首先我们为大家请到的是……

开场主持语中,何炅适当地调侃了海涛的主持语言浅显,进而补充说明了这一期的节目主题、切入角度、主题背景、节目内容、节目嘉宾,语言层次分明,逻辑清晰。在何炅的娓娓道来中,观众明晰了这一期节目将呈现哪些有意思的内容。这种补充说明的语言特点,在何炅的节目中随处可见。在 2007 年 1 月 27 日《快乐大本营》一期主题为"网络红人馆"的节目中,何炅照例担任了开场任务,这种说明性的主持词往往内容繁多、冗长。

何　炅:大家都知道,现在这个社会不断在进步,我们国家经济实力在不断提高,人民的生活方式也有了日新月异的变化。现在年轻人有一个最时尚的生活方式,也是一个文化方式,就是网络文化,……网络文化是时下非常流行的一种文化,我们今天的主题是"网络文化"。

对于这些说明性的主持词,何炅大多不需要借助手卡,而是对着镜头自然而然地把成段的内容说出来,但这对于逻辑思维不清晰的人而言,是比较难完成的。除了一些介绍性的主持词之外,在节目的起承转合处,何炅主持语言中补充说明的特点也表现得很突出。同样拿谢娜与李小冉互诉友情的这一期节目来看,在下面这一段对话中,可以强烈感受到何炅的这一语言特点。

何　炅:小冉哪一件事情做得最让你感动?

谢　娜:……

何　炅:(替谢娜补充说明)其实那个时候的小冉是最需要我

们，最需要朋友的。但是因为她觉得当时她自己的状况没有办法保护好自己的朋友，也没有办法给朋友一个很舒心很温暖的笑容，所以她干脆就是把所有的朋友从自己的生活当中屏蔽掉。她觉得很简单，既然我不能给你带来保护、给你带来温暖，那我至少不打扰你、不连累你。真的，这个女人很伟大。她把我们的感受，看得很重要。所以自己（谢娜）恨，没有参与到她（李小冉）难的那一段，但是与此同时又觉得，另外一种温暖，另外一种被保护。

……

何　炅：（替李小冉当天提前离开作补充说明）所以那天小冉走的时候，我们大家其实都很遗憾，但更多的是不舍，因为其实这个事情它不是突然发生，她就是知道自己必须要这么赶，但是她也要出现在香格里拉，所以娜娜很感动。

李小冉：当时我记得我走的时候，在车上发短信。这个短信其实我觉得最最难过的一句话就是，“我们都回不到从前了”。（大屏幕出现了当时这条短信的内容，观众不禁为之动容）

何　炅：（做提炼与升华）就是很多事情发生了，但是有些朋友真的会是你生命当中，一个特别的存在。就是你见到他的时候，你好像瞬间就可以回到你最好的状态、你最好的岁月。而且你尽管知道，身上带着一些故事，带着一些伤痛，可是这些朋友就真的可以帮你疗伤。

谢　娜：我记得我回了一个短信，这里有吗？我说“我们回得去，我们可以把不好的都忘掉，只要我们向前看，只要我们一直在一起，我们还是可以像以前一样无忧无虑。小冉你一定会幸福的，我爱你”。

何　炅：（做提炼与升华，并且承上启下）好像是电影里面的情

> 节和桥段，但是这是真实的。我们看到发生在我们身边的朋友的感情，其实有的时候爱真的很简单，你讲出来会给对方很大的勇气和力量。接下来有一个短片，我们也是请很多《快乐大本营》的观众在这个温暖的春天勇敢地说出爱。我们看看大家是怎么样表白的。来，请看。

同样一段主持，观众在这里看到的是谢娜的真情、随性、可爱；而何炅的每一段话，补充得是那么体贴、妥当。从两个人不同的语言表达可以感受到他们不同的风格。谢娜说自己有一段时间和李小冉失去了联系，直到后来突然有一天知道，因为李小冉那几年遭遇了人生的低谷。遭遇低谷应该说是每个人都会遇到的，但是为何却要封闭自己，和朋友中断联系？何炅替谢娜作了很好的补充，让观众更加欣赏李小冉的坚强无私，对朋友的重情重义。当谢娜说自己结婚当天李小冉不得不提前离开时，何炅再一次补充说明，因为李小冉她有重要事情，必须提前走，尽管如此，小冉仍坚持从北京到香格里拉，出现在谢娜的婚礼现场。当谢娜因为一条短信哽咽，现场观众都为之动容时，何炅又一次对现场的情绪作了提炼与升华，感叹友情是生命中美好的存在，也是珍贵的存在，“就是你见到他的时候，你好像瞬间就可以回到你最好的状态、你最好的岁月。而且你尽管知道，身上带着一些故事，带着一些伤痛，可是这些朋友就真的可以帮你疗伤。”何炅的这些感慨都是对人生的体验。

当何炅和其他主持人搭档时，他从不急于表现自己，不和别的主持人抢话，他总是很体面地站在主持人中，在最恰当的时候，站出来替其他的主持人补充一些重要信息。

在显附型主持艺术风格中，补充说明的语言特点并不是说主持人只是机械地描述，而是对某种情感适时地加以提炼与升华，这种提炼与升华全因主持人对生活、对人生有着深切的体验。补充说明在主持艺术创作中属于审美体验创作，那么艺术创造过程和审美体验有着怎样的关系呢？

> 艺术创造过程,是审美体验从个性伸展到社会性、从独特性绵延向可沟通性的过程。艺术家被某种新的、个人的、独特的情感、情绪、印象激动着、困扰着,沉醉于其中。这时还处于“悠悠心会,妙处难与君说”的阶段。这不是在进行艺术创造。只有当他想到把它们作为在自己面前敞开的客体来再度体验,来继续“求物之妙”,并且开始为他人而创作的时候,才有真正的艺术创造。因此,艺术创造不是个人体验的表现,而是个人体验的某种间离、疏远、淡化、客体化,从而是由个人体验向社会体验的超越。与其说艺术家的创造是表现自我,还不如说是间离自我。①

如何理解呢?比如,何炅在主持中,通过了解嘉宾李小冉的经历和谢娜对李小冉的描述,体会到李小冉是一个重情重义的人,这是何炅的一种情感体验,但这还不是艺术创造;当何炅对这种重情重义再度进行体验和分析,试图借由这种情感体验进行创作时,才有了真正的创造,当何炅说出以下这段动人的主持语言,便是审美体验的创作了,“就是很多事情发生了,但是有些朋友真的会是你生命当中,一个特别的存在。就是你见到他的时候,你好像瞬间就可以回到你最好的状态、你最好的岁月。而且你尽管知道,身上带着一些故事,带着一些伤痛,可是这些朋友就真的可以帮你疗伤。”

这便是审美体验的过程,也是一次主持艺术创作的过程。在审美体验中,主持人需要有一种抽离、间隔的能力,去反观自己的体验,让这种体验为艺术创作服务。因此,在显附型主持艺术风格的语言特点中,补充说明并不是我们通常理解的简单的、机械的补充性语言,而是带着体验性质的艺术创作。

---

① 王一川. 审美体验论[M]. 天津:百花文艺出版社,1992:137.

二、熨帖妥当

熨帖妥当的主持语言,可以说是显附型主持艺术风格的显著特点。成全、谦让是人的一种情感,但是“如果我们只是把情感说出来,那只能是一种生物反应,情感也不能打动他人。所以情感要状态化、体验化,而且是一个循环过程,通常显示为发生—积累—再发生”①。也就是说,主持人的内在情感,需要经过状态化、体验化,而后表达出来。在何炅的主持语言中,他这种体验化的情感语言表达是熨帖的、妥当的。对何炅在近两届的金鹰节颁奖典礼的开场主持词的文本对比分析中,可以强烈感受到这一点。

在第十届中国金鹰电视艺术节暨第二十七届中国电视金鹰奖颁奖晚会中,何炅一人独挑大梁,完成了开场40多分钟的单人脱口秀:

何　炅:谢谢大家,晚上好。谢谢各位可爱的朋友,开场一段那么精彩的唱跳表演。非常高兴今天又再一次跟大家见面,各位亲爱的现场的朋友,各位亲爱的电视机前的你,您现在收看的是第十届中国金鹰电视艺术节暨第二十七届中国电视金鹰奖颁奖晚会,谢谢大家。每一年到了这个时候,都会有非常多的观众守候我们的金鹰节,因为这是一个巨星云集的夜晚,是一个电视人的party。所以今天晚上我依然看到了非常多一直支持我们金鹰节的朋友来到现场。另外让我们特别高兴的是,资深的、德高望重的前辈也光临了我们今天的party,让我们晚会立刻变得特别的高大上。让我们用热烈的掌声欢迎几位我特别爱的我们的前辈:我们亲爱的斯琴高娃老师,还有我们的佩佩姐——郑佩佩,还有她旁边其实非

① 刘恪. 现代小说语言美学[M]. 北京:商务印书馆,2013:241.

常年轻的秦沛老师,欢迎。今天又看到了我们非常熟悉的面孔,其实我心里很激动,但是我不知道大家会不会看我已经看烦了(观众高呼“没有”)。因为金鹰节已经十届了,而我在这个舞台上安安分分地主持了十届金鹰节,此处应该有掌声,但是我这么安分我是有榜样的,我是跟前辈学的。比如说我们的刘劲老师,专注演总理,十几年如一日,这是一种什么样的精神?值得我们学习。还有我们的张嘉译老师,专注演魅力型男大叔,多少女性心目中的偶像,我要跟张老师悄悄地说一句话,如果您特别忙的话,我是说特别特别忙的话,您告诉我一声,我觉得大叔这条路,我也准备好了。还有我们可爱的闫妮老师,闫妮老师已经转战大银幕,但是时不时地惦记回来,在我们的电视荧屏上享受观众带给你的那一方舞台,这也是一种安分,对不对?还有我们的刘涛,刘涛现在简直是安分、能干,受到全国的婆婆们喜爱的贤惠良妻的典范,谢谢刘涛让我们重新认识了原来打包行李是一件有美感的事情。有安分的就有不安分的,我首先要说一个不安分的人,是我多年的好友,我特别心爱的一个男人,黄磊黄老师,不安分呐,从文艺徐志摩到都市男闺蜜,再到人见人爱的多爸,这就算了;居然他还是一个那么懂得生活的黄小厨,这我也不提;居然又跑去当什么电影监制!话说回来,他监制的那部电影《栀子花开》,这名字到这导演我觉得都挺优秀的。还有一个不安分的是我的同行,朱丹,太不安分了,昨天还在主持我们金鹰节的互联盛典,今天居然以入围演员的身份坐在我们颁奖典礼的最中间,叶子医生,你这样让我们这些年年喊着要入围、要坐在下面、要来领奖的人情何以堪?旁边乔振宇不要笑,不安分,他明明不是以《古剑奇谭》入围的，但是今天他和李易峰、陈伟霆扎堆来，什么意思？几个意思？一个个帅得那么不安分，你们有没有考虑过现场女观众的嗓子，和现场男观众以及男主持人的心情？另外我还要提一个不安分的人，张翰，别的演员不安分，也就是去当个导演，当个主持人，好歹跟电视沾边，你呢？带着美女去旅游也就算了，还化身霸道总裁，听说整个鱼塘都被你承包了，今年收成好不好？记得请大家吃鱼。另外我们还有不安分的导演，比如说我们的赵宝刚导演、我们的高希希导演，两位都是非常优秀的电视剧的导演，现在不安分地去拍电影，效果也那么好。而我们导演唐季礼先生也不安分，转过头来拍电视剧，电视剧《精忠岳飞》是我们本届的获奖剧，同时剧中的演员，也有提名。正是有了这么多安分、不安分的我们可爱的电视人，让我们每一届的金鹰节都这么的星光璀璨。而我今年特别期待，因为大家知道，我主持了十届，我身边的搭档换了十个，今年的导演告诉我，我身边的搭档会是一位特别特别漂亮的大美女，气质特别好，而且个性非同一般。（这时谢娜从观众席中站了起来，一副孤芳自赏的样子）不是娜娜，不用站起来，娜娜，是这样的，开幕式你的主持非常亲切、温暖大方，但是如果主持闭幕式的话，你还得多读点书。哦，带书了；哦，朱军老师的《荧屏顿悟》，真棒！好，请大家和我一起来猜一下，今年我的搭档会是谁？我给大家三个线索。第一个线索，请看大屏幕，曾经得过金鹰奖的女演员，会不会是我大幂幂呢（杨幂）？上一届拿了大奖，今年当了辣妈，但是当辣妈的她完全没有被耽误，大小屏幕都被她占据了，而且看幂幂跟网友的对答妙语连珠，跟我一起主持好不好？挠头是几个意思？好，不是幂幂。那第二个线索我们看一下是谁？短发。难道是我嬛嬛娘娘（孙俪）？在我们孙俪拿到最具人气女演员奖的时候，她当时是金鹰节历史上年龄最小的获奖女演员，现在她的《甄嬛传》已经成了全国女性同胞的人生导师。嬛嬛是你吗？不是嬛嬛。好，第三个我们看一下什么样的线索，身穿黑色的礼服。好了，得过金鹰奖，短发，谢娜不要试图再站起来了，你给我坐下，我知道黑色礼服，大家应该猜到是谁了对不对？

海　清：何老师，你真的不要再难为大家了，是我。（海清走上舞台）

何　炅：海清，掌声欢迎她。（当海清站上舞台，何炅提醒海清等一下，然后蹲在地上非常体贴地将海清的礼服裙摆整理利落）

海　清：这么贴心、细心的搭档，哪来的啊？

何　炅：湖南卫视的呀！

这样一个重要的开场，何炅一个人在舞台上完成整个脱口秀，被点名的明星有二十几位，何炅的主持一气呵成、行云流水、自然熨帖。何炅用“安分”和“不安分”给嘉宾归类，即使被称为“不安分”的嘉宾，也让其听过之后心内舒服。在台上的何炅，虽然一直在赞美别人，为他人作嫁衣，但也因此显出了自己身上一种清贵与洒脱的人格之美。这种美令人想到《诗经》：“瞻彼淇奥，绿竹如箦。有匪君子，如金如锡，如圭如璧。宽兮绰兮，猗重较兮。善戏谑兮，不为虐兮。”[①]大意为美貌君子，好似金银璀璨，如碧玉温润，气宇旷达宏大，妙语连珠活跃，十分体贴温和。主持艺术之美最终呈现的应是一种个性气质之美、生命精神之美。

何炅在这段主持中并没有直接夸赞每位嘉宾如何漂亮、优秀，自己对他们多么仰慕，而是把这些情感状态化、体验化，经由主持语言高明地表

---

① 程俊英，蒋见元. 诗经注析：上[M]. 北京：中华书局，1991：158.

达出来。即使在每一次看似"责问嘉宾不安分"的语言中,都透着主持人高超的技巧。比如介绍到嘉宾黄磊,"有安分的就有不安分的,我首先要说一个不安分的人,是我多年的好友,我特别心爱的一个男人,黄磊黄老师,不安分呐,从文艺徐志摩到都市男闺蜜,再到人见人爱的多爸,这就算了;居然他还是一个那么懂得生活的黄小厨,这我也不提;居然又跑去当什么电影监制!话说回来,他监制的那部电影《栀子花开》,这名字到这导演我觉得都挺优秀的"。何炅并没有像通常的主持人那样直接夸赞对方有多重身份、才华横溢,而是用一种对方优秀到简直令人感到生气的"责问"式口吻来称赞对方的多才。当情感经过状态化、体验化后,主持语言内容则显得更加丰富深远。这种熨帖妥当的语言特点在何炅的主持中很常见。

我们可以再把他主持的第十一届中国金鹰电视节暨第二十八届中国电视金鹰奖颁奖典礼与前者做些比较分析,何炅同样是妙语连珠地完成了开场对嘉宾的介绍:

何　炅:大家好,欢迎大家观看第十一届中国金鹰电视节暨第二十八届中国电视金鹰奖颁奖典礼,我是何炅。今年又是我,见到我还觉得有意思吗?(观众高呼"有意思")谢谢大家,观众们真的很善良。前一段时间不知道为什么,上一届颁奖晚会的脱口秀又被网友们在网上转了一轮,时隔两年,又被大家夸赞了一番,我觉得还挺不好意思的。然后很多人都期待说,今年的这个开场秀到底何炅会聊些什么,又会点哪些人的名?但是大家知道,我是一个很有个性的主持人,我不喜欢重复自己,做那些过去做过的事情没意思,所以今年我有一个大胆的想法,今年我们的颁奖晚会,不做开场点名,我们直接开始。因为我今天看到很多我亲爱的熟悉的老朋友,我就那种感觉,就像是一家人的感觉,大家常常见,就不需要点名了。哎哟,李雪健老师您在呢?雪健老师不是常常能见到,我特别喜欢您,欢迎您来。谢谢您,谢谢，谢谢。（演员李雪健起身致意）您坐。旁边是凯丽老师，老师好。佩佩姐好，大家掌声欢迎郑佩佩。说实话，我今天看到雪健老师和凯丽老师同框，就有种走入时间长河的感觉，想到当年看《渴望》的时候。哦对了，今天呢，当年《渴望》的制片人郑晓龙老师也在现场，欢迎老师，老师好。说到当年看电视剧《渴望》的时候，我还是个孩子，那个时候看到宋大成跟刘慧芳谈恋爱，我都不知道他们在做什么，大家知道吗？他们两个双双得到金鹰奖，已经是25年前的事情了。25个年头，我不说在座各位的从业年龄，我知道这个年龄已经超过了今天有些来宾的实际岁数。对吧欧豪，欧豪24岁。对吧昊然，昊然19岁。对吧林依晨，林依晨18岁，哦对不起，对不起，你只是看起来小，你已经快19了。对吧吴磊，吴磊17岁。17岁，对了，你没满18岁可以参加这样的夜生活吗？这样，你要是困了你跟我说，你早点回去休息，因为像你这个年纪，睡眠很重要，睡不好不长个儿，你将来长大就跟我一样。谁说他已经比我高了，谁说的？老说实话有什么意思？

……

刚才说到合作，接下来我要请出我今天的合作对象了。当我知道是她的时候，我非常开心。因为我觉得她是一个很特别的女人，她其实长得很大气，但是你了解她以后你会发现，她其实有非常甜蜜小女人的一面。你会觉得她气场很足，但是她又有着千回百转的那种温柔。有请我们今年金鹰节颁奖晚会的女主持人，宁静，欢迎她。

虽然我们对文本进行了删减，但是仍旧可以看出这一次的开场脱口秀和上一届有着异曲同工之妙。在全国观众面前，对嘉宾毫无保留地夸赞，甚至还拿自己的身高进行调侃，以衬托嘉宾的高大英俊，这样一种自谦和承让的主持风格，让人觉得主持人有风度、有气度。何炅对嘉宾的夸奖巧妙,最重要的是真诚、妥帖、得体,让嘉宾感受到自己被尊重、被关注,没有什么是比在大庭广众之下被人赞美更享受的事情了。

何炅的主持语言熨帖妥当,还体现在他的圆场功力上。比如在一次跨年晚会中,当何炅把所有嘉宾采访完之后,回到舞台上,准备进入倒计时迎新年的环节时,导播却突然告诉他,离倒计时还有 17 分钟。17 分钟在晚会中意味着还有四五个节目的时长,何炅立刻做出决定,走向现场观众席,借助采访观众的新年愿望来弥补这个时间差。再如在 2015 年元旦跨年晚会中,再次发生直播意外事故,大屏幕电子显示屏的倒计时比实际时间快了 50 秒,本来已经开始带领大家数数的何炅在耳机里接到导播的通知,迅速停止倒数,制止错误发生,并且自然地转向嘉宾进行访问,直到耳机里导播告知开始倒计时,何炅便停止访问,带着大家倒数迎新年。这样的意外在直播中经常会遇到,在一次金鹰奖的颁奖典礼中,嘉宾宣读获奖名单的 iPad 突然没电黑屏了,现场陷入短暂的尴尬,何炅拿着台本马上冲到台上递给开奖嘉宾,并且表示虽然科技产品给我们带来了便利,不过传统的老办法还是最靠谱的。他用幽默的语言圆了场,化解了此次事故。虽然屡次经历这样的意外,但何炅总是有他的办法圆场,并且圆得漂亮、自然。正如他自己所说:“我是一名主持人,也是一名主控现场的工作人员,我得找到最好的方式去圆场,这是我作为主持人的责任。”①圆场大概是何炅生命中很重要的一个课题,也是他主持艺术风格中的一大特点。

何炅的熨帖妥当不仅仅是对明星,对普通嘉宾亦是如此。让嘉宾感到放松、舒适、被尊重,这大概是何炅一直努力的目标。在《快乐大本营》的一期“网络红人馆”节目中,栏目组邀请了一

① 何炅. 来得及[M]. 长沙:湖南美术出版社,2015:128.

位网络红人“小胖”,普通男孩小胖因为一个犀利而可爱的眼神被抓拍,照片被网友P成各种有意思的图片,小胖一下成了网络红人。对于这位小胖,何炅在主持时并没有把大家的目光引到嘉宾胖乎乎的身形上,而是把关注点放在了更美好的一面。

何　炅:我觉得这是一个非常奇妙的事情,就是一个普普通通、老老实实的一个小孩子,有一张照片被记者拍到,流传到网上,就被大家(喜爱),因为他的表情很趣怪。现在都不知道那个PS作品出自谁手,就有可能今天是这个人,想起来一个点子,就把小胖的脸移到一个人身上,明天又是另外一个人。他被称作是PS工具最好的代言人,很多人都是因为你去学修图软件的,所以我觉得这个非常有趣。

何炅善于发现场上嘉宾的小细节、小表情、小动作,不管对方是普通人还是明星,他都懂得照顾对方的情绪。比如在有普通嘉宾参加节目中的游戏环节时,当嘉宾从高处摔倒在海绵垫上时,何炅总会及时关切地问:“没有摔伤到哪里吧?”一个亲切的问候让观众感受到主持人的贴心。在节目中,何炅从来不吝啬给予——给予对方鼓励,给予对方关心,给予对方称赞。如果在节目中有了一些差池,何炅往往是第一个站出来承担责任的人,通常会用到“我需要自我检讨一下”这样的语言。在任何时候,让身边的人感到舒适、体面,这是一种美德,也是一种修养。杨绛说:“修身——锻炼自身,是做人最根本的要求。天生万物的目的,该是堪称万物之灵的人。但是天生的人,善恶杂糅,还需锻炼出纯正的品色来,才有价值。”①提炼出美好的心性,需要对人生有深切的体验。主持艺术不仅仅是一种艺术呈现,更是主持人通过节目为观众搭建一个空间,让人们

---

① 杨绛. 人需要锻炼[M]//杨绛全集:第4卷. 北京:人民文学出版社,2014:255.

在这个空间里感受到一切美好与快乐。主持艺术要求主持人能够从自我的内在体验去反思,去体味生活,并且在这体验中去发掘美好。何炅的得体、周全、熨帖是一种修为。普罗亭诺斯说:“没有眼睛能看见日光,假使它不是日光性的。没有心灵能看见美,假使他自己不是美。你若想观照神与美,先要你自己似神而美。”①

第二节　显附型主持语言中的人生体验特点

语言是情感体验的流露,主持语言是主持人人生体验的呈现。何炅的主持语言呈现的是欣赏、谦和、熨帖、妥当、得体、尊重,这份尊重没有高低贵贱之分,其中还怀着一种对待他人的慈悲之心。

何炅近年除了电视主持外,还尝试了网络综艺节目《奇葩说》的主持。在第四季《奇葩说》选手选拔环节“奇葩大会”第6期,有一位选手十分渴望能够成为《奇葩说》选手。该选手此前参加过一次海选,并且得到过马东的认可,但最终遗憾落选。经过两年的努力之后,他再一次站在了《奇葩说》选拔赛的舞台上。

何　炅:是《奇葩说》的……

选　手:对,是《奇葩说》的第一季选拔,所以我第一季来过,我估计马老师您这个眼神,已经忘记我了。

马　东:对不起,对不起。因为康永哥连康熙接班人都不记得了,我不记得你也没有什么可……

蔡康永:我不记得的人现在可坐在我们后面。

选　手:因为马老师您绝对不知道,没有录制《奇葩说》,我的生活过得有多苦。首先强调一点,我是一个追求生活品质的人,但同时我也是追求生命品质的穷者。我说健个身

① 宗白华.美学散步[M].上海:上海人民出版社,1981:241.

好了，但没钱，我只能去办一些廉价的健身卡，但是每次去那个健身房之前，我都要说服我自己，你进的是健身房，不是养鸡场。因为去廉价的健身房有两种人。第一种人，是带着全套设备过去搓澡的，他不健身，但是那种廉价健身房的下水是流通的，也就是说，我在这儿洗澡，旁边那个格儿的大爷搓出来的所有东西，全部从我脚下流过。我洗澡的时候就是舞娘本人，一直在那旋转、跳跃，偶尔还得闭上我的眼。之后更精彩的来了，吹风机，我真的希望各位在健身房能够知道，吹风机只是用来吹你头发上的那点毛，有些中年男子恨不得劈个一字马，从这儿吹到这儿，脚毛一根儿都不带落的。生活已经过得这么悲催了，我就觉得，要不放松一下自己，出去旅个游啊什么的，我觉得旅游对于我这样的穷人来讲太奢侈了，我就选了轻奢一点的方式——穷游。当时看那个什么，河北野三坡五日300元深度游玩，我就去了，后来两男两女被迫挤在一间80元一宿的大床房上面。我也是那个时候才明白，原来生活检点在穷困潦倒面前什么都不是。然后，哎，这是怎么了？

（此时，作为评委之一的高晓松听不下去了，按了打断铃声，并且发表了自己的看法）

高晓松：我是觉得，虽然我们不评价别人的三观啊，但是我听了之后有一种非常不舒服的感觉。我觉得你作为一个并不富有的人，你在侮辱这个阶级，以及他们的生活。我觉得如果你从这样的平凡生活里能发现美，其实是一件很好的事情，因为哪里都能发现美。但是你说的这些，大多数我们这些普通人，过的就是这样的生活，所以你这样说让我觉得很冒犯。

选　手:其实我后面还是有……我的核心思想在于我是一个不安的人,然后还有一些工作经历。其实包括我今天为什么又重新回到这个舞台,是一方面想分享我这个故事,还有一方面是为了能够完成一份对我来讲,长达两年的不安。因为我第一季来过这个节目,然后我又干的是这行,我学的是播音主持。这两年来,我一直在参与别的节目,我在努力地锻炼自己,包括我跟场上的好多"老奇葩"都合作过。就觉得,当时是一起来第一季的,当然我不配,我的能力当时的确很差,我就努力在别的节目上找补回来。最后希望有一天能够重新回到这个舞台。

在节目中,蔡康永、马东等几位评委都表达了自己的看法,对选手提出了一些中肯的建议。其中何炅的一段熨帖妥当的表达,在网上被大家转发和热议。

何　炅:你是毕业很多年了吗?

选　手:我今年6月份刚毕业。

何　炅:在你的表达当中,包括在你对自己的人生规划当中,我看到了一种只争朝夕的慌乱感。你其实讲到你比如说,你要健身,其实这都是在大学期间完成的事情,对不对?这本来应该是一个让自己有更多体验的、一个很从容的东西。你把一个特别正能量的、有抱负的紧迫感,表达成了一个哀怨的慌乱感。我觉得你做的事情其实是很好的,你这两年没有荒废,但是不知道为什么,你表现出来对这两年特别的不满,好像如果马老师现在不收下你,他就真的辜负了你这两年。

……

我跟你讲,我对你有一种特别亲切的感觉,是因为我来这儿之前，也是紧张到不行，我也是为《奇葩说》定制了一个全新的我来到这儿的。但是呢，我想办法，把他表现得可爱和看起来并不着痕迹。可是你的努力让所有的人都看到了，甚至看穿了，所以这一票我会投给你。但是我希望，你把《奇葩说》不要看得这么重，因为现在我已经把它当作一个很一般的节目了。也许是时候学会举重若轻了，这件事情，但是这一票，我代表马东投给你。

应该说，每位评审都有自己独到的见解，而何炅和蔡康永捕捉到了选手浮夸和令人不适的背后那颗紧张、慌乱和不安的内心，这个选手的内心其实是脆弱的、失意的，甚至是有些积怨和委屈的。但是何炅用熨帖的语言及时地抚慰了选手，让选手在失意中得以体面地离场。不得不说，何炅是一个有体验的人，对人生有深切思考和体验的人往往能够敏锐地捕捉到最隐秘的情感。在何炅的《来得及》一书中，有许多他的人生体验，其中对于青春的慌乱，他这样说：

冷静回想，那个时候的我还是要得太多了，什么都想做好，将自己置身在一个比较慌乱的状态里。这样的慌乱可能是青春期的一种普遍状态，因为不是特别确定自己到底要去哪里，很多事情都处在一个努力尝试、努力要做好的阶段。当然，这样的慌乱阶段也并没有绝对的好与不好，也许是一定要自己经历了之后才知道到底收获了什么，才知道要如何选择。

在前面提到的那段点评中，何炅试图用自己的人生体验去为选手解围，寻找一种可以共鸣的情感，这是一种成人之美。我们在生活中，应该积极去体验，在体验中寻求生命的意义和价值，为艺术的创造提供源泉。

许多人只是盲目地生活着，并不企求去突破自己生活的晦暗性。也许可以这样说，生活着，不一定是在体验着，但体验着，就必定是在生活着。……体验需要有……把生活的种种关系和基于这种关系的经验结合起来的内在要求，是生活着的反思，或反思着的生活。因而，体验是一种指向意义的生活。①

我们在生活中所经历的事，大多能从中体验到生命存在的价值和意义，无论是痛苦、快乐还是绝望、希望，这些生命的体验不断地充实着我们的生活，滋养着我们的艺术创作。

第三节　显附型风格对观众的影响效果

一、显附型风格构建与生命体验

狄尔泰说："作家创作的出发点始终是生活经验，作为个人的生活经历，或者作为对当前的和过去的其他人的理解以及对他们在其中共同生活的事件的理解。"②艺术家的创作是其对生活经历的理解，体验为艺术创作提供源泉，也深深地影响着艺术风格的构建。

何炅坦言，自己的人生道路是"格外为命运所垂青，一次又一次地得到机会，最终在时间的塑造下，成为了今天的我"③。何炅在南方长大，但幸运的是他有一位小学老师是北方人，普通话说得好，就这样机缘巧合，何炅在小时候便说得一口标准的普通话，这算是具备了做主持人的最基本条件。到了中学，因为普通话好，何炅被选进学校的演讲部，得到了口才表达的系统训练，这对于一个职业主持人来说是基础的专业训练。艺术有共通性，也有各自的独特性，主持艺术也不例外。主持人是节目或者活动的节奏与流程把控者，也是提问者、倾听者、传播者。主持人和艺人

---

① 刘小枫．诗化哲学[M]．济南：山东文艺出版社，1986：179．

② 狄尔泰．体验与诗[M]．北京：生活·读书·新知三联书店，2003：164．

③ 何炅．来得及[M]．长沙：湖南美术出版社，2015：87．

不同的是，主持人需要善于倾听与发问，而艺人即使充当了主持人的角色，也往往会自我表现更多些，自我表达的欲望强于主持人倾听和发问的责任。在何炅的主持风格中倾听与成全的特点尤为突出。

中学期间何炅得到一次机会，在湖南电台兼职做DJ，六七年的电台直播经历锻炼了何炅的应变能力，为他日后的主持事业奠定了一块坚实的基石。人生就是这样，每一段努力都在影响着我们日后的成绩。很多时候无法预见现在做的事情会给将来带来怎样的影响，但是我们能做的是，努力把眼前的事情做好，耐心地等待未来。对此何炅有这样的体验：

> 人生中那些看起来似乎毫不费力的好机遇，其实都是经过了漫长的努力和等待的。每一天、每一分、每一秒、每一个结结实实的当下，积跬步，才能走得更远；积小流，才能汇成江海。
>
> 把一件事坚持到底、做到极致，这是我坚信并喜欢的原则。当我沉浸在坚持一件事情中的时候，那种状态让我很享受，给我提供了源源不断的动力，能让我在坚持中体会到美好。①

在北京外国语大学读书期间，何炅在中央电视台少儿频道兼职做少儿节目主持人，忙于学业、工作、学生会事务等各种繁杂的事情。如何把繁杂的事情安排妥帖，对于当时还是一个学生的何炅来说，是很好的历练。生活中的何炅喜欢圆场，“在很多事情上，我都试着很快地圆过去，不想麻烦别人来搭救我。因为很忙乱，也没有时间等别人来开解我，所以我就靠自己圆，或者用这件事的成绩圆那件事的压力”②。希望事事都圆润妥帖才心安，这种处事风格在他的节目主持中也可以感受到。在何炅的显附型主持艺术风格中，无论是补充说明还是熨帖妥当的主持语言特点，都可以归纳成一个字“圆”，圆润、圆满。圆在中国古代是一个重要的美学范畴，圆意味着生命的流转，圆蕴含着宇宙万物循环往复、周而复始的运动规律，圆体现了“天行健”的精神，圆既是生命的象征也是祥和的象

① 何炅．来得及[M]．长沙：湖南美术出版社，2015：90－91．

② 何炅．来得及[M]．长沙：湖南美术出版社，2015：10．

征。而当圆体现在一个人的身上时,那便是一种生命精神。

《快乐大本营》是一个长寿的节目,到2017年已经有20年的历史了,在国内的电视台中,这样长寿的综艺节目是不多见的,而何炅是坚守在这个舞台上时间最长的主持人。2003年,《快乐大本营》经历了一段收视低谷,李湘的离开也让何炅陷入孤境,众人纷纷劝他也离场,寻找更好的机会和平台,但何炅却决定留守,他有他坚守的理由:

> 我要么就这样踏踏实实地走下去,在它跌落到地面的时候再把它做起来;要么就等它完全落下去之后再从原地开始,重新找另一个方向。如果仅仅是想趁着风光正盛,从一个平台跳到另一个平台,这完全就是在走捷径,这种方式一定没有好结果。①

正是这一份坚守,何炅体会到生命中那重要的意义:“你不得不相信坚持的魔力。在每一次遇到坎坷的时候,在每一次境况需要改变的时候,只要斗志不灭,并且迅速地做出调整,情况往往就会往心中想要的那个方向走了。”②处于人生低谷时,越发需要这种坚持的信念,因为看不到前程的时候,往往容易绝望,坚守梦想便越发重要。

何炅的主持给人如沐春风的感觉,似乎他不曾经历什么磨难痛苦,但是承受依然是他生活中需修炼的一种功力。作为著名主持人,总是免不了被一些恶意的谣言中伤,何炅在经历谣言的伤害后,学会了有选择性地倾听,去伪存真会让自己更完整地认识这个世界。敢于倾听是一种自信的表现,这一点是他在参演话剧《暗恋桃花源》时,赖声川导演对演员们的表演训练中体验到的:

> 真正自信的人,是敢于去听别人的想法的,他会将别人发表的想法消化,然后促成更有效的沟通,也能够在交流中发现自己

---

① 何炅. 来得及[M]. 长沙:湖南美术出版社,2015:92.

② 何炅. 来得及[M]. 长沙:湖南美术出版社,2015:93.

的不足,从别人身上收获自己缺失和忽视的部分,从而成为一个更好的自己。

这个体验对于何炅来说是重要的,正是有了这样的体验,何炅面对谣言时才能更加淡定从容,更显君子之风。

本书在研究主持人的艺术风格时发现,何炅的君子之风里有着突出的周全、得体、熨帖、成全的特点,于是把他的风格概括为显附型主持艺术风格。不曾想,在研究文本时才发现,这个概括的特点竟然也是何炅一直以来对自己主持风格构建努力追求的方向。何炅对主持艺术有着深刻的思考,在谈到关于主持人的功能问题时,何炅有这样的理解和体会:

> 主持人站在台上,会有两种主持方式。一种是“秀”,秀自己。这类主持人在采访的时候或者在问问题的时候,是对着镜头的。在这样的身份认知里,他会认为主持人所要关注的就是镜头。第二种,是倾听,倾听他面对的嘉宾、要采访的对象。他定义的是一个倾听的角色,他一定是看着被访者的,他关注的是通过自己的询问和交流,展现出对方的智慧,而不是自己的智慧。[①]

何炅选择的是第二种主持方式,并且相信自己的选择是对的。

> 在出演了《暗恋桃花源》这部话剧之后,我就更加确定了一个观点:要做一名优秀的主持人,一定要放下自己的东西,弱化自己在舞台上的地位,将自己演化成一个平台——一个展现被访者的平台。我选择的是第二种主持方式,我也相信这种方式是对的。[②]

---

① 何炅. 来得及[M]. 长沙:湖南美术出版社,2015:203 - 204.

② 何炅. 来得及[M]. 长沙:湖南美术出版社,2015:204 - 205.

把自己当成展现被访者的平台,这样的美不正是老子所说的上善若水之美么?老子言:

> 上善若水,水善利与,善仁;万物而不争,处众人之所恶,故几于道。居善地,心善渊,与善仁言善信,政善治,事善能,动善时。夫唯不争,故无尤。[①]

陈鼓应的注译是:“上善的人好像水一样。水善于滋润万物而不和万物相争,停留在大家所厌恶的地方,所以最接近于道。居处善于选择地方,心胸善于保持沉静,待人善于真诚相爱,说话善于遵守信用,为政善于精简处理,处事善于发挥所长,行动善于掌握时机。因为有不争的美德,所以没有怨咎。”陈鼓应把“利”译成“滋润”,然而这滋润不也有成全之意么?滋润有主动之嫌,而成全更有顺遂对方心意的美好,能够成全他人的心意是难得的。成全不是助长,成全不是施舍,成全是一种智慧的顺遂,顺遂对方的愿望,这是老子所说的“道”。如果说主持艺术是一种技艺,那么技艺的最高层次正是进入“道”的境界。成全来自内心的安宁与淡薄,这份心境正由体验所得。在追求主持艺术的道路上,需要这样一份如水般的智慧。

二、显附型风格对观众的影响效果

笃实、坚守让何炅在《快乐大本营》一干就是20多年,这种坚守也成就了后来的何炅,让他成为观众最喜爱的中国男主持人之一。观众从何炅身上学到最多的大概便是对他人应该抱有充分的尊重,让自己得体,让大家体面。

如果说何炅是最懂得如何让嘉宾体面的主持人,那么这份功力离不开他母亲对他的教育。何炅的母亲从小给他的教育就是“对别人好

---

① 陈鼓应. 老子注译及评价[M]. 北京:中华书局,1984:86.

比对自己好重要。哪怕是从自私的角度想，你也要多对别人好。因为你对别人好，别人就会对你好。你对自己好，只有你一个人对自己好，可是如果你对别人好，就会有很多人对你好，而且很多人身上有你自己身上没有的优点和能量"①。何炅是班里的优秀生，从小习惯自己一个人担当所有事情，小时候因为出黑板报经常回家很晚，有一次母亲找何炅谈话，告诉他"没有任何一件了不起的事情是你自己一个人能够完成的，一定要记住这一点"。这是一位多么智慧的母亲，从小给予何炅这样好的教育，乐于助人但也懂得分享。何炅坦言，因为这样的教育，自己从小是一个服务型的人，喜欢为别人服务，"小时候的我或者说更加年轻时的我，待人处世是非常圆润的，相较于很多的小孩子以及同龄人来说，我很早就懂得什么叫顾全大局"②。识大体、顾大局、成全、承让是母亲从小给何炅的教育，是何炅从小养成的品德，如今这种品德成了他主持艺术风格中最突出的特点。谢娜曾讲述，最开始录制《快乐大本营》节目时，快乐家族五位主持人的服装是统一设计的，但是谢娜不喜欢服装师给自己做的衣服，感觉怪怪的，不方便行动，于是有一次自己从北京带了一条裤子到湖南录节目。节目录制后，何炅找到谢娜谈心，何炅对谢娜说："我觉得你自己带衣服，从北京带过来，不好。"大大咧咧的谢娜并没有意识到这件事有何不妥，争辩道："为什么啊？一样的颜色，我也没影响大家啊，而且我这样舒服多了，穿裤子有助于节目的现场发挥。"何炅耐心地解释：

> 但是你和其他四个就不一样了。我们在长沙做的，虽然价钱是一样，但是你就有一种特殊在里面。《快乐大本营》的导演会想，娜娜会不会觉得很特殊，虽然他答应你的这个要求。你现在对《快乐大本营》来说也很重要，你就更不应该提这个要求。也许这个衣服暂时有一点不合适，但是你可以和服装师沟通，以后可以慢慢来改变。但是你一直就这样自己带的话，我不喜欢，

①② 何炅．来得及[M]．长沙：湖南美术出版社，2015：132.

如果这样搞特殊的话，不好。这样对其他几个主持人，特别是吴昕和海涛两个新人来说，会觉得是不是娜娜姐比较特殊一些。当然，你拿过来也是为了节目好，没什么不对的，我只是一个建议，我希望你一直做一个你自己，而不希望你变成特殊，做什么事情之前我希望你想好了再做。①

字字句句情真意切，从中也可以体会到何炅一心为团队考虑、为他人考虑的苦心。一次两次不足为奇，然而这样为他人着想的举动在何炅身上一直有之，久而久之便成为他最突出的风格。成全精神如同血液，在何炅的身体里真挚地流淌着。有时候，我们看不惯别人，往往是因为狭隘和偏见，这导致我们不够有感情，不够包容，习惯从表面去给他人下定义，为自己做某件事情找理由，可是谁又能随随便便通过表象去了解别人的内心呢？

何炅的体贴入微、熨帖妥当深深影响着观众，也让他得到了越来越多的爱。

在《偶像来了》节目的最后一期，汪涵为每人送上一本相册，并且请编导在相册上为每个人写了一篇长长的文字，这个文字是编导对嘉宾的记忆、对他们的理解。何炅的相册扉页上写着："他值得所有的爱。"

何炅不犀利、不尖锐，这不算圆滑，拿他自己的话说，他只是想让大家都体面。观众爱的正是他这份周全、得体、熨帖。粉丝在他的微博下留言："看到你，我们永远都很快乐。""你是我见过最美好的人，胜过春天的风、夏天的光、秋天的叶、冬天的雪。"何炅在观众心里是温润如玉的谦谦君子，是永远得体妥帖、充满爱意的主持人。这一切美好的印象，都源自何炅对生命中爱的体验：

长得好看、漂亮的人有很多，但是接触下来，我会更欣赏有个性的人。你会发现他非常有魅力，非常美。而我相信，这种美

① 谢娜．娜写年华［M］．长春：北方妇女儿童出版社，2012：201．

不仅仅是他们的好看，而是那种源源不断地来源于内心的爱和纯净。[①]

积极体验生命的人对生命的认知一定比他人更加深刻，丰富的体验也会带给人鲜活的生命力。一个毫无爱意、对生命存在毫无知觉的人能有什么生命体验？不能理解人生的人又何谈艺术风格的构建？

① 何炅．来得及［M］．长沙：湖南美术出版社，2015：234．

第九章 繁缛型风格——汪涵论

汪涵被很多人称为主持界的才子，他的温文尔雅、谦谦君子之风着实令人欣赏和喜爱。在《文心雕龙》中，刘勰论风格八体言："繁缛者，博喻酿采，炜烨枝派者也。"周振甫译注："繁丰的，是比喻众多，辞采丰富，像分支别派的繁密而有光采的。"①从主持艺术风格来说，汪涵最是那"博喻酿采，炜烨枝派者"。

人们称赞汪涵有文化，称他为才子，仅仅是才子怕是意味单薄了些，如果从中国古代美学的角度去理解才子，那么还应多一个"情"字，所谓才情者。古人所称的才子和我们今人所说的才子多少有些不一样，古人所说的才子还有更多文化韵味在其中。如《牡丹亭》里的柳梦梅，《西厢记》里的张生，《桃花扇》里的侯方域，《红楼梦》里的贾宝玉等，这些被古人称为才子的人，不仅仅是生得英俊明朗，诗词歌赋琴棋书画样样精通，更重要的是，他们个个通人情，有情有义，情真意切。因而，古人对于才子的理解不仅仅是知识渊博的人，更是有情义的文化人。文化是什么？其内涵深远。一个人有知识不等于有文化，那些搜索引擎可以随时搜到的知识、信息，某些人可以脱口而出，只能说他知识渊博，记忆力很好，未必代表他就是一个有文化的人。试问，他真的透过那些海量知识、信息的表面，很好地理解了它们背后的含义以及深厚的文化底蕴了吗？真的做了

① 周振甫．文心雕龙今译[M]．北京：中华书局，1986：257－258．

很好的研究，知其然且知其所以然了吗？更重要的是，记住这些知识、信息后，他真的形成了自己独特的思想体系和独立的精神了吗？他真的有自己的人生体验吗？如果没有，那只能说他是一个记忆力很好的知识储存器，谈不上是一个多么有文化内涵的人。一个真正有文化的人，未必对一些知识倒背如流，但他有把握知识深层内涵的本领。文化应是一种深厚的东西，一种关乎民族、血脉、精神的东西。老子说："不出户，知天下；不窥牖，见天道。其出弥远，其知弥少。是以圣人不行而知，不见而明，不为而成。"陈鼓应译注："不出门外，能够推知天下的事理；不望窗外，能够了解自然的法则。越向外奔逐，对道的认知也越少。所以，圣人不出行却能感知，不察看却能明晓，无为而能成功。"①一个人不出远门、不上网、不看手机、不玩微信，虽然不能掌握很多知识信息，但是因为他能穷极事理，能掌握事情发展的脉络，达到"不行而知，不见而明，不为而成"的境界，进而受人爱戴，人们纷纷登门向其请教。这大概是老子对文化人的最高礼赞了。文化究竟是什么，不是本书的论述内容，我们不详述。不过，我们可以借费孝通评价梁漱溟的一句话来理解："什么是文化？文化不就是思想的积累吗？文化有多厚，思考的问题就有多深。"②这种思考正是对生命的一种体验。老子说的"不出户，知天下"，正是指对生命有了深刻的体验，掌握了事物之原理。没有体验，又何谈对人生、对宇宙、对自然万物的理解呢？通过对汪涵主持艺术风格与生命体验的分析，我们可以看出，主持人汪涵在这一方面，显然是一个积极的体验者，在他的主持语言中，才与情极为突出，而这些才情正透露着他对生活、对生命的体验，而不仅仅是知识的外露。因而，我们说他有着繁缛型的主持艺术风格。那么，他的主持语言有哪些主要特点呢？

---

① 陈鼓应. 老子注译及评价[M]. 北京，中华书局，1984：241－242.

② 汪东林. "反面教员"梁漱溟[M]. 北京：当代中国出版社，2011：代序.

第一节 繁缛型风格的语言特点

一、个体沉思

文学情感语言的表达方式大致可以分为“直接描述方式、直接表白言说方式、直接呈现状态方式、替代符号表述方式、对话交流方式、内心倾诉方式、个体沉思方式、感觉体验方式、直观行为方式”①。如果借助文学语言来理解主持艺术语言的情感表达方式,那么汪涵的情感语言表达方式或许最接近个体沉思,“沉思与情感均为心灵的直接流露,……这个沉思有一个鲜明特点,含有对人对事对整个世界的一种透彻的感悟”②。以汪涵为例的繁缛型主持艺术风格,其主持语言中无不体现着这个特点。汪涵善于把自己在生活中的体验融到节目主持中,进行审美体验创作。

2013 年 11 月 15 日播出的《天天向上》邀请了舞蹈家杨丽萍和她的团队成员,其中一位成员介绍自己在舞剧《孔雀》中扮演的是乌鸦,汪涵进行了这样的补充:

汪　涵:乌鸦其实最开始是一种圣鸟,白色的。它在古希腊神话当中,是因为阿波罗特别喜欢一个女孩子叫格蕾丝,然后他就派这个圣鸟去监视格蕾丝,看有没有跟其他男生交往。有一天,这个圣鸟飞过去一看,看见有男孩子到格蕾丝那里去跟她聊天,它就误以为有可能他们两个在交往,于是乎就回去报告了阿波罗,阿波罗就惩罚了格蕾丝跟那个男孩,后来调查完了之后,发现其实没有,是一个顺丰快递。

---

① 刘恪. 现代小说语言美学[M]. 北京:商务印书馆,2013:242.

② 刘恪. 现代小说语言美学[M]. 北京:商务印书馆,2013:247 - 248.

在这段主持中，他讲了一个他认为是有趣的、值得讲出来的点。阿波罗是太阳之神，带来光明，是善的代表，乌鸦因为颠倒黑白而受到惩罚，从白色变成了黑色，成了不好的象征。事实上古希腊神话故事背后的用意是带人进入哲思境地，而不仅仅是讲一个故事而已。汪涵是善于体验者，对这种哲思性的故事很敏感，能够抓住某一个细节来作文章。

杨丽萍：实际上我们属于民间的一个团队。其实这个在国外，一个人去做一个团队，是非常常见的，可在我们中国是刚刚开始。那天我还在讲，我说林怀民……

汪　涵：云门舞集。

杨丽萍：他们都已经在庆祝40周年，我们今年在庆祝我们10周年，其实我们是刚刚开始，很年轻的。

……

汪　涵：杨老师，您跳完这个还会接着跳吗？您准备跳到什么时候？

杨丽萍：在民间，像我奶奶他们80多岁，还在起舞。他们是要歌颂太阳，然后庆祝丰收，她是发自内心的，那种舞蹈是属于自己生命需要的。像罗罗拔四他们那个族，我到他们那个南涧，他们真的可以跳三天三夜。它的那个歌词里面就是说，打歌打到太阳升，只见黄灰不见脚。

汪　涵：好形象啊，跳的时候都是灰，只看见灰，没看见脚，太棒了这个词。

杨丽萍："有脚不会跳，白来世上走；有嘴不会唱，俏也无人要。"小时候，我奶奶就跟我讲，你听到了吗？看见一只蝴蝶在飞，她说蝴蝶翅膀的声音，在空气里面。

汪　涵：奶奶好深奥啊这句话。圣人的"圣"字，繁体字是一个很大的耳朵，加上一个口，接下来一个王字（聖），古代善听者为圣，因为他可以听到眼睛看不到的东西。

当听到这个细节时，汪涵有些小激动，因为他与杨丽萍奶奶的情感有共鸣，能够体会到杨丽萍奶奶说的那种意境，因此才有这段精彩的主持。可见汪涵是一个善于对生活进行感悟、沉思、体验的人，所以才能感受到杨丽萍奶奶这番话的深奥和妙处。"真正的艺术家，应当具有这种体验的能力，去创作和发现'兴象'，在深深地感动与冷静地思考以后，再把它们创造出来——以当初他为之沉醉的'兴象'形式，让读者直接体验到它们，也获得审美上的创作和发现。"①汪涵体验到了杨丽萍奶奶的那番"兴象"体验，于是有了这段"善听者为圣"的审美体验创作，而这样充满哲理性的审美体验创作在汪涵的主持语言中十分常见。

2012 年 11 月 9 日《天天向上》邀请了中华老字号"瑞蚨祥"的师傅们：

汪　涵：当时来瑞蚨祥订衣服的都是什么人？

邹师傅：皇宫贵族、达官贵人、梨园艺人、小家碧玉、大家闺秀，可以说都是富人去的地方。

汪　涵：都有哪些梨园艺人？我们大家都知道的。

邹师傅：比如说四大名旦。

汪　涵：梅兰芳、程砚秋、荀慧生、尚小云都上这个瑞蚨祥做过衣裳。

邹师傅：他们有时候在这个演戏之余吧，就是休息的时候，也到瑞蚨祥去休息，喝喝茶，然后再回家，经常光顾瑞蚨祥。

汪　涵：那时候这些角儿啊，太讲究了。现在啊，我们要是能够买一件名牌的衣裳，就觉得这个日子挺奢侈的。真正的奢侈是等待。你现在到一家什么奢侈品店，你把钱一给他，先生您的东西，就来了，就买走了，这跟你买一片臭豆腐有什么区别？您得定做，我看上这个衣服，您给我量完身，俩月之后先生您来取啊，这俩月就

① 王一川．审美体验论[M]．天津：百花文艺出版社，1992：118．

是真正的奢侈。

汪涵对奢侈的理解正是他对生命的深刻体验。2017年6月9日这一期《天天向上》的主题是"天天兄弟拜师学京剧"，邀请的嘉宾是京剧艺术家王佩瑜。

王佩瑜：给大家带来生旦净丑四个有代表性行当的演员……这是丑行，是我们非常优秀的丑行演员王盾。

汪　涵：丑行在京剧行里面是最牛的，可以坐在那个衣帽箱上的人，祖师爷。

……

汪　涵：我要跟你们说啊，当时梅兰芳先生有一个绰号叫"梅半城"。

钱　枫：哎哟，什么事没办成啊？

汪　涵：什么叫没办成，就是说整个北京城，他一演出，梅先生有一半都能够买下来，就到了这种程度，你知道吗？这种京剧的戏迷，那比您现在的粉丝要粉多了。金镯子、金戒指一包一包地往台上扔。直接砸头上啊。

大张伟：那梅老师满头的包。

……

王佩瑜：我们来一个稍微快一点的。这个锣鼓表示说，我从湖南卫视这个地方到机场。我们用一个几秒钟的水底鱼来打，走。

王佩瑜：到机场了。

汪　涵：叫两三步万水千山，三四人是千军万马。对吧。

王佩瑜表演亮相的眼神。

汪　涵：这个叫什么呢？叫碰头彩。一出来，还没有张嘴，就一亮相，啪。

在节目中大家聊到，是特立独行好还是团队协作好：

汪　涵：所以特立独行的人，心里是要无比强大的。但是我还是要强调一点，这个强大，一来自于自己对这个艺术的深深的造诣，二就来自于广大观众矢志不渝的支持，就是你们。

王佩瑜：你不论做什么，你给自己制定一个目标，然后不论有任何的打击，遭受什么样的失败，都不要放弃。那我觉得很多人把我叫作一个另类的、独家的演员，就好像是看上去没有什么竞争，没有什么可比性，但是其实我也够苦的，这个苦就不在这儿说了。总之就是这么多年，我始终没有放弃两件事情，一件是传承，一件是传播。

汪　涵：刚才您说这个苦的时候，我特别就想到了这京剧里头有一个念白，就这个"苦"字，来。

王佩瑜：苦哇。

汪　涵：苦哇。

汪涵以上的主持，精彩连连。这种个体沉思式的情感表达方式充满着他对人生的透彻感悟。首先说他对奢侈的理解。很多人认为奢侈是物质的奢侈，是金钱的奢侈，但是汪涵把奢侈放在了时间、生命、精神上。我们说时间就是生命，再也没有比付出时间和生命的等待更美好、更奢侈的事情了，这恐怕是对所喜爱事物最大的尊重，这是以前那些角儿们的态度，其实也是中国文人的一种精神追求。汪涵能够体悟到这一点，不得不说他对生命有体验，因为只有有体验的人才能理解等待的意义，那是付诸生命的一种期盼。宋代大儒朱子诗云："少年易老学难成，一寸光阴不可轻。未觉池塘春草梦，阶前梧叶已秋声。"一寸光阴一寸金，愿意付出时间去等待，难道不是一件真正奢侈的事情么？关于这个感悟，汪涵在其自传《有味》中也有略述。

以上这些主持语言，就是一次次的审美体验创作，"审美体验，是人在社会实践基础上所获得的对人类活动的有限中的无限、刹那中的永恒的体验，……只有通过这样的体验，才可以真正发现美，从而才创造美的艺术，艺术的美"[①]。我们可以将其理解为，正是因为汪涵在生活中善于体验，或许是把对做豆腐、做古琴、做木匠等其他种种来自于他生活中的某种体验，和捕捉到某个瞬间的感悟、感受，呈现在节目主持艺术的创作中，所以才能完成审美体验创作。

再说汪涵与京剧艺术家王佩瑜的对话，尽管每位主持人对其主持的节目都要做功课，但是依然可以感受到汪涵对各类艺术的专注研习。当王佩瑜要展示京剧中表现跋山涉水的场景时，汪涵立刻补充说"两三步万水千山，三四人是千军万马"。王佩瑜表演亮相的眼神时，汪涵即刻补充说"这个叫什么呢？叫碰头彩。一出来，还没有张嘴，就一亮相，啪"。特别是，当王佩瑜说到自己人生多苦的感受时，汪涵接得很巧妙，请王佩瑜用京剧中的念白把"苦"字念出来。王佩瑜那仿佛从生命最深处发出的醇厚之音，一个"苦"字念出，真是有一种荡气回肠的凄美。此时节目里的人进入了某种意境，看节目的人也被带入一种意境，这真是主持艺术呈现的最动人的境界了。汪涵之所以可以接得如此巧妙，除了因为他平时戏剧知识的储备外，恐怕还得谈到他是一个善于体验的人。正因为他有体验，他能够体会王佩瑜所说的"其实我也够苦的，这个苦就不在这儿说了"，一句"够苦的"，道出了王佩瑜对生命中"苦"的体验，也让人感受到王佩瑜经历世事后的练达。我们说，体验"不是科学认识上的那种被动的经验认识，不是镜子式的反映，不是外在世界加诸被动心灵的印记，它是有限生命对生活的反思"[②]。这种反思汪涵也是有的，所以他才会对这个"苦"字有情感共鸣，他才不去追问嘉宾经历了什么，怎么苦的。因为几乎每个有精神追求的人内心都会藏着一些秘密或苦衷，不是不愿意诉说、不敢诉说，怕只怕无处诉说，说出来有谁

---

① 王一川．审美体验[M]．天津：百花文艺出版社，1992：122．

② 刘小枫．诗化哲学[M]．济南：山东文艺出版社，1986：163．

听得懂,有谁能理解?与其如此,不如一个念白"苦"字了结。懂的人自然懂,不懂的人也罢了,正所谓"不如意事常八九,可与人言无二三"。人生需要锻炼,需要修身,《大学》中强调修身的重要,"自天子以至于庶人,壹是皆以修身为本",强调作为一个人,修身是根本,不论身份地位。而修身的过程正如《诗》云:"瞻彼淇奥,绿竹猗猗。有匪君子,如切如磋,如琢如磨。"一个不能修身的人,往往"人之其所亲爱而辟焉,之其所贱恶而辟焉,之其所畏敬而辟焉,之其所哀矜而辟焉,之其所敖惰而辟焉"[①]。何意?就是不懂修身的人往往持有傲慢与偏见而不自知。对自己喜欢的人,过分亲爱;对自己不喜欢的人,过分轻贱厌恶;对自己仰慕的人,过分畏服敬重;对自己哀怜的人,过分哀怜矜恤;对自己傲视怠慢的人,过分傲气轻视。傲慢与偏见终归是因为修身不够。关于修身,杨绛有一段这样的体会:"一个人经过不同程度的锻炼,就获得不同程度的修养、不同程度的效益。好比香料,捣得愈碎,磨得愈细,香得愈浓烈。这是我们从人生经验中看到的实情。"[②]这是杨绛对人生多苦的体验。在艺术创作中,我们说艺术就是把体验过的情感传递给观众,艺术通过体验带人进入一种意境。就好比汪涵请王佩瑜把"苦"字念出来,这正是带领观众进入一种艺术的意境,体验到人生中"苦"的意境。从某种角度说,艺术是创造一种美的意境,这种意境是"端赖艺术家平素的精神涵养,天机的培植,在活泼泼的心灵飞跃而又凝神寂照的体验中突然地成就"[③]。

二、嵌入表述

在汪涵的主持语言特点中,有一个很大的亮点,就是他总能抓住恰当的切入点,适时地嵌入自己的主持语言,在制造娱乐搞笑效果的同时,还

---

① 王文锦. 大学中庸译注[M]. 北京:中华书局,2008:2-4.

② 杨绛. 人需要锻炼[M]//杨绛全集:第4卷. 北京:人民文学出版社,2014:253-254.

③ 宗白华. 美学散步[M]. 上海:上海人民出版社,1981:73.

能给人带来一些思考。这种嵌入表述从主持艺术的角度来说并不是纯技术的、机械的，而是带着才气与情感的。

2012年2月24日《天天向上》这期节目的主题是“辩论高手大胆‘挑衅’汪涵”。有个片段是汪涵采访复旦大学的学生，其中一位女生爆料另一位女生辩论赛时男朋友陪着去，汪涵抓住这个切入点，故作小声地对被爆料的女生说：

汪　涵：她既然已经说了你了，你就说说她吧。

女　生：她可是有故事的人啊。

汪　涵：我们最爱听故事了。你自己说吧，“六爷的手段你是知道的，几根针下去，该说的说了，不该说的也说了”。（电影《风声》台词）

汪涵的这个“挑拨”很在点上，看似制造了一点点小矛盾，但却起到了很好的娱乐效果，引起大家的会心一笑。在这期节目中，嘉宾严嘉谈到自己和太太都只谈了一次恋爱，并且从小学、中学、大学到工作一直在一起。众人纷纷发出羡慕的声音，同为嘉宾身份的蒋昌建调侃：“你们被陷害了还在唱歌，他（严嘉）谈一次恋爱不是坑我们吗，对不对？请问你谈过几次？”顺势把话题抛向汪涵。

汪　涵：我突然想起了一首诗。

天天兄弟：涵哥转移话题。站在他身边，文化就更喷薄了一些。

汪　涵：没有，没有，就是木心先生刚刚去世。

蒋昌建：木心先生心脏不好。

汪　涵：木心先生曾经写过一首诗，他说，那个时候，时间很慢，慢到只能用一生去爱一个人。

这首诗嵌入得恰到好处，既化解了自己的尴尬，又很好地展现了自己的才情。这种漂亮的才情嵌入在汪涵的节目主持中有很多。

2014年11月28日《天天向上》节目邀请了一些民谣歌手畅谈民谣：

汪　涵:我其实特别觉得这个,就是歌手能够唱现场的感觉特别好,他们随时可以拿着话筒,跟现场的观众进行交流。第一次来到长沙,觉得武汉的观众特别的热情。

天天兄弟:武汉?长沙的观众!

汪　涵:有这样的歌手,我遇到过。昨天晚上去吃了四川小吃,我下次一定要再来贵州。

……

汪　涵:北大才女,叫程璧。

汪　涵:北大其实特别有写诗歌的传统。我特别建议年轻的朋友应该多读些诗,它的节奏感、长短句,包括它的韵律,都非常非常好。

接下来歌手程璧和几位主持人用自己家乡的方言轮流读诗,钱枫提到一位诗人的诗:

钱　枫:最近有位诗人的诗不错,叫乌青这个诗人。

天天兄弟:他写过什么诗?

钱　枫:隔壁邻居,生了八只小狗,它们有四种颜色,有黄的,有白的,有绿的,还有黑的。

天天兄弟:这也叫诗?

钱　枫:好诗啊,自己去想吧,还有绿的狗呢!

汪　涵:周春芽先生画过一个系列的画,它的名字就叫《绿狗》,而且它在市场上拍卖的价格极其贵。

能够将当代艺术脱口而出,可见汪涵平日很注重提高自身的艺术修养和审美水平。关注当代艺术家的画作,或许并不是很多主持人的兴趣,但是汪涵却对文化、艺术特别热衷,并能在节目中适时地嵌入,补充了很多的信息,让《天天向上》节目不流于综艺节目之俗。甚至可以说,很多时候是汪涵撑起了《天天向上》节目的品位和格调。当然,并不是说其他几位天天兄弟就没有品位和格调,这涉及了主持人角色分工的问题。

2015 年 11 月 13 日《天天向上》节目邀请了演员周迅和她的电影剧组成员。在节目中,周迅为大家展示了自己的厨艺。

汪　涵:您好像也是江浙人。

周　迅:浙江衢州。

天天兄弟:上有天堂,下有衢州。我们半年来所有地名都用完了。

周　迅:我在想,为什么我从来没有听过这句话。

汪　涵:我们连"上有天堂,下有呼和浩特"都说过。衢州你们有可能不知道,江浙一带吃辣最厉害的就是衢州,衢州三头一张。

天天兄弟:哪三头?

汪　涵:鸭头、鸡头、兔头,还有鸭掌。

周　迅:我做一个我从小就特别喜爱吃的(菜),叫凉拌西瓜皮。

汪　涵:凉拌西瓜皮。这个是浙菜,中国八大菜系中就有浙菜。浙菜的菜都很小巧、很清凉,但是如果是衢州的话,就会有一些辣。

周迅的剧组成员开始在台上做饭、煎鱼。汪涵在一旁补充:

汪　涵:治大国如烹小鲜,煮鱼的时候最忌讳的就是把它翻来翻去,翻来覆去,这样鱼肉就会散掉。治理一个国家,它的法律、它的政策也不能翻来覆去地变化,所以说治大国如烹小鲜。

治大国如烹小鲜,出自老子的《道德经》,对中国传统的政治思想产生了重大的影响。它喻示着为政之要在安静无扰,扰则害民。虐政害民,灾祸就要来临;反之,若能清静无为,则百姓安宁。这虽然是老子的为政之道,但是嵌入到这里也很形象。通常在嵌入表述中,有些主持人会直接问火候、烹饪技巧,或者嘉宾的生活等问题,但在这里,汪涵嵌入的是自己的才华和情怀。

这种例子还有很多，比如，《天天向上》一期节目采访了嘉宾 TF－BOYS，汪涵问到其中一位嘉宾：

汪　涵：你在哪读书？

嘉　宾：我在重庆南开中学。

汪　涵：南开中学可是一个特别了不起的学校，特别是天津南开，走出过非常非常多的名人，周恩来周总理，朱光亚是两弹元勋，红学家周汝昌老先生，都是这个学校毕业的。当然我们这个学校是重庆南开，应该是当时西南联大在西迁的过程当中，停留在重庆，因为当时有很多人在李庄读书，有可能在那个地方就留下了这样一个学校。

当然，汪涵的嵌入表述并非一味体现才情，也有无厘头式的搞笑，正因如此，他的才情才显得那么的生动和接地气。如 2013 年 8 月 9 日《天天向上》节目请来了中华名医揭秘中西医秘籍及育儿奇招。这一期节目邀请的嘉宾是一位知名的儿科医生，崔医生。

汪　涵：您做儿科这一行多长时间了？

崔医生：27 年。

汪　涵：您 30 多岁，您怎么，您别吹牛啊，是吧。上《天天向上》，我们知道您挺牛的，但是没必要。

崔医生：（腼腆地笑了）我儿子今年上大三。我整 50 岁。

汪　涵：根本就看不出来啊。

崔医生：可能天天跟孩子打交道。

汪　涵：再加上人内心慈悲。您看我 80 多岁，您看我看上去像 40 多岁。

崔医生：一个 90 后的妈妈带孩子来我这儿体检。一个基本的问题就是问她怎么给孩子喂养，她告诉我母乳喂养。我就问她，一天喂几次，或几个小时喂一次啊？她快速地回头问她的妈妈"我一天喂几次？"

汪　涵：那到底是妈妈喂还是外婆喂啊？

崔医生：是啊。她说她从来没记过，是她妈妈帮她记的。

汪　涵：没觉得这一天喂多少次有多重要，反正小孩吃，他也不开发票什么的，你记什么记呢，是吧？（现场大笑）

在谈到婴儿睡姿的时候：

小　五：（在韩国）很多妈妈为了让孩子的头圆，所以让孩子趴着睡，就出过很多事。

崔医生：研究表明，孩子，三个月之内的婴儿，最好不要趴着睡。因为这样容易出现窒息。

小　五：所以希望大家不要为了孩子平头就怎样，不要让孩子趴着睡，必须要为孩子的呼吸顺畅考虑。

汪　涵：你看，韩国帅哥的那种窄脸、长头，都是拿命换出来的啊。

虽然汪涵的话不多，但是每句话都嵌入得十分幽默，总能让观众会心一笑。

我们再看2015年8月28日这期《天天向上》节目，节目主题为"马东踢馆与汪涵爆笑舌战"。

马　东：我最开始在湖南卫视主持节目的时候，1998年，他们都还没出生。

汪　涵：出生了，他们都是八几年的。

……

汪　涵：1998年的时候，那个时候（主持的节目）是叫《有话好说》。

马　东：当时体重200斤。

汪　涵：那时候，我们台里的很多主持人，心里面都有这样一个嘀咕，台里怎么了这是？怎么他都能来主持？又胖。

马　东：心同此想。

汪　涵：你心里当时也这么想？现在这么说不得罪了人，又不好看，又不算帅……当时是谁这么大胆就把你给（推荐做主持人的）？

马　东：老台长曾凡安，曾台。

汪　涵：曾台倒是视力不怎么好。（观众大笑）

天天兄弟：视力不好啊？

汪　涵：曾台是这样，曾台开会的时候，叮咚手机短信来了，曾台一看，那手机比方说在这儿，叮咚，曾台……（汪涵拿手中扇子假装是手机，贴在了脸上，凑在眼前夸张地上下来回看，引得观众大笑）

天天兄弟：这是看手机上面细菌的吧？

汪　涵：曾台看东西看得特别仔细。

马　东：曾台看我的手机就这么看的，叫舔屏。

汪　涵：曾台是一个读书人，眼光其实特别独到，当时怎么就跟你说（来当主持人）？

马　东：在北京一个饭局，大家一起吃饭，然后说湖南有一个新的节目，其实当时那个节目叫《聚义堂》，我来录了一期，录得跟棒槌似的。后来正好在筹建另外一个节目，叫《有话好说》，然后我们就在做第一期的样片，去溆浦采访，一个女婴和九个爸爸。台里决定这个节目开播，于是我就在湖南工作了两年。

汪　涵：那定主持人，你相信真的就是你，还是跟你开个玩笑？你自己信吗？

马　东：他们是这样的，当年我长成那样的时候，他们说你可以当主持人。我就说，你才主持人呢，你们家全家都是主持人，你骂谁呢你？因为它就是一个俊男美女的（标准）。

汪　涵：对，都应该是俊男美女。

马　东：对，我也很奇怪。

汪　涵：非常非常好，那一下给我们内心一个冲击。突然间，东哥一出现的时候，其实不仅仅需要那些东西，内秀也很重要。

汪涵每句话嵌入得都有些“损”，这是因为除了他和马东私下比较熟络之外，其实也是一种主持技巧，用贬的方式来抬嘉宾，让观众感受到马东虽然其貌不扬，但是依然可以凭借自己的才华获得伯乐的欣赏和观众的认可。

说到才华，在这里需补充说明一下，主持人有才华未必就能形成主持艺术风格。滔滔不绝、才高八斗的人不少，但能形成艺术风格的却不多。如果一个仅仅有着丰富知识的人，却不善于体验，对生命没有知觉，那么也谈不上他对艺术创造和艺术风格的构建。关于这一点，我们不妨借鉴刘恪对才华学识与语言风格的分析来进一步理解：“才华式的语言是一个作家五官感知系统高度汇通，视觉无所不及，听觉敏锐细腻，触觉体验丰富，闻味则备尝负责。”[①]也就是说，光能说，却没有思，没有体验，是很难形成风格的。

第二节　繁缛型主持语言中的人生体验特点

如果说何炅的主持语言像在平静的湖面撒上美丽的花瓣，让湖水充满生气、美好浪漫的话，那么汪涵的主持语言就像是给湖心投入一个个漂亮的小石头，让湖面激起一阵阵涟漪。何炅的主持语言透着灵动浪漫的精神气质，汪涵的主持语言则呈现出一种缱绻葳蕤的生命状态。

前面我们在主持语言特点与体验中谈到，“语言是心灵的体验的符

① 刘恪．现代小说语言美学[M]．北京：商务印书馆，2013：195．

号”,“任何语言我们都不可单纯地看待它,语言的背后是思维、情感、事物,而且它们与语言不是一对一的呼应关系而是极为复杂地交织在一起”①。我们透过主持人的语言,可以了解到主持人的生命体验,这体验中饱含着主持人的思维、情感、审美。在上一节,我们对汪涵的主持语言做了文本分析,充分说明汪涵是一个善于体验者、勤于思考者。汪涵的主持语言大量地呈现出他对传统文化的思考、对生活的体验。他总是努力用自己的知识带动观众去关注和了解中国传统文化,去体验更深层的东西。在2012年3月16日《天天向上》一期主题为“三大民乐大师奏响天籁”的节目中,汪涵就借着自己对民族乐器的了解,带领观众领略中国民族乐器的魅力。

汪　涵:乐是特别高层次的这样一种艺术形式,最开始不是一般人都能够接触礼乐的。我们今天给大家展现的这三样乐器也非常了不起。比如说古筝,号称众乐之王,大啊,为什么叫众乐之王?

嘉宾1:学中国乐器的,第一多的是哪个乐器?是古筝,它有三好:好听、好看、好学。

汪　涵:但是又有句俗话,叫做“丝不如竹,竹不如肉”。就是二胡是民乐之王。

嘉宾2:就像那个管弦乐队的小提琴,这个大家不应该有什么争议。筝再好,它是个五声音阶,宫商角徵羽。万一要是断掉一根线,那就很麻烦了,就变成五音不全了。

汪　涵:笛子也是管乐之王。

嘉宾3:我还真是没说呢,我说了就没他俩了。

……

汪　涵:但是其实都很难学啊,叫做“千日笛子百日筝,小小二胡拉一生”。

---

① 刘恪. 现代小说语言美学[M]. 北京:商务印书馆,2013:238.

但是这个筝啊,它以前是瑟,琴瑟和鸣,琴指的是古琴,瑟就是这个乐器。

嘉宾 2:就是我们现在所有的戏曲形式,除了话剧,除了四川高腔,除了这个高甲戏,这几个没有二胡以外,其他所有的戏曲形式,全是用二胡,而且二胡还是用来作为主要的伴奏乐器。

汪　涵:就是我说的胡琴,还有京胡、板胡、高胡、越胡。

嘉宾 2:还有椰胡。

汪　涵:古琴它的声音会比这个(古筝)要低沉,古琴它的声音讲究清微淡远,这个是非常关键的。

嘉宾 2:对对对,我们汪涵老师很有知识。

嘉宾 1:汪涵老师,我认为,现在我们很多大学的老师,应该好好向汪涵学习,他把一个娱乐节目,办得这么有学问,刚才很多的音乐知识,一般人真的没有他懂那么多了。

汪　涵:我做过功课。

在上面的主持中,我们可以感受到汪涵的学识渊博,可见生活中的汪涵是勤于学习、勤于思考的体验者。他在节目中有过透露,在一次和嘉宾赵薇的对话中,聊最感谢的老师,天天兄弟问:“涵哥最感谢哪个老师?”汪涵回答:“最近的一位老师,是虞逸夫先生。我跟他身边,我在他身边待了大概三到五年的时间,就跟着老先生一起聊天,他要我看什么书我就看,遇到什么问题就去问,那个其实对我人生影响特别大。”学习丰富着才情,而才情在体验中得以升华。梁漱溟说:“聪明的人都是通达无碍的。”当艺术追求进入到一定的生命境界时,都是相通的。无论是个体沉思的情感表达,还是嵌入式表述,汪涵的语言都呈现出一种悠长深远的生命气质。

第三节　繁缛型风格对观众的影响效果

一、繁缛型风格构建与生命体验

不同于其他主持人,习惯于写个人自传成长经历,汪涵的著作完全写的是他的生活体验。他的《有味》一书讲述了他在对琴棋书画、老物件、老手艺等传统文化的研习中所产生的生命体验。这给本书的研究带来了方便,不需要再透过他的成长经历去试图了解汪涵的生活体验。在汪涵的书中,唯一对自己成长背景的介绍也只是告诉大家,父亲是江苏人,母亲是湖南人,奶奶用吴侬软语温存他,同时自己身上也流淌着火辣辣的湖湘血液,这样的成长环境注定汪涵有着优柔而又炽热的情感。

汪涵是勤于体验者,他愿意调动自己所有的感知去体验生命,无论是在他的生活中,还是在他的节目主持中,都体现了这一点。他在《有味》中写道:"后来看到钱钟书先生在《谈艺录》中引征陆桴亭的话,谈到生活和小物件之间的关系:'凡有体验有得处,皆是悟。只是古人不唤作悟,唤作物格知至。'"①可见,汪涵对体验是关注的。体验可以视为领悟的瞬间,汪涵深得体验之妙趣。

中国体验美学中的"领悟"与西方体验美学中的"直觉"意思相似。在西方体验美学中,"'直觉',英文作'intuition',其最宽泛的定义为'直接的领悟'(immediate apprehension),即当下的、突如其来的、直截了当的理解、觉察"②。直觉带人进入体验,也是艺术创作的源泉。而上面汪涵提到的"悟"或"物格知至"在《大学》中则云:"古之欲明明德于天下者,……欲

① 汪涵. 有味[M]. 桂林:广西师范大学出版社,2010:11.

② 王一川. 意义的瞬间生成[M]. 济南:山东文艺出版社,1988:84.

诚其意者，先致其知；致知在格物，物格而后知至。”[①]说的是想让自己知无不尽，则需穷尽事物之理，推及事物原理之极致，则无所不知了。而物格知至，穷尽物理，正是体验的过程。中国道家哲学中讲“悟”，更多是一种“心学”，因为“吾人之心，本是宇宙全体。但普通人常有所蔽”，知吾心则“只须一任其然，此心自能应物不穷”[②]。物格知至是用心去感悟生命、自然、宇宙。汪涵是善于体验、勤于体验、好于体验者，他借着老物件、老传统去体验生活，去思索生活的意义、生命的价值。那些老物件、老传统、老匠人给汪涵的生命注入了水一般的情感，细腻且长情。

汪涵希望自己可以做一个烟火神仙，既不脱离这凡尘俗世，又能独守自己的逍遥快活，这是他的理想生活，就好像他在节目中的表现，既能嬉笑怒骂，也能清雅别致。这多少受到他对生活的体验的影响。汪涵描述自己在靖港小镇的生活，他既能执迷于一块小小的香干是如何诞生的，安静地跟着师傅守在炉灶边，去学习豆腐的制作过程；也能体验到制作香干之外的另一种风景：

> 沩水河悄悄伸了一个懒腰，它的安静可以疼爱所有的水鸭和慈姑。它流经的地方，老屋子里还有人住，我的香干故事也要讲完了，河水流得漫长却从不孤单，河面上有时起风，在河边，我曾经和一个作坊相爱。[③]

瞧，多么深情的体验。舞台上经历喧闹与绚丽，生活中渴求安宁与平静。汪涵喜爱当木匠，木工是他最享受的一门手艺，汪涵说：“如果我有两条命，我一定拿一条做一个快乐的木匠。”[④]跟着师傅学做木匠的过程，也是他细细体验生活的过程。汪涵形容师傅：“他把所有的时间放在这里，他会说很多简单的话，但不会写诗，他把想表达的都装在木盆里了。”[⑤]多

---

① 朱熹．四书章句集注［M］．北京：中华书局，1983：3．

② 冯友兰．中国哲学史［M］．上海：华东师范大学出版社，2011：213．

③ 汪涵．有味［M］．桂林：广西师范大学出版社，2010：24．

④ 汪涵．有味［M］．桂林：广西师范大学出版社，2010：51．

⑤ 汪涵．有味［M］．桂林：广西师范大学出版社，2010：57．

有韵味的一段话,读来让人会心一笑。汪涵通过师傅对做木盆的专注,体验到师傅那个高古、澄明的世界。这种把时间一点点揉碎在手中的活计,让物件变得充满生命力,充满艺术的美感。汪涵也将这份体验揉进了自己的主持艺术中,这在他的节目中有所体现。2015 年 8 月 28 日播出的节目“马东踢馆与汪涵爆笑舌战”,其中聊到马东从央视辞职创业:

汪　涵:其实现在马东还有一个身份,就是创业青年。虽然说我们平常交流不多,但是经常看到您的一些消息,您也太爱跳槽了吧?

马　东:我并不是跳槽,我想换一种活法,然后就辞职了在家打了 8 个月的球,发现打球这个事简直就跟锄地完全没有区别,我觉得务农不是我终身的追求,所以,8 个月之后碰到了爱奇艺的 CEO 龚宇,他向我发出邀请,我就在爱奇艺工作了。到现在为止,两年九个月,整整一千天。然后这次是离职创业。

汪　涵:你觉得什么样的情况会让你跳槽?

马　东:我一般两个因素。内在因素是我觉得我成为这个系统瓶颈了。

汪　涵:我对照一下我自己,第一。

马　东:第二是外部因素,就是我这人好奇心太强。如果出现了我没经历过的一些生活方式和一种活法,我这个贼心一动,就久久难以平复,最终只有去尝试。

汪　涵:我觉得敢于跳槽的人,其实内心特别勇敢,而且对自己极其有把握。我其实是属于那种不勇敢的人,我特别害怕换一个新的环境去生活,或者是换一个新的环境又去体验。我在湖南广电也 20 多年了,大家关系太好了,从摄像到灯光到导播,那种亲切感,别的地方换不来。

欧　弟:因为涵哥在意的就不是事情,是人情。

汪　涵：当然你不能这么说，说人家（马东）没人情。

马　东：汪涵是那种会往里面钻，他钻生活韵味的那种人，就是我看他开始收老东西，写写字，现在在家里面主要带崽，就是他会往生活里面沉，而我们就是叫“作”，作无止境。

……

你是往老东西里钻，我是往新东西里钻，这个没有优劣之分，纯是一种生活取向。

汪涵谦虚地表达，自己属于那种不勇敢的人，特别害怕换一个新的环境去生活，去体验，他是一个特别需要亲切感和放松感的人。我们不能判断究竟是汪涵的性格还是生活中的体验让他如此长情，但是，马东的点评是精到的，马东称汪涵是那种往里面钻，钻生活韵味的那种人，会往生活里面沉。生活其实往往是在平淡中见真、见深，也正是这份淡与真更容易让人体验到生命深层的东西。

汪涵对生活的体验在其著作中随处可见，如：

雨水之所以愿意落下，是因为它在天上，把满地盛开的雨伞，看作莲花。

雨水击中了早晨的脉搏，让我感叹中国农历和大自然之间的神秘感应，雨水使得季节激动起来，有人因为雨而激动，也有人因为雨而慌乱。雨水慈祥地降落，如音符般，落向它不知道的地方。它慷慨地落下，它把这些动人的时光，落向大海，落向潮汐。它遮住了阳光，偷偷移向田野和街道，它慢慢地越过河岸，越过瑟缩的鸭群和戴着斗笠的农夫，最后洒向苏州，一条叫做养育巷的街道，一个逼仄的弄堂。

奶奶，我在雨中张扬的神态出自于你，雨中行走的安详出自于你，雨中的美和善也出自于你。我记得我的童年像花朵从小巷一路开放，我奔向人生的盛宴，你在油布伞下轻轻呼唤，紧紧追赶。后来,我走得太快,在雨水中,打湿了寂寞的袜子。[①]

这是生活中的记忆,也是对美好情感的体验。这些体验凝练成的文字如诗,带给读者充满想象的空间和无比舒畅的体验。事物的外在表现与创作者的内心体验有着怎样的关联呢?“诗艺作品通过话语和话语的连接给出一现实事件的外表。故而诗艺作品必须应用所有的语言手段来产生印象和幻觉,而诗艺作品的第一种也是最有意义的美学价值即在于对语言的这种艺术处理。”[②]艺术创作者通过体验,把事物的外在表现借助艺术手段表达出来,产生诗艺,而“每一部真正的诗艺作品都会在它所表现的那个现实片段上显出以前未被人看到过的生活的一种特性。它使事件或行为的一种因果连锁有形化,同时又让人二次体验在生活的关联中归于一事件及其个别部分的价值”[③]。就好比汪涵体验到雨水与我们生活的美好勾连,读者在汪涵的文字中二次体验到雨和我们生活之间的奇妙关系。

汪涵生活中喜欢弓箭,他对射箭有这样的体验:

嗖的一声,电光火石之间,那笔直的一箭,搭上了自己全部的精气神,射入了茫茫大气……之后,成与不成,胜与不胜,看看目标,都解决了。射箭,就如同我的某些语言,说出来总希望能一下子击中对方,射到你的痒处,让你莞尔一笑,那都是我平时修炼的结晶。射出去的时候我心里就有所期待,可千万要中啊。中了,你们就喝彩吧,假如不中,那,那就请听我的下一句。[④]

这种瞄准再射的智慧,剑拔弩张的气魄,在汪涵的主持语言中可以找到。汪涵节目主持中的点睛之语,就像他在射箭时的体验,“说出来总希望能一下子击中对方,射到你的痒处,让你莞尔一笑……中了,你们就喝

① 汪涵. 有味[M]. 桂林:广西师范大学出版社. 2010:108.
② 狄尔泰. 体验与诗[M]. 胡其鼎,译. 北京:生活·读书·新知三联书店,2003:163.
③ 狄尔泰. 体验与诗[M]. 胡其鼎,译. 北京:生活·读书·新知三联书店,2003:164.
④ 汪涵. 有味[M]. 桂林:广西师范大学出版社,2010:98.

彩吧，假如不中，那，那就请听我的下一句”。我们常常能在他的节目中体会到这种拉弓射箭般的妙语。

生活中的汪涵爱古琴，在学习古琴的过程中，也颇有所得：

> 它有七根弦，暗合金、木、水、火、土，还有周文王和周武王加上的两根，它的泛音、散音、按音三种音色象征着天地人之和，十二徽分别象征十二月。它表达出最高的自然韵律，也表达出最高度的音乐秩序和理性。
>
> ……
>
> 他微笑着给我弹了一曲《潇湘水云》，琴声挑动了这个寂静的夜晚，我的记忆荡漾开去，像年轮一样展开。我看见了金黄成熟的庄稼，也看见杳无人烟的旷野，雁群把秋季的天空抬得高高的。在琴声里，我的树长起来了，从故乡苏州小河边的小树长成了湘江边的大树，它生长得孤独而寂静，它即使独自傲然指向天空也会唱歌。在没人演奏的时候，它的树叶其实就是手指，它的树干，其实就是琴台。

在学习古琴的过程中，汪涵对“听”有他自己独特的体验，这种体验也被带入到了他的主持艺术中。除了前面提到过的与杨丽萍的对话之外，还有对崔永元的访谈。2015 年 5 月 8 日《天天向上》请来了崔永元：

汪　涵：以前都是您访问别人，今天您被当作嘉宾，我们来访问您，角色的转换会有什么不一样的感觉？

崔永元：没什么，我的特点其实是话不多。我算过，我有一次采访，我一共才说了 100 多个字。

欧　弟：其中包含了“嗯”“对”“没错”。

崔永元：对，我觉得一个好的主持人，不是自己能说多少话，而是让嘉宾愿意说话。

欧　弟：这就跟涵哥告诫我们的一样，他说主持人重点不在说，在听，聆听。

崔永元：这就是我跟他说的。

汪　涵：知道源头了吧？

做一个真正的善言者，首先要善听，善听并不仅仅用耳朵听，还要用心倾听。在中国哲学中，关于倾听的概念，庄子在《齐物论》中有论述，庄子言只有摒除杂念，才能倾听到天籁之声。在体验美学中，“倾听就是有限生命把握自己的人生意义的一种特殊认识功能。它应是人以本己的心性去体味、去感受永恒的意义和价值，其对象首先就不是经验之物。……只有净心澄情，才能存神。倾听的最终目的不过就是达到见道不见物而已”①。如果不能从哲学和美学的高度去理解体验中的倾听概念，怕是听得再多，也不得要领。倾听是体验的一种方式，倾听者需要进入生活中去积极体验生命，感受生命。深刻的体验让人对生命有思考，变得更加柔软、包容、敏锐、友爱。

在体验与艺术创作的关系中，狄尔泰在其《体验与诗》中这样阐释：“当知觉把同时间内的感觉建造成空间里的形象或者由感觉的连续筑成节奏、旋律、音响构成体时，作家的特性同时显露，在他身上，他的生活覆盖层、情绪、激情借本源的主宰力对知觉的构成发挥作用。”②我们只有深入到生命中，去感受那些细微的事物和事物之外的世界，才能进入到另一个生命境界。汪涵的这种体验特别深刻，在他研习“墨”的过程中就有这样的描述：

> 汪涵的每一刻也并非同一个人，也是一个独立存在，它们只是不同的我罢了，白天的演播室、外景地被丢弃的盒饭，这些都与此刻的我无关。或许我就是一架乐器，在不同的时刻需要按住不同的音符，我就是这样的汪涵。想着想着，我经常沉沉欲睡，月亮悄悄把香樟树的身影透过纸窗，溶溶地落在地上留下了一道淡墨，还带着一些细碎的毛边。我想把握它的轮廓，却在睡意中有些细微的摇晃，使我感觉到外面的风声，或者是月亮的缓慢移动，它们在特定的一刻制造出墨之树，这个闪烁的小风景使

---

① 刘小枫. 诗化哲学[M]. 济南：山东文艺出版社，1986：247.

② 狄尔泰. 体验与诗[M]. 胡其鼎，译. 北京：生活·读书·新知三联书店. 2013：151.

我看到了无边的安静。

能有这样的体验,就算是我的墨想吧,就算没有成仙也没有关系。①

汪涵的著作中,很多是大段的抒情文字,这些长句的描述正反映出汪涵善于生命体验。因为“长句有利于表达情感的曲折和隐秘”,“感觉体验与心理想象是交汇了时间与空间的,直觉体验表达的细微与变化便决定了短句是达不到效果的”②。从这样的文字中仿佛闻到了作者带着墨香的灵魂,一个有造化的人才能体验到生命中如此美好的情感。

汪涵在生活中勤于体验,例如,对制“称”过程中的“一头挑起人间生计,一头挑起天地良心”的体验,对“鸡毛掸子”拂拭尘埃的“身是菩提树,心如明镜台。时时勤拂拭,勿使惹尘埃”的体验,对把玩“扇骨”中“奔放处要不离法度,神微处要照顾到气魄”的体验。这些让他对生活、生命的意义和价值有着深入的思考,这一切也都影响着他的节目主持艺术风格的构建。这些思考融入他的节目主持中,形成了他独具魅力的繁缛型主持艺术风格。从他的生活体验中,可以感受到汪涵有意让自己沾染一些仙气——带着人间烟火的仙气。人活得有仙气是难的,那得悟透多少才能有如此这般的灵动?

二、繁缛型风格对观众的影响效果

观众对汪涵最多的评价莫过于有才华。汪涵的才情是得到观众认可的,连参与他节目的嘉宾都如此称赞他。2015 年 10 月 24 日《偶像来了》这期节目中,主题为“林青霞重现话剧经典”,大家重演赖声川导演的话剧《暗恋桃花源》,汪涵在其中也饰演了重要角色,动情的表演感染了大家。大家纷纷赞赏,连著名影星林青霞也大呼其才子。

---

① 汪涵. 有味[M]. 桂林:广西师范大学出版社. 2010:153.

② 刘恪. 现代小说语言美学[M]. 北京:商务印书馆,2013:122.

何　灵:汪涵怎么像是第一次演话剧的人啊?!

赖声川:汪涵真的很棒。

林青霞:汪涵你真是才子啊,你什么都会。

赖声川:我看他演出前,他整个人都在状态里了,我就知道今天没有问题。

有观众说,在汪涵的主持艺术中,最喜爱他的纵情才华;有观众说,最喜爱汪涵的说话之道;还有观众说,最喜爱汪涵生活中的那份淡定与从容。其实,汪涵一直在通过他的主持告诉我们,如何做一个"有心人"与"有情人"。所谓"世事洞明皆学问,人情练达即文章"。汪涵通过自己独特的人生经历,积极地对生活进行反思,对内心进行观照,从中得到自己独特的生命体验。用心才能有所得,有情才能水长流。

在《偶像来了》最后一期节目中,汪涵悄悄地为每位嘉宾准备了礼物,这份礼物并不算昂贵,却足够用心。

汪　涵:我这个礼物是从3个月前就开始准备的礼物。在3个月前,我请了12位摄影师,在你们经意或者是不经意的时候,帮你们拍了很多很多的照片,到目前为止一共拍了7万张照片。然后我跟汝涵说,我想在结束的时候,送给大家每人一本影集。最后我们从7万张照片里面,挑出了1万张最好的,给每个人做一本影集。因为我觉得这是我们这3个月当中最珍贵的影像,节目大家看完了,礼物大家送了,如果有一本影集,经常可以翻起的话,那有可能是这3个月的成长。这里面有你们哭的样子,有你们难看的样子,有你们最美的样子,有你们张牙舞爪的样子,结果没有想到,最后呈现的时候,汝涵比我动了更多的脑筋,请了每一个编剧,每个编剧帮你们写了一篇长长的文字,这个文字是他们对你们的记忆,他们对你们的理解,他们对你们最浓最浓的情感……我憋了3个月。第一本是青霞姐的。我们这本书的名字就叫《偶像来了》，而且我们是用青霞姐，你自己写的那四个字。

朱　茵：我就说你细心。[①]

这份精心准备的礼物让大家感动不已，栏目组的导演给汪涵的相册首页写的话语是："上善若水真如你。"如果说何炅是用如水般的品德去成全他人，那么汪涵则如水一般的长情。这份长情是他对友人的用心，对生活的挚爱，更是对自我内心的永恒观照。

① 《偶像来了》节目实录。

结　语

一切美的光是来自心灵的源泉：

没有心灵的映射，
是无所谓美的。①

如果我们把播音主持视为一门艺术，那么它就应该遵循艺术创作的规律。而体验美学，正深刻揭示了艺术风格与生命体验之间的密切关系。体验是深入生命的心灵活动，借由这深刻的生命体验，生命超越有限的存在，艺术冲向最高的巅峰。主持艺术风格形态的构建与主持人的生命体验有着密切的关联，甚至可以说主持艺术风格是主持人生命体验的结晶。从体验美学的角度来说，主持人本质上应与诗人、作家、画家、音乐家、舞蹈家等其他艺术家有着相似的艺术创作体验，而生命体验是主持艺术风格构建中不可缺少的重要内容。主持艺术饱含着主持人的生命体验和审美体验。主持人在主持艺术中，通过对每一个瞬间体验的捕捉，对生命中喜怒哀乐的体会，通过节目中语言和情感的外化，传递给观众，完成一次又一次卓越的艺术创作。

借由体验美学的艺术理论，我们对几位知名主持人的主持艺术风格形态构建与其生命体验之关联做了粗浅的分析，梳理如下：

---

① 宗白华. 美学散步[M]. 上海：上海人民出版社，1981：70.

首先,生命体验密切影响着主持艺术风格形态的生成。

播音员主持人的主持艺术创作饱含着其独特的生命体验、人生况味、个性的闪光、审美的理想。特别是生命体验,对主持艺术风格形态的构建会产生极大的影响。我们说,体验是感性个体对自我或他人命运的体悟,并在体悟中力图把握生活的意义和价值。因此,不同的生命体验必然形成不同的主持艺术风格形态。无论是以白岩松为例的“壮丽型”主持艺术风格,以董卿为例的“典雅型”主持艺术风格,以崔永元为例的“精约型”主持艺术风格,以金星为例的“勇锐型”主持艺术风格,还是以孟非为例的“远奥型”主持艺术风格,以谢娜为例的“新奇型”主持艺术风格,以何炅为例的“显附型”主持艺术风格,以汪涵为例的“繁缛型”主持艺术风格,这些主持人的风格都与其自身的独特生命体验有着密切的关系。尽管他们的人格都透着真挚、坚韧、智慧、对主持艺术的炽热,但因各自对生命的体验不同,加之其他因素的影响,最后还是造就了不同的主持艺术风格。主持艺术是主持人把自己体验过的情感传达给观众,没有生活、没有体验的主持人很难创作出独特的主持艺术风格。因为艺术是体验的显现,体验是艺术创作的源泉。

艺术创作者深入生活,去体验生命,在体验中把握生命的价值和意义,再把体验传达给观众,不同的体验势必会影响到艺术创作的风格。主持人只有增强自己对生活、对生命的感受力,勤于体验,才能从生命中获取源源不断的创作灵感。体验越是深刻的主持人,其主持艺术风格越是凸显,生命力越是持久。此外,主持人在主持艺术的创作道路上,对精神世界的构建、对自我人格的塑造应该是有要求的。那些优秀的、成功的节目主持人,虽然风格迥异、自成一派,但是他们对艺术创作都怀着一份孜孜不倦的创作态度,拥有强大的精神力量,特别是面对阻碍时,有着强大的承受能力,在取得成功后也能冷静对待,保持初心,注重对自己精神世界的构建。

在主持艺术中,善于体验的主持人应该也是具有一定文化涵养的人。主持艺术本身即是一项文化工作,同时又承载着传播其他文化的功能,而

“论文化便须注重在精神而不单看物质。物质是躯壳,精神才是那意义所在”[①],因此,提升自身文化涵养,塑造丰富的精神世界,对主持人而言很重要。

其次,生命体验必须在理性牵引下完成主持艺术的创作。

优秀的主持人有着丰富的体验,这些体验是艺术创作的源泉,但是丰富的体验需要主持人对其加以理性的反思,在强烈的社会责任感的牵引下,让这股体验之泉有方向地流淌而出,而不是如洪水般泛滥,随意奔流。

主持人是情感者——内心敏感而丰富的人。自私、冷漠、麻木的人是不会有体验的。李长之指出:“真正伟大的人格,也绝不是只限于理智的发挥。”[②]只有情感者才能体验生命,只有情感者才能把丰富的情感体验通过艺术作品分享给他人。主持人在主持艺术创作中,如何把自己丰富的生命体验和那如火焰般炽热、如陈酒般浓郁、如洪水般猛烈的感情,顺畅地表达出来呢?答案便是需要理性的反思和牵引。只有通过理性牵引加之强烈的社会责任意识,主持人才能良好地把丰富的情感体验呈现在主持艺术中。一个主持人如果光有丰富的生命体验,而不懂得如何理性反思,缺乏社会责任意识,那么这股体验的泉水就会如洪流不知所向,肆意泛滥。冯友兰在谈到艺术家如何理解和运用自己的人生体验时,特别强调艺术家应该学会抽离、反观。虽然“艺术家不能离开其自己之经验,但可暂时将其自己置于旁观者之地位,犹之哲学家不能离开宇宙,但其说宇宙时,必须暂视其自己如在宇宙之外”[③]。置身事外是反观体验的好办法。作为主持人,情感再丰富,体验再深刻,也要学会旁观自己的感受,经理性的分析后,把生命体验中有意义的部分萃取出来,在节目中分享给观众。比如,主持人金星正是因为对生命中那些黑暗的、艰难的遭遇有深切的体验,并对那些丰富的体验加以理性的思索,且怀着一份强烈的社会责

① 李长之. 论如何谈中国文化[M]//李长之文集:第1卷. 石家庄:河北教育出版社,2006:11.

② 李长之. 评《新事论》和《新世训》[M]// 李长之文集:第1卷. 石家庄:河北教育出版社,2006:44.

③ 冯友兰. 新理学[M]. 北京:北京大学出版社,2014:242.

任感，所以才能在节目中把这些体验转化为激励人心的精神力量，传递给观众一种积极的、正能量的东西。如果没有理性的牵引，那些并不十分美好的体验，很容易让金星变成只知道一味吐槽社会的主持人，而不是如现在这般带着思辨眼光、闪耀着个性魅力的主持人。金星在体验中，总是能够萃取到积极的生命意义和价值，呈现给观众，如她所说："生活会给你很多意想不到的东西，……当你穿过乌云再见到彩虹的时候，你根本不用受宠若惊，你的经历会给你底气。在你生活中下的那几场瓢泼大雨，到最后都会成为水到渠成的源泉。"[①]尽管对生命、生活有着很多的体验，但是在主持艺术的表达中，金星依然对体验的情感有所节制，并且对体验积极予以反思。

再比如，前面提到董卿的一段主持，在《中国诗词大会》第二季 2017 年 2 月 2 日这期节目里，董卿和一位乡村教师的对话：

董　卿：我今天向大家介绍一位来自贵州务川的乡村老师，一位普普通通的中学的语文老师，陈泽兰，小陈老师。

选　手：两位老师好，董卿老师好，百人团的嘉宾们，大家好，我叫陈泽兰，来自贵州省遵义市务川仡佬族苗族自治县务川思源实验学校，我是一名中学语文老师。

董　卿：你作为语文老师，最喜欢教学生什么课呢？

选　手：诗词课，特别喜欢，诗词是我这一生中最大的爱。

董　卿：你会怎么来教他们呢？

选　手：喜欢教他们用民歌的方式唱。

董　卿：民歌的方式教他们，怎么教？

选　手：对，就是我唱上句，他们对下句。没有音乐课，我们这个就是音乐课。

董　卿：你试试看，你怎么唱上句，他们怎么唱下句？

选　手：东临碣石，以观沧海，水何澹澹，山高竦峙。（唱腔）

---

① 金星．掷地有声[M]．长沙：湖南人民出版社，2015：31．

董　卿：我们可以想象，在一个偏远的学校里，老师虽然嗓音也不是很清亮，可是用这样的一种方式，在把她的知识，传递给那些贫困的孩子们，你也是在农村长大的吗？

……

选　手：一共有5个班，我教的有两百五十多个。

董　卿：两百多个学生，你是常住在学校里吗？

选　手：24小时都在，因为我们学校比较特殊，它是一所爱心学校，都是招收县里面那些贫困山区的孩子。他们缺少父母的照顾，然后就全权地寄托在我们学校。学生们一个月回一次家，有的甚至一个学期才回一次家。他们来到学校，老师才是他们的家人。

说到贫困学生，现场气氛有些低沉，众人纷纷被感动落泪。作为主持人，一向敏感、细腻的董卿应该也是动情的，也是有自己体验的，但是在理性的牵引下，董卿按下不表，而是先转移了一个话题，让现场的气氛先缓一缓。

董　卿：对你到北京来，要参加这样一个比赛，他们是什么样的想法呀？

选　手：非常非常激动，因为他们觉得北京的那片天空，离他们实在是太高、太远了，简直就像做梦一样。但是我说，那个梦总有一天也会变成现实的。只要你肯努力，世上无难事，只要肯登攀。只要你肯努力踏出那一步，精彩的大门永远为你敞开，但是你来了之后，别忘了你的那片天、那个根，我们学习不仅是为了脱离贫困，而是为了更好地反馈贫困（回馈家乡）。

在现场气氛回归正常后，董卿才表达了自己的情感，在前面节目文本中已有分析。董卿对乡村教师的情感是有共鸣、有体验的，但是董卿没有让这种带着伤感的情绪泛滥下去，而是通过提问转移话题，让现场气氛重新回到积极的状态。这正是一个主持人不仅善于体验,还懂得反观体验,通过理性牵引和强烈的社会责任意识把体验用于主持艺术创作中的表现。白岩松、崔永元、孟非、谢娜、何炅、汪涵等都是如此,他们既是情感者,善于体验,又能够很好地把握住体验这股艺术创作源泉。一个成功的主持人离不开生命体验,没有体验便失去了节目主持艺术创作的源泉,而这种源泉需要在节目中经理性反思和社会责任意识的牵引才能得以释放和表达。

最后,在今天这个快速发展的时代,由于网络媒体的发展,一个主持人的言行举止对广大受众产生的影响比以往任何一个时代都要大。张颂在《播音主持艺术论》中指出:"唯利是图必然导致道德沦丧","理论和学术,是清如水、明如镜的事业,揉不得半粒沙子,容不得些许假冒伪劣。……以清心寡欲、专心致志为魂,于是才有'增益其所不能'的灵感与冲动,……生产出旷世之作,流古千方,福泽子孙。"[①]艺术创作需要有忘我精神,摒弃对物质的过度迷恋,生命体验正是放下对物质的痴迷,追求生命精神的活动。如何借助深刻的生命体验去追求主持艺术的更高境界,形成自己独特的主持艺术风格,彰显一个优秀主持人的人格魅力和生命精神,从而对观众产生更加积极和美好的影响?体验在此显得尤为重要。

主持艺术的创作活动比其他艺术创作活动发生的频率高,有着日常性、连续性、紧张性的特点。而主持艺术也是时代的艺术,主持艺术风格的形成受诸多因素的影响,有它的自然属性的影响,如"声音的传播,形象建立的物理、生理属性,以及电子传播的特性等",也受社会属性的影响,如"播音创作中的党性原则,民族、时代、阶级、社会等因素的限定"。[②] 主持艺术风格是伴随着社会发展而变化的,每个阶段都会酝酿出新的主持风格,也会有旧的风格退出人们的视线,但是真正优秀的主持艺术风格将会永远留存在人们心中,并且影响着新的主持艺术风格的生成。张颂谈

---

① 张颂. 播音主持艺术论[M]. 北京:中国传媒大学出版社,2009:2.

② 姚喜双. 播音学概论[M]. 北京:北京广播学院出版社,1998:11.

到风格变化时认为:“新中国的播音风格已经成为一个巨大的可容性时空体系,面对着激烈的转型动荡,面对着口诛笔伐的全盘否定,它毫不气馁,反而更加自信地迎接着未来!”①这里不妨顺着张颂所说的“巨大的可容性时空体系”来简单讨论一下关于网络节目主持人风格的话题。本书所分析的主要是传统电视媒体主持人的艺术风格形态与生命体验之关系。随着网络时代的发展,现在出现了一些受年轻人追捧的网络综艺节目。除了一些传统媒体主持人转战网络综艺节目主持之外,也涌现出了许多网络主持新秀,如张大大之类的知名网络综艺节目主持人。我们前面也提到,风格的形成是一个漫长的过程,因此,刚刚兴起的网络节目主持人其风格的探讨大概也只能是预见性的,未必能够有更多的学术研究条件。可以预见,随着网络节目的大量兴起,未来势必将涌现更多的网络节目主持风格形态,这些形态总体的风格一定更加开放、前卫、先锋、自由,也必然是百花齐放、各具个性。但无论何种个性,如果是成功的主持艺术风格,一定是建立在主持人对生活、对生命有着自己独特的理解,有着深刻的生命体验的基础之上。因为,艺术的根本是艺术创作者把自己体验过的情感传递给观众,感染观众,与观众共鸣。

① 张颂. 播音语言通论——危机与对策[M]. 北京:北京广播学院出版社,1994:82-83.

附　录

节目文本以及有关节目查阅资料来源一览表

白岩松	1. 中央电视台《新闻 1+1 · “不敢腐了”之后怎么办?》,2016 年 1 月 14 日,视频来源:央视网。 2. 中央电视台《新闻 1+1 · 遇险救援:多少人救? 多少钱救?》,2016 年 6 月 15 日,视频来源:央视网。 3. 中央电视台《新闻 1+1 · 余旭“刀尖上”的孔雀舞》,2016 年 11 月 14 日,视频来源:央视网。 4. 中央电视台《新闻 1+1 · 虐童,不是家务事!》,2013 年 5 月 17 日,视频来源:央视网。
董卿	1.《中国诗词大会》第一季,2016 年 6 月 18 日精编版。 2.《中国诗词大会》第二季,2017 年 1 月 29 日; 2017 年 1 月 30 日;2017 年 1 月 31 日; 2017 年 2 月 1 日;2017 年 2 月 2 日; 2017 年 2 月 3 日;2017 年 2 月 4 日; 2017 年 2 月 5 日;2017 年 2 月 6 日。 3.《朗读者》第 1-4 期。 以上视频均来自央视网。 4. 人民网《文艺星青年》对董卿的访谈。 5.《南方周末》对董卿的访谈。 6. 中央电视台《面对面》对董卿的访谈。
崔永元	1. 中央电视台《小崔说事 · 我的白鹿原》,2012 年 9 月 24 日,视频来源:央视网。 2. 中央电视台《小崔说事 · 大美韩美林》,2011 年 4 月 28 日,视频来源:央视网。 3. 中央电视台《小崔说事 · 球之不得盖好房》,2009 年 3 月 15 日,视频来源:央视网。 4. 中央电视台《小崔说事 · 阿来的世界》,2012 年 10 月 8 日,视频来源:央视网。

续表

金星	1. 东方卫视《金星秀》,2016 年 1 月 6 日,视频来源:优酷网。 2. 东方卫视《金星秀》,嘉宾俞飞鸿,2016 年 5 月 18 日,视频来源:优酷网。
谢娜	芒果 tv 网 1. 湖南卫视《快乐大本营》,2005 年 5 月 14 日。 2. 湖南卫视《快乐大本营》,2006 年 6 月 26 日。 3. 湖南卫视《快乐大本营》,2007 年 7 月 7 日。 4. 湖南卫视《快乐大本营》,2007 年 1 月 27 日。 5. 湖南卫视《快乐大本营》,2009 年 4 月 4 日。 6. 湖南卫视《快乐大本营》,2015 年 10 月 10 日
何炅	芒果 tv 网 1. 湖南卫视《快乐大本营》,2005 年 5 月 14 日。 2. 湖南卫视《快乐大本营》,2006 年 6 月 26 日。 3. 湖南卫视《快乐大本营》,2007 年 7 月 7 日。 4. 湖南卫视《快乐大本营》,2007 年 1 月 27 日。 5. 湖南卫视《快乐大本营》,2009 年 4 月 4 日。 6. 湖南卫视《快乐大本营》,2015 年 10 月 10 日。
汪涵	1. 湖南卫视《天天向上》,2012 年 2 月 24 日。 2. 湖南卫视《天天向上》,2012 年 3 月 16 日。 3. 湖南卫视《天天向上》,2012 年 11 月 9 日。 4. 湖南卫视《天天向上》,2013 年 11 月 15 日。 5. 湖南卫视《天天向上》,2013 年 8 月 9 日。 6. 湖南卫视《天天向上》,2014 年 11 月 28 日。 7. 湖南卫视《天天向上》,2015 年 5 月 8 日。 8. 湖南卫视《天天向上》,2015 年 6 月 26 日。 9. 湖南卫视《天天向上》,2015 年 8 月 28 日。 10. 湖南卫视《天天向上》,2015 年 11 月 13 日。 11. 湖南卫视《天天向上》,2016 年 3 月 4 日。 12. 湖南卫视《天天向上》,2017 年 6 月 9 日。

参考文献

国内著作

[1]杨伯峻.孟子译注[M].北京:中华书局,1960.

[2]汤显祖.牡丹亭[M].徐朔方,杨笑梅,校注.北京:人民文学出版社,1963.

[3]宗白华.美学散步[M].上海:上海人民出版社,1981.

[4]宗白华.生如蚁　美如神[M].贵阳:贵州人民出版社,2016.

[5]朱熹.四书章句集注[M].北京:中华书局,1983.

[6]陈鼓应.老子注译及评价[M].北京:中华书局,1984.

[7]周振甫.文心雕龙今译[M].北京:中华书局,1986.

[8]刘小枫.诗化哲学[M].济南:山东文艺出版社,1986.

[9]王一川.意义的瞬间生成[M].济南:山东文艺出版社,1988.

[10]王一川.审美体验论[M].天津:百花文艺出版社,1992.

[11]王一川.中国现代性体验的发生[M].北京:北京师范大学出版社,2001.

[12]王一川.大学美学[M].北京:高等教育出版社,2009.

[13]王一川.修辞论美学:文化语境中的20世纪中国文艺[M].北京:中国人民大学出版社,2009.

[14]王一川.第二重文本:中国电影文化修辞论稿[M].北京:北京大学出版社,2013.

[15]计成.园冶注释[M].陈植,注释.北京:中国建筑工业出版社,1988.

[16]程俊英,蒋见元.诗经注析[M].北京:中华书局,1991.

[17]张颂.播音语言通论——危机与对策[M].北京:北京广播学院出版社,1994.

[18]张颂.播音创作基础[M].北京:中国传媒大学出版社,2004.

[19]张颂.播音主持艺术论[M].北京:中国传媒大学出版社,2009.

[20]姚喜双.播音学概论[M].北京:北京广播学院出版社,1998.

[21]鲁景超.广播电视即兴口语表达[M].北京:北京广播学院出版社,2000.

[22]白岩松.痛并快乐着[M].北京:华艺出版社,2000.

[23]白岩松.白岩松:行走在爱与恨之间[M].北京:北京联合出版公司,2014.

[24]白岩松.白说[M].武汉:长江文艺出版社,2015.

[25]朱良志.中国美学名著导读[M].北京:北京大学出版社,2004.

[26]朱良志.生命清供——国画背后的世界[M].北京:北京大学出版社,2005.

[27]崔永元.不过如此[M].北京:华艺出版社,2001.

[28]章启群.新编西方美学史[M].北京:商务印书馆,2004.

[29]俞虹.节目主持人通论[M].北京:中国广播电视出版社,2004.

[30]李长之.李长之文集:第1-10卷[M].石家庄:河北教育出版社,2006.

[31]季羡林.季羡林谈人生[J].北京:当代中国出版社,2007.

[32]叶嘉莹.叶嘉莹说杜甫诗[M].北京:中华书局,2008.

[33]李泽厚.美的历程[M].北京:生活·读书·新知三联书店,2009.

[34]刘云丹.主持艺术概论[M].北京:中国电影出版社,2009.

[35]梁漱溟.东西文化及其哲学[M].北京:商务印书馆,2010.

[36]冯友兰.中国哲学史[M].上海:华东师范大学出版社,2011.

[37]冯友兰.新理学[M].北京:北京大学出版社,2014.

[38]叶朗.文章选读[M].北京:华文出版社,2012.

[39]孟非.随遇而安[M].杭州:浙江文艺出版社,2011.

[40]朱光潜.文艺心理学[M].北京:中华书局,2012.

[41]汪东林."反面教员"梁漱溟[M].北京:当代中国出版社,2011.

[42]朱光潜.西方美学史[M].北京:中华书局,2013.

[43]傅斯年.性命古训辩证[M].上海:上海古籍出版社,2012年.

[44]刘恪.现代小说语言美学[M].北京:商务印书馆,2013.

[45]杨绛.杨绛全集:第1-9卷[M].北京:人民文学出版社,2014.

[46]金星.掷地有声[M].长沙:湖南人民出版社,2015.

[47]陈望道,修辞学发凡[M].上海:复旦大学出版社,2017.

国外著作

[1]托尔斯泰. 艺术论[M]. 丰陈宝,译. 北京:人民文学出版社,1958.

[2]亚里士多德. 诗学 诗艺[M]. 罗念生,译. 北京:人民文学出版社,1962.

[3]康德. 判断力批判:上卷[M]. 宗白华,译. 北京:商务印书馆,1964.

[4]爱克曼. 歌德谈话录[M]. 朱光潜,译. 北京:人民文学出版社,1978.

[5]弗洛伊德. 精神分析引论[M]. 高觉敷,译. 北京:商务印书馆,1984.

[6]黑塞. 纳尔齐斯与歌尔德蒙[M]. 杨武能,译. 上海:上海译文出版社,1984.

[7]亚里士多德. 修辞学[M]. 罗念生,译. 北京:生活·读书·新知三联出版社,1991.

[8]叔本华. 伦理学的两个基本问题[M]. 任立,孟庆时,译. 北京:商务印书馆,1996.

[9]狄尔泰. 精神科学引论:第1卷[M]. 童奇志,王海鸥,译. 北京:中国城市出版,2002.

[10]狄尔泰. 体验与诗[M]. 胡其鼎,译. 北京:生活·读书·新知三联书店,2003.

[11]沃尔夫林. 艺术风格学[M]. 潘耀昌,译. 北京:中国人民大学出版社,2004.

[12]伊格尔顿. 人生的意义[M]. 朱新伟,译. 南京:译林出版社,2012.

[13]倭铿. 人生的意义与价值[M]. 周新建,周洁,译. 南京:译林出版社,2013.

[14]海德格尔. 存在与时间[M]. 陈嘉映,王庆节,译. 北京:生活·读书·新知三联书店,2014.

[15]梯利. 西方哲学史[M]. 葛力,译. 北京:商务印书馆,2015.

[16]尼采. 善恶的彼岸[M]. 赵千帆,译. 北京:商务印书馆,2015.

[17]沃德尔. 内在生命:精神分析与人格发展[M]. 林晴玉,吕熙宗,杨万峰,译. 北京:中国轻工业出版社,2017.

后 记

本书的前身是我在北京大学艺术学院攻读艺术硕士研究生的学位论文，题目为《主持艺术风格类型与生命体验——以几位知名主持人为例》，全文约五万字，由于所研究的文本体量较大，再加之“体验”论涉及的相关理论较广，因此字数远超出硕士论文的字数要求。原论文中所涉及的主持人为白岩松、崔永元、柴静、金星、孟非五人。本书是在毕业论文的研究基础上扩充和修订而成的。

论文选择“体验”论这个课题，缘起于刚入北京大学时，选修了我的论文指导老师——北京大学艺术学院院长王一川教授的“艺术学专题”课程。在课程学习中，我接触到了“体验”论，了解到一个艺术创作者无论他从事何种艺术工作，生命体验对于他的艺术创作来说都是一件极其重要的事情。究竟生命体验是什么？它如何影响一个艺术者的创作？在艺术创作中，审美体验是如何发生作用，影响着艺术家的艺术创作风格？生命体验和审美体验是如何影响主持人主持艺术风格构建的？抱着极大的兴趣，并且结合自身的工作，我开始了对这个课题的研究。然而，真是无知者无畏，起初我只是抱着兴趣向导师提出了这个论文写作的想法，谁知在后面的开题报告和论文写作中，才意识到这个题目太大、太深，对于我当时的学术研究水平和文艺理论基础来说，简直太难了。

中国古代美学中的体验思想可以追溯到千年以前，但未形成专门的体验美学理论，直到近代，宗白华先生的美学研究著作《美学散步》和朱光潜先生的《文艺心理学》才谈到体验美学；李长之先生在其有关著作中也对生命体验进行了论述，并且在《司马迁之人格与风格》中运用体验美学分析了文学家与生命体验的关系；此外就是刘小枫教授的《诗化哲学》以及王一川教授的《意义的瞬间生成》《审美体验论》和《中国现代性体验的发生》，二位教授分别在其学术专著中对体验美学进行了研究和论述。而体验美学在西方，上起柏拉图下至当代，已经有了两千多年的传统。体验美学是西方美学中的重要一支，尤其以德国哲学家狄尔泰为代表的体验美学理论研究更是深入。刘小枫教授提到，体验问题，不仅仅是一个关涉文艺创作的问题，也是一个关于人的生活方式、人生诗意化的问题。王一川教授指出，体验问题，不仅关系到艺术，不仅关系到美学，而且关系到哲学，因而需要它们的相互沟通才能解决。直到撰写论文的开题报告时，我才意识到，自己的论文写作面临着一个多么大的挑战！此后，我便开始了漫长而煎熬的研究和写作历程。

为了能够先把体验美学中所涉及的美学、哲学、艺术理论等相关学科问题理清楚，在北大求学期间，除了完成专业课程学习之外，我不得不穿梭于中西方哲学、美学、艺术学等各门学科课程的课堂中，一边学习一边梳理，试图找出对论文写作有价值的相关资料。此外，由于论文还涉及播音主持艺术的相关理论，对于研究播音主持艺术的著作，我必然也要仔细研读，期望从中找到有助于论文研究的内容。在这个过程中，还有许多琐碎的研究工作需要完成，那就是对各位主持人的节目文本进行整理和提炼，找到对研究和分析有价值的部分。由于分析的主持人不少，各位主持人的节目量又大，这项工作花费了我很多的精力。从前期的文献梳理，到论文的撰写，直至本书的完成，耗费了两年的时间，这两年可以说是心无旁骛的两年。

虽说本书所研究的课题有一定难度，但庆幸的是，还有前辈们的丰硕研究成果供我等晚辈享用，可以尽情采撷，加以借鉴。就体验美学和播音主持艺术理论这两块来说，我循着宗白华、朱光潜、李长之，刘小枫、王一川、刘恪、张颂、姚喜双、鲁景超、俞虹等前辈的学术研究足迹，的确也收获了一些关于“主持艺术风格与生命体验”的研究成果。前面也提到过，一直以来，体验美学更多用于对诗歌、文学、绘画等艺术门类的理论分析中，舞蹈、音乐、表演的艺术理论分析中也有涉及，然而，在主持艺术理论的分析中却极少被提到，可以说，用体验美学来分析主持艺术风格形态的内容几乎为空白。在国内，有关主持艺术的研究，更多是从播音创作基础、播音发声学、播音业务理论或新闻传播学的领域去探讨，而运用体验美学去分析主持艺术风格形态的构建，目前为止在国内几乎没有。这也是本人尽管在研究过程中备受煎熬，却甘之如饴的动力和原因之一。

在书的最后，我要特别感谢我的导师王一川教授。无论是硕士论文的写作，还是书稿的撰写，我都得到了王一川教授的悉心指导。没有老师的耐心指导，我是不可能顺利完成硕士毕业论文的，更不可能会有本书的诞生。由于自身学术研究水平有限，我一直惊叹王老师化腐朽为神奇的能力，让我这块朽木也可雕也，也做出了一点点有学术价值的研究。王一川教授作为北京大学艺术学院院长，承担着繁杂的行政工作，此外，作为教授，他还有繁重的学术研究项目，同时每周还要给学校的本科生、研究生、博士生授课或指导。在2017年这一年，王老师带的2位博士、3位学术硕士、8位专业硕士，十几位学生同时面临毕业，繁重而劳累的教学工作，却并没有使他对我们的毕业论文指导有丝毫的怠慢，甚至常常是王老师在后面拿着鞭子催着我们往前赶。记得在毕业论文答辩最后两个月的冲刺阶段，我们几位同学常常夜里十一二点轮番给老师发邮件和信息，有时甚至是凌晨三四点完成修改后发给他，每次王老师都回复得非常快，即使是凌晨发送的，第二天一早6点多，准会及时收到他的回复。每次回复，他都在邮件中附上论文的问题和详细的修改意见，并且逐字逐句地对论文进行批注修改，大到论文框架、理论研究与文本分析，小到标点符号、错别字。记得有一次，本应春节前半个月给老师发修改后的论文，结果拖到大年三十，心想还是给老师发过去吧，这样自己过年心里就踏实了，老师至少也得过完年才有可能看我们的论文。谁知，大年初二一早，我便收到了老师的邮件，看着满是红色批注的论文，心里既感动又羞愧。王老师对学生的论文指导十分有耐心，也是鼓励式的，但是，一旦发现学术上的差错，批评起人来也是很严厉的。有一次我在论文中犯迷糊，误把一位文艺理论批评家写成了哲学家，在脚注中还把他的国籍标错了，老师直接一个电话打来，一顿训斥。老师认为错别字、标点符号有误，可以看作是大意了，但是对于文献资料的引用或标注有误，那就是学术研究的态度问题，说明没有仔细去查证，学术研究的态度不端正，这绝对要不得。当时正在吃晚饭的我，惭愧得饭都咽不下去了，恨不得挖一个地洞钻进去。但是，老师也并不是一味严厉，在同学们的论文冲刺时刻，大家都抱怨太煎熬，这时王老师总不忘给我们发信息鼓励："沉住气！""养成学术惯性就好了"。正因为老师的严格要求和悉心指导，所以我们几位同学的毕业论文答辩顺利通过。古人云："经师易得，人师难求。"王老师对学术研究的严谨态度，对他人生命的平等关怀，势必影响我们学生的一生。因此，谨以此书献给我的导师王一川教授，致谢老师这么长时间以来的辛苦指导。

此外，还要感谢每一位在北大课堂上给予我知识和思想的老师，太多太多的名家大师，就不一一提名，唯有心怀感恩，不忘初心，砥砺前行。这里还要感谢北京大学这座百年学堂，给予我们这些学子好的学习平台，让我们在其中自由呼吸，畅快学习。

还要感谢我的家人，在写作期间给予我的关爱与呵护，让我可以专心致志地尝试做一点学术研究，享受那生命中的煎熬与快乐。

张颂对于学术研究有这样的见解："在理论上，没有'绝对权威'，谁也不必炫耀是自己，只是自己认识了'绝对真理'。学术平等才有研究、争论的前提，对方某一个观点、某一种说法，自己不同意，一派不同意，应在学术平等的基础上、条件下，多做阐释和论证，没有必要围攻，以手中的权力造声势，甚至以'老子天下第一'的口吻给对方戴上大帽子，然后批判之，宣判之。"[①]这番话，对于尝试着做一点学术研究的我等晚辈来说，是一种鼓励，更是一种长远的警醒。李长之说他最服膺戈德斯密的一句

① 张颂．播音语言通论——危机与对策[M]．北京：北京广播学院出版社，1994：90．

话:“一部书,之所以有价值,是因为它有些好处,而不是因为它没有毛病。”我也想借着这句话说,因本书研究领域的开创性,必然存在一些不足,甚至是漏洞,欢迎各位专家、学者、老师、朋友雅正。写作本书的初心和愿望,是希望通过这次研究,打开一个新的学术理论研究空间,企盼将来有更多对“体验美学”和“主持艺术理论”感兴趣的朋友可以参与进来,做进一步的分析和研究,共同分享与探讨。

陈 墨

2018 年 3 月 20 日

图书在版编目(CIP)数据

主持艺术风格形态 / 陈墨著. —北京 ：中国传媒大学出版社，2018.8(2025.2重印)
ISBN 978-7-5657-2381-0

Ⅰ. ①主… Ⅱ. ①陈… Ⅲ. ①主持人—研究 Ⅳ. ①G222.2

中国版本图书馆 CIP 数据核字（2018）第 194128 号

主持艺术风格形态
ZHUCHI YISHU FENGGE XINGTAI

著　　者 陈　墨
策划编辑 李水仙
责任编辑 李水仙
责任印制 李志鹏
封面设计 郭　琳

出版发行 中国传媒大学出版社
社　　址 北京市朝阳区定福庄东街 1 号　　**邮　　编** 100024
电　　话 86—10—65450528　65450532　　**传　　真** 65779405
网　　址 http://cucp.cuc.edu.cn
经　　销 全国新华书店

印　　刷 唐山玺诚印务有限公司
开　　本 710mm×1000mm　1/16
印　　张 15.5
字　　数 223 千字
版　　次 2018 年 11 月第 1 版
印　　次 2025 年 2 月第 3 次印刷

书　　号 ISBN 978-7-5657-2381-0　　**定　　价** 69.00 元

本社法律顾问：北京嘉润律师事务所　郭建平